Gustav Weißkopf: „Ich flog vor den Wrights"
Erster Motorflug 14. August 1901

Eine Zusammenfassung
von Ergebnissen
der Weißkopf-Forschung
von
Albert Wüst

In Deutschland drehte zu Beginn der neunziger Jahre die Filmgesellschaft Ettengruber & Prasch im Auftrag des Bayerischen Rundfunks unter der Redaktion von Benigna von Keyserlingk den TV-Film

ICH FLOG VOR DEN WRIGHTS
Der Flugpionier Gustav Weißkopf.

Der Film wurde erstmals am 4. Oktober 1995 in 3SAT ausgestrahlt. Mittlerweile haben ihn auch andere Sender im Programm. In dem vorliegenden Buch geht es wie im Film um Weißkopfs ersten Motorflug, seine Erfindungen, seine Pioniertaten und sein Leben, auch darüber, wie er aus der Vergessenheit gehoben und ihm Anerkennung zuteil wurde.

An dieser Stelle sei dem Bayerischen Rundfunk, der Filmgesellschaft und der Redaktion dafür Dank ausgesprochen, dass sie für dieses Buch den Titel freigegeben haben.

Gustav Weißkopf:
„Ich flog vor den Wrights"
Erster Motorflug 14. August 1901

Eine Zusammenfassung von Ergebnissen
der Weißkopf-Forschung

von

Albert Wüst

Autor:	Albert Wüst, Muhr am See
Herausgeber:	Stadt Leutershausen
Satz und Layout:	Alfred Stockert, Ansbach
Verlag:	Fritz Majer & Sohn, Leutershausen
Schutzumschlag:	Alfred Stockert, Ansbach

1. Auflage 1999
© Stadt Leutershausen
ISBN 3-922175-39-2

Alle Rechte der Verbreitung, auch durch Funk, Fernsehen, fotomechanische Wiedergabe, Tonträger jeder Art und auszugsweisen Nachdruck sind vorbehalten.

Abb. 1
Gustav Albin Weißkopf
1874–1927

Die Finanzierung der ersten Auflage dieses Buches
wurde dankenswerter Weise unterstützt von

Sparkasse Leutershausen
Gewerbebank Leutershausen
Volksbank Leutershausen

INHALT

Zum Geleit 8
Vorwort 10
Einführung 12

Kapitel I
Gustav Weißkopf – Kindheit und Jugend 17
(Die Jahre von 1874 bis 1894)

Kapitel II
Der Auswanderer in den Vereinigten Staaten 27
(Die Jahre 1895 bis 1901)

Kapitel III
Der erste Motorflug der Welt
14. August 1901 51

Kapitel IV
Scheitern trotz Erfolg 87
(Die Jahre von 1901 bis 1927)

Kapitel V
Interesse für die Pioniertaten
Die Gustav-Weißkopf-Forschung 193
(Die Jahre von 1934 bis zur Gegenwart)

Kapitel VI
Der Nachbau des Originals 229

Kapitel VII
Anerkennungen 259

Anhang 297

Zum Geleit

Vor 200 Jahren beschrieb der Engländer Cayley, angeregt durch den beobachteten Flug eines gefesselten Drachens, in einem Manuskript eine Anordnung, die seiner Auffassung nach das Fliegen ermöglichen müsse: „Eine angestellte Fläche – ausgerüstet mit einem Vortriebsmechanismus – das ist das wahre Prinzip der Luftfahrt ..."

Auftrieb durch Schrägstellung einer Fläche, Widerstandsüberwindung durch eigenen Vortrieb, Höhenstabilität durch eine Stabilitätsfläche, desgleichen für die Richtung durch ein Seitenleitwerk, Stabilität um die Längsachse durch V-Stellung der Flügel. Alles, was praktisch zum Fliegen nötig war, wurde von ihm – soweit er es vermochte – theoretisch durchdacht. Querruder, allerdings erst durch ein Patent 1869 vom Engländer Boultin.

Es ist erstaunlich, dass es nahezu bis zum Ende des 19. Jahrhunderts dauerte, bis in dieser doch so stürmischen Zeit zahlreiche technische Entwicklungen, wie der Flug mit Eigenantrieb und einer Nutzlast mittels einer Konstruktion, die schwerer als Luft ist, gelangen.

Die Zahl der Versuche war groß: England, Frankreich, Deutschland, Brasilien und USA – um einige Beispiele anzuführen, führten dabei.

Eine große Anzahl begabter und mehr noch, hochbegeisterter Menschen bemühten sich viele Jahrzehnte hindurch in unendlichen Versuchen, immer wieder ihren Vorstellungen entsprechende Geräte bzw. Apparate zu bauen.

Viele Namen sind zu nennen: Chanute, Graf D'Esterno, Lilienthal, Pilcher und mehr. Überall wurde experimentiert. Man kannte sich teilweise selbst über den Atlantik hinweg.

Zwei dieser Pioniere wurden zu ähnlicher Zeit mit dem Motorantrieb fertig:

Weißkopf am 14. August 1901 und
die Gebrüder Wright am 17. Dezember 1903.

Der Kampf um die Anerkennung des ersten Fluges begann schon sehr früh. Weißkopf war aus seiner wirtschaftlichen Situation heraus und in seiner Mentalität kein geeigneter Typ für dieses Ringen. Die jetzt erscheinenden Untersuchungen über seine Rolle von seinen amerikanischen und seinen deutschen Freunden gibt eine Schilderung dieser ‚Entwicklungsjahre'.

Es ist ein großer Verdienst dieser beiden Gruppen, die Geschichte von Weißkopf mit all seinen Komplikationen der Nachwelt darzustellen. Bei der Schwierigkeit, Vorgänge aus der Zeit von vor 100 Jahren nachträglich zu untersuchen, reicht diese Veröffentlichung meiner Ansicht nach aus, um der Persönlichkeit und ihrer Erfolge gerecht zu werden.

Dr. Ludwig Bölkow

Vorwort

Stellt man heute die Frage nach dem ersten Motorflieger der Welt, so antworten in Unkenntnis der historischen Tatsachen immer noch viele: die Gebrüder Wright. Die befragten Personen können auch keine andere Auskunft geben, denn ihr Wissen entspricht dem, was sie in ihrer Schulzeit gelernt haben; und zur damaligen Zeit wurden tatsächlich in den Geschichtsbüchern Orwell und Wilbur Wright genannt. Sie sind mit ihrem 36 Meter weiten, 12 Sekunden dauernden Flug als erste Motorflieger in die Geschichte eingegangen. Doch das erste Kapitel der Geschichte der motorisierten Luftfahrt muss neu geschrieben werden.

Die Gustav-Weißkopf-Forschung hat nach intensiver Arbeit nachweisen können, dass der am 1. Januar 1874 in Leutershausen im bayerischen Mittelfranken geborene Gustav Weißkopf am 14. August 1901 in Fairfield, Connecticut/USA, den ersten Motorflug der Luftfahrtgeschichte unternommen hatte.

Mittlerweile haben viele Lexika, allen voran der berühmte »Brockhaus«, und zahlreiche Fach- und Sachbücher ihre frühere Meinung revidiert und geben nun Weißkopf als ersten Motorflieger an.

Das vorliegende Buch ist aus mehreren Gründen entstanden:

In den 80er und 90er Jahren hatte die Forschungsarbeit über Weißkopf insbesondere durch die »Flughistorische Forschungsgemeinschaft Gustav Weißkopf«, einer Gruppe von Amateurforschern aus Leutershausen, die mittlerweile zu Profis geworden sind, aber auch durch ein Forschungsteam in den USA, erhebliche Erfolge zu verzeichnen.

Hauptsächlich aus diesem Grunde sind die Stadt Leutershausen und die »Flughistorische Forschungsgemeinschaft Gustav Weißkopf« an mich herangetreten und haben mich beauftragt, die bisher vorliegenden Forschungsergebnisse in einem mehr oder weniger umfangreichen Werk zusammenzufassen. Ich habe mir also alle zu diesem Thema verfügbaren

Quellen vorgenommen, Bücher, Filme, Broschüren, Zeitschriften und Zeitungsartikel, Fotos und Gespräche und die Inhalte und Aussagen zusammengetragen und zusammengefasst. In den obengenannten Quellen über Weißkopf habe ich etliche Ungereimtheiten und Widersprüche finden können. Deswegen habe ich mich bemüht, auf diese historisch falschen bzw. nicht bewiesenen Gegebenheiten zu verzichten und nur exakte Tatsachen auszuwählen und niederzuschreiben.

Als ich nun meine Zusammenfassung der Stadt Leutershausen und der Forschungsgemeinschaft vorgelegt hatte, wurde von mehreren Seiten geäußert, dieses Werk als Buch herauszugeben; denn bisher liegt über Gustav Weißkopf kein Fachbuch in deutscher Sprache vor.

Das letzte Buch über Weißkopf und die Weißkopf-Forschung ist im Jahre 1978 veröffentlicht worden. Es ist das Werk HISTORY BY CONTRACT von William O'Dwyer und Stella Randolph, erschienen im Verlag Fritz Majer & Sohn, Leutershausen. Dieses Buch ist in englischer Sprache verfasst.

Die vorliegende Veröffentlichung will die Ergebnisse der Forschungsarbeit über Weißkopf bis zum heutigen Zeitpunkt darlegen und möchte dazu beitragen, dass Geschichte, die gelehrt wird, nicht Dichtung ist, sondern Wahrheit zu sein hat.

Der Autor

Einführung

Der Wunsch der Menschheit, wie die Vögel fliegen zu können, besteht seit vielen Jahrtausenden.

Die älteste bekannte Überlieferung berichtet von Dädalus, dem griechischen Baumeister, dessen erfindungsreicher Geist eine Möglichkeit ersann, aus der Verbannung auf Kreta in das geliebte Griechenland zu entkommen. Aus Vogelfedern, die mit Wachs zusammengeklebt wurden, fertigte er für sich und seinen Sohn Ikarus Schwingen, die den beiden die Flucht ermöglichen sollten. Auf dem Flug nach Sizilien kam allerdings der Sohn den Sonnenstrahlen zu nahe, so dass das Wachs, das die Fittiche zusammenhielt, schmolz. Der Sohn stürzte ab und ertrank im Meer.

Gedanken über den Menschenflug machte sich um 1500 n. Chr. Leonardo da Vinci. Von ihm liegen Zeichnungen und Notizen zum Vogelflug vor, und er entwarf auf dem Papier ein mit Muskelkraft betriebenes Luftfahrzeug.

Die Beobachtung, dass Rauch und Funken durch einen Kamin hochsteigen, führte in Frankreich im 18. Jahrhundert dazu, dass die Gebrüder Mongolfier den Heißluftballon erfanden. Mit diesem Prinzip »leichter als Luft« gelang es erstmals im Jahre 1783, einen Menschen in die Luft zu bringen.

Dass der Mensch niemals darauf hoffen konnte, mit eigener Kraft sein Körpergewicht in die Luft zu bringen, wurde bereits im 16. Jahrhundert von dem Italiener Borelli erkannt. Doch manche glaubten es besser zu wissen. So versuchte der Franzose Marquis de Bacqueville, in Paris mit flügelähnlichen Gebilden an Armen und Beinen die Seine zu überfliegen. Er startete vom Dach eines Hauses, stürzte jedoch auf halber Strecke ab. Dabei brach er sich ein Bein, weil er auf einem Schiff aufgeschlagen war. Auch in Deutschland gab es einen frühen Flugversuch. Albrecht Ludwig Berblinger, bekannt als »der Schneider von Ulm« wollte mit selbstgebauten Flügeln im Jahre 1811 die Donau überfliegen. Er landete mitten im Fluss und wurde von Fischern in deren Kahn gezogen.

Wie die Zuschauer auf solche Unternehmungen reagierten, kann sich jeder leicht vorstellen. Spott und Hohn wurde geäußert, und man bezeichnete die Akteure als »Spinner«.

Durch Pioniertaten großer Entdecker und Erfinder wurden vor allem die technischen Bereiche unserer Zivilisation im Wesentlichen vorangebracht. Doch immer glaubte die breite Masse nicht an die Erfolge und Möglichkeiten, die sich dadurch auftaten.

Im Jahre 1835 wurde die erste deutsche Eisenbahnlinie von Nürnberg nach Fürth eröffnet. Als der dampfgetriebene Adler diese Strecke fuhr, sprachen viele Zuschauer von einem Dampfungetüm unvorstellbarer Größe, und sie bezeichneten die Lokomotive als ein Teufelswerk. Auch glaubten sie, man könne sowieso nicht mitfahren, weil der Mensch solch hohe Geschwindigkeiten nicht aushalten würde, denn man bekäme dabei keine Luft und könnte nicht mehr atmen. Mit Sicherheit hat auch keiner geahnt, welche Entwicklung dieser Erfindung noch bevorstand, dass kilometerlange Schienennetze das Land durchziehen und eines Tages Hochgeschwindigkeitszüge die Reisenden mit 300 und mehr Kilometern in der Stunde befördern würden.

In den Jahren 1885/86 entwickeln Karl Benz und Gottlieb Daimler unabhängig voneinander durch Motorkraft bewegte Kutschen. Als sie ihre Fahrzeuge 1886 in Mannheim bzw. Karlsruhe der Öffentlichkeit vorstellten, war die Reaktion der Zuschauer ähnlich.

Otto Lilienthal (1848–1896) gilt weltweit als der Erfinder des Segelflugs. Während er in Berlin den Vogelflug als Grundlage des Fliegens wissenschaftlich erforschte, wurde er von vielen belächelt.

Graf D'Esterno, der die Bewegungen von Vögeln im Fluge jahrelang beobachtet hatte und Gesetze des Gleitflugs und des Schlagflügelflugs formulierte, plante im Jahre 1864 einen Flugapparat, den er allerdings niemals baute. Die Vorschläge des Grafen wurden allseits belächelt und als das Ergebnis einer leichten Geistesgestörtheit gedeutet.

Auch die ersten Motorflieger wurden oft nicht ernst genommen.

Beurteilt man die damalige Situationen aus heutigem Blickfeld, so lassen sich die Zuschauer der damaligen Zeit in drei Kategorien einordnen:

Da waren zunächst die ernsthaften Wissenschaftler, die die Situation kritisch beurteilten. Sie akzeptierten die Pioniere und überlegten, wie man die Unternehmung zum Erfolg bringen könnte.

Dann gab es die unwissenden Spötter. Das waren diejenigen, die ohne ein Sachwissen zu besitzen ein Urteil fällten und über die Unternehmungen und Erfindungen lachten.

Und schließlich gab es die religiös-mystischen Fanatiker. Sie bildeten immer die gefährlichste Gruppe, weil sie Entdeckungen, Erfindungen und Weiterentwicklungen massiv unterbinden wollten. Sie beriefen sich immer auf den Willen Gottes und deuteten jeglichen Fortschritt als Eingriff in die Schöpfung. So darf z. B. nur ein Vogel fliegen, weil er Flügel hat. Dem Menschen hingegen hat Gott Beine und Füße gegeben und deswegen darf er nicht fliegen oder fahren, er muss gehen. Der Mensch des ausgehenden 19. Jahrhunderts ist noch stark von diesem »mittelalterlichen« Denken geprägt. Sollte ein Mensch gewagt haben, mit einer Eisenbahn zu fahren, so widersprach er dem Willen Gottes. Und deswegen wurde die Eisenbahn als Teufelswerk bezeichnet und die Erfinder, Erbauer oder auch die Passagiere verteufelt. Ebenso erging es den Pionieren der Luftfahrt. Wer fliegen wollte, forderte die Schöpfung Gottes heraus. Man glaubte sicher zu wissen, dass Geister, Hexen und Teufel fliegen können. Gleichgestellt wurden diesen Gestalten diejenigen Pioniere, die sich mit diesen Problemen befassten und damit experimentierten.

Die bedeutensten Quellen, die als Grundlage für das vorliegende Buch dienten, sind Berichte und Artikel aus Zeitungen und Zeitschriften vor allem aus dem Raum der Vereinigten Staaten von Amerika.

Das Flugzeug war noch nicht erfunden. Den Begriff »Flugzeug« und alle Fachausdrücke, die dazugehören, gab es noch nicht. So verwendeten die Reporter und Redakteure der Zeitungen und Zeitschriften, aber auch die Pioniere selbst, Begriffe die der Schiff-Fahrt und der Sprache der Seeleute entlehnt waren. Es wurden jedoch auch andere verwendet. So meinen Begriffe wie Aerodrome, Aeroplan, Luftschiff, Luftfahrzeug, Luftautomobil, Gleiter, Segler, oder Flugmaschine oft das Flugzeug, manchmal jedoch auch ein Luftschiff. Auch wurden die Flügel häufig als Schwingen benannt, während die Propeller als Schrauben, Flügelschrauben, oder Flügel bezeichnet wurden. (Die Bezeichnung »Flügel« für etwas, was eigentlich ein Propeller ist, hat sich sogar bis heute in dem Begriff »Windmühlenflügel« gehalten.) Die Einrichtung, ein Flugzeug zu steuern, wurde teils Steuer, teils Ruder genannt.

Dieses scheinbare Durcheinander in den Bezeichnungen und Begriffen wurde absichtlich in den Übersetzungen beibehalten. Auch sind die Übersetzungen bewusst sehr wörtlich vorgenommen worden. Deswegen erscheint die deutsche Sprache hier oft etwas holprig zu sein. Eine freie, sinngemäße Übersetzung wäre wohl für den Leser einfacher und bequemer, jedoch wäre dies zum Großteil die Sprache unserer heutigen Zeit und nicht die Sprache der Jahrhundertwende.

Ebenso beziehen sich die Maßangaben, Größen und Einheiten in den Übersetzungen auf das in den USA übliche System. Um hier Klärung zu schaffen, seien diese Maßeinheiten angegeben:

1 HP (= horse power) = 1 (US) PS = 1,014 PS = 0,75 kW

1 in = 1 inch = 1 (ehemaliges deutsches) Zoll = 25,4 mm

1 ft = 1 foot = 1 Fuß = 0,3048 m

1 yd = 1 yard = 3 ft = 36 in = 0,914 m

1 mi = 1 mile = 1 Meile = 1760 yd = 1,609344 km = 1.609,344 m

1 pound = 1 Pfund = 0,453 kg = 453 g

1 gal = 1 gallon = 1 Gallone = 3,78543 dm^3 = 3,78543 l

KAPITEL I

GUSTAV WEISSKOPF
KINDHEIT UND JUGEND

Neujahrstag 1874. Ein Kind erblickt das Licht der Welt. Es dauert nicht lange und die Mutter hört die ersten Schreie. »Ein Bub«, freut sich der Vater. Die Frau entbindet das Kind zu Hause. Das ist zu der damaligen Zeit üblich. Zu Hause, in der Badgasse Hausnummer 53. In Leutershausen, einem malerischen, zufriedenen Städtchen, in Mittelfranken, dort, wo die Altmühl noch ganz klein ist, und sich das Wasser in vielen Windungen sacht und leise durch den kurvenreichen Lauf des Flusses bewegt. Eine Eisenbahnlinie wird hier gerade gebaut. Die Bahnlinie Ansbach – Crailsheim. Und diese Schienenstrecke muss auf einem erhöhten Damm geführt werden und sie muss über die Altmühl. Kompliziert ist der Dammbau in dieser Zeit, weil keine Verdichtungsmaschinen für das aufgeschüttete Material zur Verfügung stehen. Man errichtet hohe Holzgerüste und verfüllt diese mit Steinen und Erde. Viele Zimmerleute werden für diese Arbeiten gebraucht.

Der Vater des Kindes, Karl Ernst Weißkopf, ist gelernter Mühlenbauer und Zimmermann. Er stammt aus Ansbach in Mittelfranken. Nun hat er bei der Eisenbahn Arbeit gefunden. Er ist beim Bau des Bahndamms und beim Brückenbau beschäftigt. Fleißig ist er, und er versteht etwas von seiner Arbeit. Deshalb ist er Vorarbeiter.

Die Frau, die eben diesen Buben zur Welt gebracht hat, heißt Maria Sybilla. Unweit von Ansbach, in Colmberg, dem kleinen Marktflecken mit der bekannten alten Hohenzollernburg, steht ihr Elternhaus. Wittmann schreibt sich die Familie. Im Ort nennt man Maria Sybilla selten beim eigentlichen Rufnamen. »Babetta« wird sie genannt. Sie hat bereits eine uneheliche Tochter. Den Zimmermann kennt sie schon längere Zeit. Doch die beiden gehen den Bund der Ehe erst ein, als gemeinsamer Nachwuchs unterwegs ist. Zu dieser Zeit wohnen sie in Brunst Nr. 13[1]. In Weißenkirchberg, einem nahegelegenen Dörfchen, dessen Ortsbild das hochgele-

---

1   *Brunst: Bezeichnung für Ort und Flur; heute Stadtteil von Leutershausen.*

Abb. 2
Historische Aufnahme vom Eisenbahnbau bei Leutershausen

Abb. 3
Ansicht von Leutershausen vor dem zweiten Weltkrieg. Auf der Aufnahme sind links die St. Peterskirche und rechts im Ring das Geburtshaus von Gustav Albin Weißkopf zu erkennen. Das Geburtshaus wurde während eines Bombenangriffs amerikanischer Flieger am 18. April 1945 zerstört. Heute steht dort ein unbewohntes Gebäude. Es trägt jetzt die Hausnummer 12. Verwandte der Familie Weißkopf lebten bis vor kurzer Zeit noch in Leutershausen.

gene Gotteshaus prägt, geben sie sich am 13. Juli 1873 das Jawort. Damit ist die uneheliche Tochter als eheliches Kind legitimiert.

Weshalb die Familie zwischen dem Zeitpunkt der Eheschließung und der Geburt des Sohnes nach Leutershausen umzieht ist nicht geklärt.

Am Neujahrstag 1874 wird nun ihr zweites Kind geboren, ein Sohn. Ein Zimmerpolier aus Brunst, wahrscheinlich ein Arbeitskollege des Vaters, wird gebeten, für den Neugeborenen die Patenschaft zu übernehmen. Gustav Albin Kohler heißt der Zimmerer, der sofort zusagt. Und jetzt steht für den Jungen auch schon der Name fest. Gustav Albin wird er heißen. Wie der Pate. Und am 11. Januar soll der Kleine in der St. Peterskirche zu Leutershausen auf diesen Namen getauft werden.

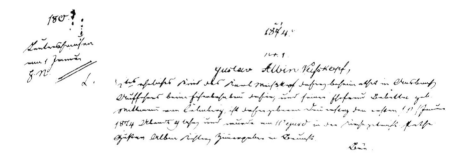

Abb. 4
Auszug aus dem Geburts- und Taufregister der Ev.-lutherischen Pfarrei Leutershausen vom Jahre 1866 - 1890; Band 11, Seite 180

1874
Nr. 1
Gustav Albin Weißkopf
2tes eheliches Kind des Karl Weißkopf dahier, beheimatet in Ansbach,
Aufseher beim Eisenbahnbau dahier, und seiner Ehefrau Babetta geb.
Wittmann von Colmberg, ist dahier geboren Donnerstag ersten /1./ Januar
1874 abends 9 Uhr und wurde am 11. ejust (= des Monats) in der Kirche getauft. Pathe:
Gustav Albin Kohler, Zimmerpolier in Brunst.

Der Junge wächst neben seiner älteren Schwester prächtig heran. Oft ist er auch etwas eigenwillig.

Der Abschnitt der Eisenbahnstrecke ist bald gebaut und der Vater wird hier als Vorarbeiter nicht mehr gebraucht. Er findet nun Arbeit in Höchst am Main. Die Familie zieht dorthin und wohnt »Im Wed Nr. 16«. In Höchst besucht der kleine Gustl die Schule.

In seiner Freizeit schlendert er oft alleine am Mainufer entlang. Seine Aufmerksamkeit gilt dabei den Singvögeln im Schilf. Aus den schier unmöglichsten Positionen können sie sich ohne besondere Schwierigkeiten in die Lüfte erheben. Noch eben hält sich so ein kleiner Vogel mit seinen zarten Füßchen an einem Schilfhalm fest, und der Wind wogt ihn mit sanfter Gewalt hin und her. Doch jetzt schon haben die umklammernden Zehen losgelassen und der Vogel fliegt hoch und höher. Er fliegt weg. Und bald verliert ihn der Beobachter aus den Augen.

»Warum können wir Menschen das nicht?«

Diese Frage mag sich wohl der Junge stellen, der so oft am Mainufer auf Beobachtungsgängen unterwegs ist.

Nicht nur in freier Natur beim Anblick der Vögel, auch zu Hause geht ihm das Fliegen durch seine Gedanken. Er faltet Papierflugzeuge und lässt sie durchs Zimmer gleiten.

»Einem Menschen wird es nie gelingen«, denkt er, »oder vielleicht doch?«

Er baut nun einen Drachen und lässt ihn draußen auf der Wiese steigen. Der Wind trägt ihn hoch hinauf.

Aus feinem Papier fertigt er Fallschirme und Ballone, und das Experimentieren damit ist seine Lieblingsbeschäftigung.

Seine Schulkameraden haben keine Schwierigkeit, einen Spitznamen für ihn zu finden. Sie nennen ihn liebevoll und spöttisch zugleich den »Flieger«.

Doch in ihm ist nun eine Idee aufgeflammt, die ihn nicht mehr loslässt. »Wenn der Mensch, ebenso wie die Vögel, Flügel hätte, müsste er sich mit eigener Kraft erheben können«, denkt er.

Gustl ist zwölf Jahre alt, da erwartet seine Mutter bereits ihr sechstes Kind. Am 12. Oktober 1886 soll das Kind das Licht der Welt erblicken. Doch in dem Mädchen ist kein Leben. Die Mutter überlebt diese Totgeburt nicht. Sie stirbt noch am gleichen Tage.[1] Der Verlust trifft die Familie schwer. Fünf Kinder sind nun mutterlos.

Die Gesundheit des Vaters ist auch schon angeschlagen.

Als er im folgenden Jahr zusammen mit seinem Sohn Gustav seine Schwester in Fürth/Bayern besucht, stirbt er dort am 26. Februar 1887. Fünf Vollwaisen haben kein Elternhaus mehr.

Verschiedene Verwandte nehmen jetzt die Kinder zu sich. Der dreizehnjährige Gustav bleibt zunächst bei der Tante in Fürth, später kommt er zu den Großeltern nach Ansbach. Dort wird er in der St. Gumbertuskirche am 3. April 1887 konfirmiert.

Die Idee vom Fliegen flammt immer noch in seinem Kopfe. »Da der Mensch keine Flügel hat, sollte er sich welche bauen«, ist seine Überlegung. Er bastelt sich nun Flügel, in die er mit Armen und Beinen hineinschlüpfen kann. Nach mühevoller Näharbeit ist seine Ausrüstung startklar. Er begibt sich auf den Dachfirst des großelterlichen Wohnhauses[2] und beginnt, im Schutze der Dunkelheit der Nacht, zunächst mit den Armen, Schwingbewegungen auszuführen. Wie eine große Fledermaus wirft der Pionier eine Silhouette gegen den nächtlichen Himmel. Die Schläge der Armschwingen werden heftiger und als er glaubt, gerade abzuheben, rutscht er aus, gleitet auf den Ziegeln das Dach hinunter und kann sich gerade noch an der Dachrinne festhalten.

---

1 *gestorben in Höchst.*
2 *Bergstraße 1 in 91522 Ansbach.*

Nach der Schulzeit erlernt er in Ansbach das Schlosserhandwerk. Während dieser Lehre macht er mit dem Bau von Motoren Bekanntschaft. Er studiert Werke der Fachliteratur und erwirbt Kenntnisse, Wissen und Fähigkeiten in Theorie und Praxis. Mit Sicherheit hat Gustav Weißkopf diese Schlosserlehre nicht ganz zu Ende geführt. Er entzieht sich der großelterlichen Erziehung und Aufsicht.

Wie er später selbst berichtet, wird er im Jahre 1888 – er ist nun vierzehn Jahre alt – im Hamburger Hafen von der Besatzung eines australischen Seglers schanghait. Matrosen haben ihn zum übermäßigen Alkoholkonsum verleitet und auf ihr Schiff mitgenommen. Und als er wieder klar denken kann, ist das Schiff bereits ausgelaufen. Er ist unfreiwillig auf diesen Segler gekommen, und doch eröffnet ihm diese gewaltsame Anheuerung neue Möglichkeiten für sein weiteres Leben.

Zum einen kann er sich in dieser Zeit ausreichende Kenntnisse der internationalen Seemannssprache »Englisch« aneignen, zum andern erlangt er seemännische Kenntnisse über Takelage und Segelspannung, zum dritten wird er mit Wetter- und Windverhältnissen vertraut. Außerdem kann er Eindrücke und Erkenntnisse bei der Beobachtung der Seevögel gewinnen. Ihnen will er das Geheimnis der Flugbewegungen abschauen. Seine Aufmerksamkeit gilt dabei besonders dem Albatros.

In gewisser Weise bringt ihm der wochenlange Aufenthalt auf dem Segelschiff die entscheidenden Schlüsselerlebnisse für seine großartigen Taten und Leistungen.

»Warum sollte sich der Mensch nicht ebenso wie die Albatrosse in die Lüfte erheben können?«, fragt er sich.

»Warum sollte es ihm versagt sein?«, grübelt er.

Seine Gedanken gehen noch weiter: »Der Mensch hat mit seiner Intelligenz, mit seinem Wissen und Können, mit Fleiß und Beharrlichkeit und Ausdauer schon so vieles erfunden und entdeckt; warum sollte man nicht für die Menschheit das Fliegen erfinden? Ich werde es finden. Ich werde es erfinden!«

Diese Gedanken werden ihn auch in den folgenden Jahren beschäftigen.

Im Jahre 1889 kehrt Weißkopf nach Deutschland zurück und schließt sich nun einer Familie an, die nach Brasilien auswandert. Wie lange er – nun freiwillig – zur See gefahren ist, ist nicht genau überliefert. Auch der Zeitpunkt seines Niederlassens in Recife[1] ist nicht genau bekannt. Dort verdient er sich bei deutschen Aussiedlern seinen Lebensunterhalt.

Er kehrt nochmals nach Deutschland zurück (etwa 1893/94), in der Absicht, sich mit Otto Lilienthal zu treffen. Dieser hat in seinem Buch »Der Vogelflug als Grundlage der Fliegekunst«[2] fundamentale Erkenntnisse über Gesetze der Aerodynamik veröffentlicht.

Abb. 5
Otto Lilienthal

Otto Lilienthal entwirft, konstruiert, baut und erprobt schon als Zwölfjähriger Modelle für Gleit- und Segelflug. Wie Weißkopf, so beschäftigt sich auch Lilienthal, mit dem Vogelflug als Vorbild für die Verwirklichung

---

1   *damals: Pernambuco in Brasilien.*
2   *erschienen 1889 in Berlin.*

des Menschheitstraums vom Fliegen. Diese Beobachtungen und systematische Messungen der Luftströmungen lassen ihn den Nutzen und Vorteil gewölbter Flügelflächen erkennen. Seinen ersten selbstgebauten Drachenflieger erprobt er schon vor 1890 in der Umgebung Berlins. Als Jahr des ersten Menschenflugs gilt allerdings das Jahr 1891. Insgesamt führt Lilienthal bis zu seinem Tode mehr als 1.000 nachweisbar gelungene Gleit- oder Segelflüge mit seinen selbstgebauten Hängegleitern durch. Dabei startet er jeweils von Hügeln herab. In Lichterfelde wird eigens für seine Flugversuche ein Hügel von ca. 70 Metern Breite und ca. 15 Metern Höhe aufgeschüttet. Im Alter von 48 Jahren tritt er am 9. August 1896 seinen letzten Flug an. Er verunglückt. Bei diesem Absturz zieht er sich eine Wirbelsäulenverletzung zu. Tags darauf stirbt der erste Flieger der Menschheit, der Vater des Menschenflugs.

Über die Begegnung Weißkopfs mit Lilienthal berichtet die NEW YORK TRIBUNE in ihrer Ausgabe vom 6. Oktober 1897:

»… *ein junger Mann, Herr Weißkopf, kein Neuling in der Wissenschaft der Aerostatik, war lange Zeit Schüler und Mitarbeiter von Professor Otto Lilienthal, dem deutschen Aeronauten …*«

Abb. 6
Unverkennbar ist die Ähnlichkeit von Otto Lilienthals Gleiter aus dem
Jahre 1893 (links) mit Gustav Weißkopfs Nummer 21 aus dem Jahre 1901 (rechts).

KAPITEL II

DER AUSWANDERER
IN DEN
VEREINIGTEN STAATEN

Gustav Weißkopf emigriert im Jahre 1895 in die USA. Seine erste Station ist Boston (siehe Anhang S. 319). Der damals 21-Jährige setzt in die Neue Welt große Hoffnungen.

»Dort in den Vereinigten Staaten werde ich wohl die besten Möglichkeiten haben, meine Vorstellungen über eine Flugmaschine in die Wirklichkeit umsetzen zu können«, verspricht er sich.

In Mitteleuropa wird das Fahren im Heißluft- oder Wasserstoffballon gerade zum Hobby der Herren der besseren Gesellschaft. Und abends treffen sich diese Herren mit ihren Damen im Kaffeehaus und stempeln ernsthafte Flugpioniere wie Otto Lilienthal zu Phantasten und Spinnern. Eben in dieser Zeit befasst sich Weißkopf in den USA mit der Entwicklung von Fluggeräten.

In Boston hat man gerade einen Luftfahrtverein gegründet, »The Boston Aeronautical Society«. Für diese Gesellschaft baut Weißkopf zusammen mit seinem Helfer Albert B. C. Horn ein Schlagflügelflugzeug. Diese Konstruktion eines von menschlicher Muskelkraft angetriebenen Gleitflugzeugs mit beweglichen Tragflächen soll den Vogelflug nachahmen. Die Herstellung kostet viel Aufwand und Zeit. Als es fertig ist, beweist es sich als flugunfähig.

Albert B. C. Horn schreibt über dieses Schlagflügelflugzeug in einem Brief vom 28. Januar 1936:

»... Die Bostoner Aeronautische Gesellschaft beschäftigte mich als Mechaniker, um zusammen mit Herrn Weißkopf ein Fluggerät zu bauen; wir bauten eines aus Bambus, verspannt mit leichten Drähten und als Bespannung verwendeten wir feingewebtes Baumwolltuch. Für den Bediener des Fluggeräts war zwischen den Flügeln ein Sitz angebracht, von wo aus er zwei kleinere Flügel zum Antrieb bewegen sollte. Als es fertiggestellt war, wurde es zu einem Versuch auf das Grundstück des einen Sponsors gebracht. Es blieb bei einem Versuch. Das Gerät flog nicht. Alle versammelten Beobachter hatten dies schon vermutet. Man ahnte, dass mensch-

liche Kraft allein nicht ausreichen würde, ein Gerät von dieser Größe anzutreiben. Immerhin war es 32 Fuß lang ...«[1]

Abb. 7
The Boston Glider
Die älteste bekannte Aufnahme eines Gleiters von Gustav Weißkopf aus dem Jahre 1897 zeigt das für die »Boston Aeronautical Society« angefertigte Schlagflügelflugzeug. Das Gerät sollte in Nachahmung des Vogelflugs funktionieren, war aber nicht flugfähig. Das Foto wurde von Albert B. C. Horn aufgenommen, der es in den dreißiger Jahren Stella Randolph zur Verfügung stellte.

1   *1 Fuß   =   0,3048 m.*
     32 Fuß =   ca. 9,60 m.

Zusammen mit seinem Helfer Albert B. C. Horn baut Gustav Weißkopf in Boston auch einen Segelgleiter im Stile Lilienthals. Mit diesem Gleiter gelingen Weißkopf mehrere kleine Luftsprünge über kurze Strecken. Sein Helfer schreibt darüber:

»... *Wir bauten auch einen Gleiter nach dem Vorbild Lilienthals mit dem es Weißkopf fertigbrachte, sich für kurze Entfernungen vom Boden zu erheben. Eine leichtere Person hätte dies wohl besser gekonnt; denn sein Körpergewicht dürfte damals bei etwa 90 Kilogramm gelegen haben ...*«

Doch Weißkopf verlässt nun diese Stadt und zieht nach New York City. Dort arbeitet er für die Horsman Company.

Der Unternehmer Horsman betreibt in New York eine Sportartikel- und Spielwarenfabrik. In seiner Spielzeugabteilung beschäftigt er Weißkopf als Fachmann für Drachen und Flugmodelle.

In der Freizeit arbeitet Gustav Weißkopf weiter an seinen Flugzeugkonstruktionen, und da er beruflich in seiner Abteilung auch die Motoren für Fliegekraft betreut, kommt ihm eine Idee: Er beabsichtigt, in einen seiner Gleiter einen Antriebsmotor einzubauen.

Während seines Aufenthalts in New York lernt Gustav Weißkopf seine Lebenspartnerin Louise Tuba kennen. Als sie zu ihrem Bruder nach Buffalo/NY zieht, folgt er ihr. Die beiden heiraten am 24. November 1897 in Buffalo. Louise Tuba ist Deutsch-Ungarin. Auf der Heiratsurkunde gibt Weißkopf als Beruf »Aeronaut« an.

Obwohl Gustav Weißkopf in die Vereinigten Staaten seine ganzen Hoffnungen gesetzt hat, hat er sich nie zu den USA bekannt. Er ist ein Deutscher geblieben. Er ist nie amerikanischer Staatsbürger geworden, hat aber zu der damaligen Zeit seinen Namen mit »*Gustave Whitehead*« amerikanisiert. Im Stolz auf seine deutsche Herkunft unterschreibt er die Heiratsurkunde mit »*Gustav Weisskopf*«.

In Buffalo, NY, erweitert, ergänzt und vervollständigt Weißkopf sein praktisches Wissen mit theoretischen Studien. Er geht in die Stadtbücherei

Der Auswanderer in den Vereinigten Staaten 31

Abb. 8
Hochzeitsfoto von Gustav Weißkopf und Louise Tuba
(aufgenommen in den William Wunsch Studios in Buffalo/NY)

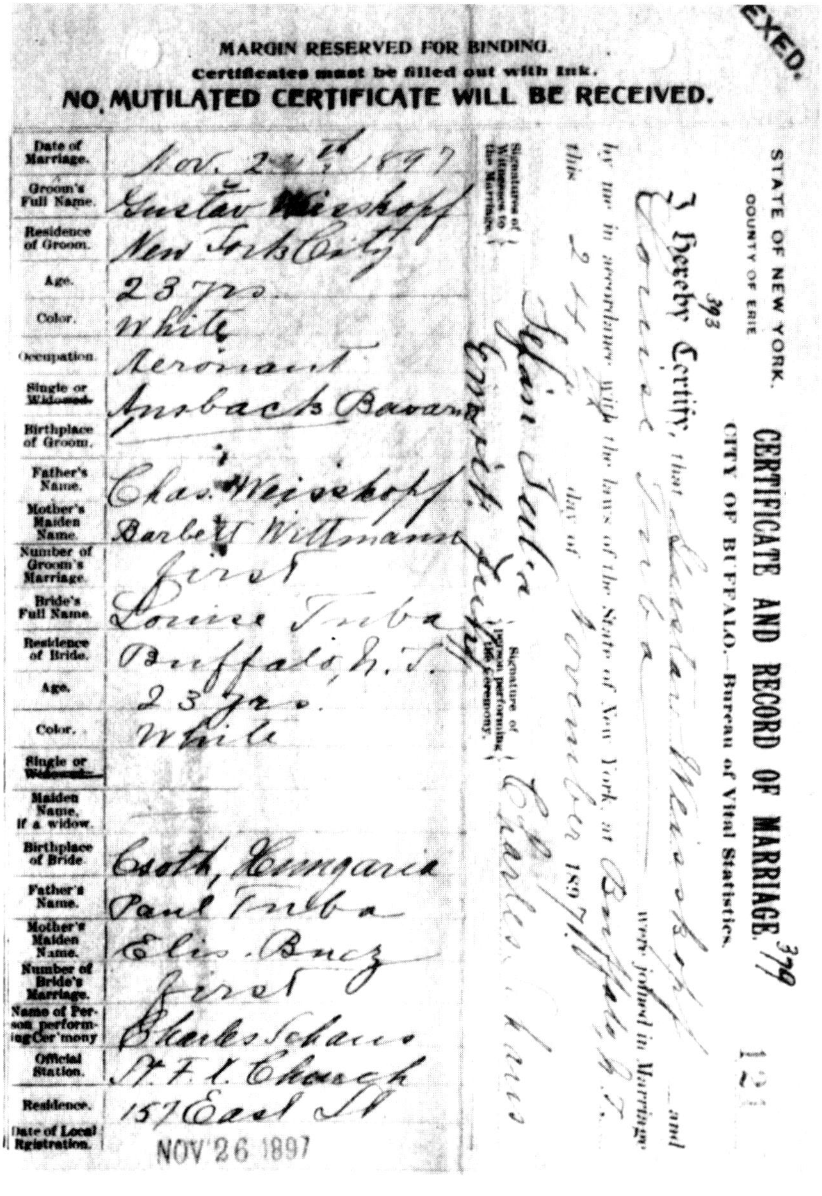

MARGIN RESERVED FOR BINDING.
Certificates must be filled out with ink.
NO MUTILATED CERTIFICATE WILL BE RECEIVED.

Date of Marriage.	Nov. 24th 1897
Groom's Full Name.	Gustav Weisskopf
Residence of Groom.	New York City
Age.	23 yrs.
Color.	White
Occupation.	Aeronaut
Single or Widowed.	
Birthplace of Groom.	Ansbach Bavaria
Father's Name.	Chas. Weisskopf
Mother's Maiden Name.	Barbett Wittmann
Number of Groom's Marriage.	First
Bride's Full Name.	Louise Tuba
Residence of Bride.	Buffalo, N.Y.
Age.	23 yrs.
Color.	White
Single or Widowed.	
Maiden Name, if a widow.	
Birthplace of Bride.	Csoth, Hungaria
Father's Name.	Paul Tuba
Mother's Maiden Name.	Elis. Bucz
Number of Bride's Marriage.	First
Name of Person performing Cer'mony	Charles Schaus
Official Station.	St. F. L. Church
Residence.	157 East St
Date of Local Registration.	NOV 26 1897

STATE OF NEW YORK.
COUNTY OF ERIE
CERTIFICATE AND RECORD OF MARRIAGE. 379
CITY OF BUFFALO.—Bureau of Vital Statistics.

393
I Hereby Certify, that Gustav Weisskopf and Louise Tuba were joined in Marriage by me in accordance with the laws of the State of New York, at Buffalo, N.Y. this 24th day of November 1897.

Signatures of Witnesses to the Marriage. Johann Tuba, Emerich Tuba

Signature of person performing the Ceremony. Charles Schaus

Abb. 9

Vorderseite der Heiratsurkunde

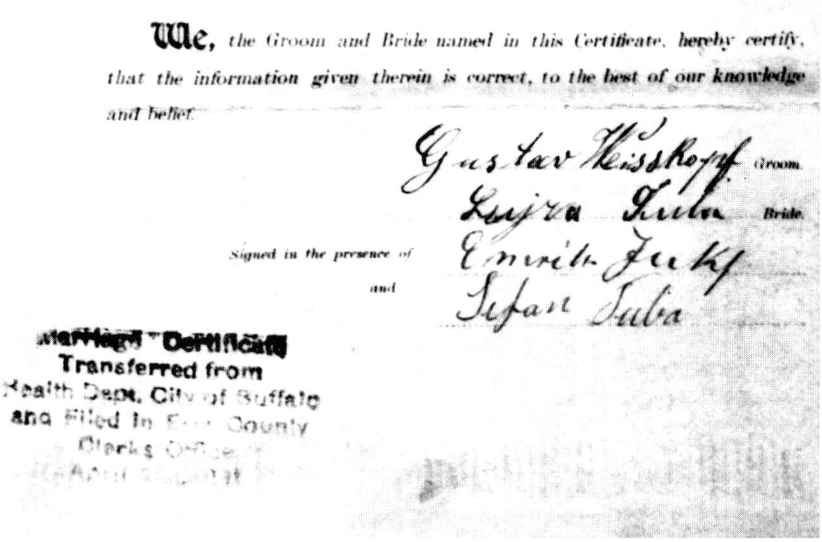

Der Auswanderer in den Vereinigten Staaten 33

Abb. 10
Rückseite der Heiratsurkunde: Die Eheleute unterschrieben mit
»Gustav Weisskopf« und »Lujza Tuba«.

»Buffalo Library« und findet dort Fachliteratur über Geschichte und Entwicklung der Luftfahrt bis zum damaligen Zeitpunkt.

Vor allem interessiert er sich hier für den Flugapparat des Grafen D'Esterno.

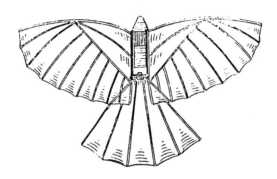

Abb. 11
Flugapparat des Grafen D'Esterno, 1864

D'Esterno hatte im Jahre 1864 eine sehr bemerkenswerte Schrift über Bewegungen von Vögeln im Flug herausgegeben, in der er Ergebnisse jahrelanger Beobachtungen veröffentlichte und seine »sieben Gesetze des Schlagflügelflugs« und seine »acht Gesetze des Gleitflugs« formulierte. Ebenfalls im Jahre 1864 hatte D'Esterno einen Flugapparat patentieren lassen. Dieser bestand aus zwei Schwingen, die beweglich an einem Gestell angebracht waren. Dieses Gestell war mit dem Wagen in der Mitte des Flugzeugs fest verbunden. Vom Wagen aus sollten die Schwingen auf und nieder bewegt werden. Der Wagen war mit einem beweglichen Sitz ausgestattet und der Pilot konnte entweder darauf sitzen und sein Gewicht nach vorne, hinten und seitwärts verlagern oder im Stehen die gleiche Wirkung erzeugen, wobei er mit dem Körper Schwingbewegungen ausführen sollte. Der Schwanz war mit dem Wagen durch ein schwenkbares Scharnier verbunden. Durch diese Konstruktion wollte D'Esterno die sieben bzw. acht Gesetze des Fliegens, die er selbst aufgestellt hatte, verwirklichen. Der Vorschlag des Grafen wurde allseits belächelt und als das Ergebnis einer leichten Geistesgestörtheit gedeutet.

D'Esterno hat den Flugapparat niemals gebaut; vielleicht weil er von der Öffentlichkeit nicht für irre erklärt werden wollte, vielleicht auch, weil er seinem selbst entwickelten Mechanismus misstraute.

Gustav Weißkopf hat aus den Studien dieser Fachliteratur erheblich gelernt. Besonders aus der Beschreibung des Flugapparats des Grafen D'Esterno hat er Einzelheiten aufgenommen und diese später beim Bau von Flugzeugen verwirklicht.

Im Frühjahr des Jahres 1898 finden wir Weißkopf in Baltimore. Er führt dort mehrere Gleitflugexperimente durch.

In Baltimore wird auch dem Ehepaar Weißkopf im Jahre 1898 das erste Kind geboren, das Töchterlein Rose. Gustav Weißkopf ist nun Familienvater geworden und hat für ein geregeltes Einkommen zu sorgen. Seine Frau hält ihn an, seine Flugbegeisterung zu dämpfen und Verantwortung für den Unterhalt der Familie anzunehmen. Bisher haben sie in recht bescheidenen Verhältnissen gelebt. Sollte dies nicht bald besser werden?

Sie ziehen um. Nach Pittsburgh, Pennsylvania, dem Kohlenpott der USA. Iron-City wird die Stadt auch genannt. Weißkopf hat hier Arbeit in einem Kohlebergwerk gefunden. Und er arbeitet hart.

Hier lernt er Louis Darvarich kennen. Beide arbeiten zusammen in der Kohlenmine, und in der Freizeit sind sie auch viel beieinander. Trotz dieses harten Jobs leben in Weißkopf die Gedanken vom Fliegen und das Verlangen nach Experimenten weiter.

Erneut baut er Flugzeuge, das ist sein Hobby. Zunächst entwirft er ein Modell, ähnlich einem Kastendrachen. Er baut diesen Drachengleiter aus leichten Holzstäben, die mit feinem Stoff bespannt werden. Schließlich hängt er das Modell an dünnen Schnüren auf, um das Verhalten im Winde zu studieren.

Abb. 12
Ansicht eines Drachengleiters – Pittsburg 1899. Das Modell zeigt schon Merkmale, die sich in den folgenden Jahrzehnten beim Flugzeugbau durchsetzen:
Eindecker, Rumpf, Höhen- und Seitenleitwerk [1].

Neben diesen Modellstudien fertigt Weißkopf aber auch weiterhin große Fluggeräte, um selbst damit zu fliegen.

Die Idee, in eines seiner Flugzeuge einen Motor einzubauen, lässt ihn nicht mehr los.

Drei Erfahrungen hatten ihn zu diesem Vorhaben animiert:

Zum einen hatte er schon als Jugendlicher während seiner Berufsausbildung als Schlosser Kontakt mit dem Gebiet des Motorenbaus, zum andern konnte er während seiner Zeit als Seefahrer Erfahrungen mit Dampf-

---

1 Im Jahre 1998 hat Rudi Burian diesen Drachengleiter nachgebaut. Er zeigt exzellente Flugeigenschaften. Der Nachbau befindet sich im Gustav-Weißkopf-Museum in Leutershausen.

maschinen sammeln und zum dritten haben ihn seine Studien der Fachliteratur in Buffalo darauf gebracht.

In den Nächten führt er nun Druckversuche mit Dampfkesseln durch. Mancher explodiert dabei. Seine Versuche mit selbstgebauten Explosionsmotoren verlaufen weniger gefährlich. Aber die Schießpulverexperimente gehen nicht immer glimpflich aus. Er bekommt Schwierigkeiten mit den Nachbarn. Sie teilen die nächtliche Experimentierlust nicht mit ihm. Mehrmals werden sie von dem Knall einer Explosion vor oder nach Mitternacht aus ihrem Tiefschlaf geschreckt. Auch ihre Fensterscheiben überstehen oft den Explosionsdruck nicht.

Bei all diesen kostspieligen Unternehmungen kann Weißkopf nicht auf finanzielle Polster zurückgreifen. Auch hat er keinen kapitalkräftigen Sponsor, der ihn unterstützen würde. Er ist gezwungen, all seine Experimente selbst zu finanzieren und muss außerdem für den Lebensunterhalt der Familie sorgen.

Trotz aller Schwierigkeiten entwirft und fertigt er in Pittsburgh einen Flugapparat mit einer Dampfmaschine als Antrieb. Sein Freund Louis Darvarich hilft ihm dabei so gut er kann.

Als das Fluggerät fertig ist, steigt Darvarich zum Flugversuch mit als Heizer an Bord. Der Start gelingt, die Maschine hebt ab, und schon fliegt sie in bemerkenswerter Höhe. Der Flug endet jedoch mit einer Bruchlandung: Es ist nicht gelungen, einem dreistöckigen Haus in einem Vorort von Pittsburgh auszuweichen. So endet der Flug mit dem Aufprall auf dieses Haus zwischen dem dritten Stockwerk und dem Dach, knapp unterhalb der Dachrinne. Louis Darvarich, Copilot und Heizer, wird dabei durch den ausströmenden Dampf schwer verbrüht und muss ins Krankenhaus eingeliefert werden. Weißkopf selbst bleibt bei dieser Bruchlandung wie durch ein Wunder unverletzt. Über diesen Flug gibt Louis Darvarich im Jahre 1934 während der Recherchen von Stella Randolph eine eidesstattliche Erklärung ab.

Hier ein Zitat aus seiner notariell beglaubigten, freiwilligen Zeugenaussage:

»... Ich, LOUIS DARVARICH, wohnhaft Wordin Avenue Nr. 845, Bridgeport, Connecticut, erkläre hiermit eidesstattlich, dass ich mit dem verstorbenen Gustav Weißkopf persönlich bekannt war und mit ihm während seiner Experimente mit Flugmaschinen des Prinzips »schwerer als Luft« zusammenarbeitete. Es war so ungefähr im April oder Mai 1899. Ich war dabei und flog mit, als es Herrn Weißkopf gelang, seine Maschine, die mit einem Dampfmotor angetrieben wurde, in die Luft zu bringen. Es war ein Flug von etwa einer halben Meile Strecke in einer Höhe von ungefähr 20 bis 25 Fuß über dem Boden. Dieser Flug ereignete sich in Pittsburgh und die Maschine, die Herr Weißkopf flog, war vom Typ eines Eindeckers. Es gelang uns nicht, genügend Höhe zu erreichen, um einem dreistöckigen Haus in unserer Flugbahn auszuweichen. Beim Absturz der Maschine wurde ich stark verbrüht, denn ich hatte den Kessel geheizt. Ich musste einige Wochen ins Krankenhaus und ich erinnere mich an den Zwischenfall ganz genau. Herr Weißkopf wurde nicht verletzt, da er sich zum Steuern der Maschine vorne aufhielt ...«

Ebenfalls im Jahre 1934 gibt ein weiterer Augenzeuge dieses Ereignisses eine Aussage zu Protokoll. Es ist Martin Devine, der in Pittsburgh lebt und sich an Einzelheiten erinnert:

»... unmittelbar nach dem Aufprall auf ein Backsteinhaus, das, wie ich glaube, auf dem O'Neale-Grundstück neu erbaut war, kam ich zur Unfallstelle. Ich erinnere mich, dass jemand verletzt und in ein Krankenhaus eingeliefert worden war, kann aber nicht sagen, wer das war ...«

Die Presse berichtet über dieses Ereignis nicht. Dies kann wohl nur damit erklärt werden, dass man das Fliegen mit einem Gerät, das schwerer als Luft ist, für unmöglich hält. Die Bevölkerung nimmt also Weißkopf nicht ernst und zeigt kein Interesse an seinen Tüfteleien. Das Ereignis ist somit publizistisch nicht relevant. Weißkopf lässt sich jedoch dadurch nicht beirren. Seine Gedanken hängen immer noch am Vogelflug. »Das Fliegen mit einem Gerät, das schwerer als Luft ist, muss möglich sein; denn sonst könnten ja Vögel auch nicht fliegen. Da sie aber schwerer als Luft sind, und dennoch fliegen können, muss das Fliegen mit einem technischen Gerät schwerer als Luft auch möglich sein. Man braucht nur den entsprechenden Antrieb«, ist seine Logik.

Doch wegen des Unglücks mit dem dampfgetriebenen Flugzeug bekommt nun Weißkopf erhebliche Schwierigkeiten mit seinen Nachbarn. Sie ängstigen sich um ihr Hab und Gut und bangen um ihr Leben.

In nächtlichen Experimenten untersucht er weiterhin die Belastbarkeit von Kesseln; nun unter Dampfhochdruck. Und er erschreckt seine Nachbarn wieder mit heftigen Explosionsgeräuschen. Bevor die Probleme mit den Nachbarn unüberwindbar werden, verlässt er Pittsburg und zieht um.

In der Industriestadt Bridgeport, im US-Bundesstaat Connecticut, findet Weißkopf im Jahre 1900 Arbeit. Nun geht es aufwärts: er verdient gut, seiner Familie geht es somit auch besser, und auch in seinem Hobby, dem Fliegen mit Motorkraft, zeichnen sich bald Erfolge ab.

Hinter dem Wohnhaus in der Pine Street Nr. 241 errichtet er einen kleinen Schuppen, der ihm als Werkstatt für sein Hobby dienen soll.

Herr Weißkopf ist bei den Wilmot & Hobbs Werken als Nachtwächter angestellt. Fast die Hälfte der Zeit, die den Männern als Ruhephase zugeordnet ist, arbeitet er an seiner Flugmaschine.

Obwohl er verschiedene neue Flugmotoren mit unterschiedlichen Treibstoffarten wie Schießpulver, Karbid oder Benzin fertigt, bleibt er zunächst noch bei dem Prinzip der Dampfmaschine, wobei er hauptsächlich verschiedene Stoffe als Heizmaterial ausprobiert.

Solch einen Motor baut er in seine neue Flugmaschine ein. Im Jahre 1900 gelingen ihm mit diesem motorgetriebenen Gerät schon kleine »Flüge«, die er in den frühen Morgenstunden in den menschenleeren

Straßen Bridgeports und am Seaside Park nahe dem Long Island Sound durchführt.

Weißkopf unternimmt seine Flugversuche häufig in den frühen Morgenstunden, weil er hier günstige Voraussetzungen vorfindet. Es herrscht Windstille und es besteht keine Gefahr, dass Zuschauer, insbesondere Kinder, ihm vor das Flugzeug laufen. Weißkopfs Flugzeuge sind so gebaut, dass sie relativ leicht zu transportieren sind: Sie haben Räder, sind leicht und verfügen über faltbare Tragflächen, die erst am Startplatz gespannt werden. Durch diese Bauweise kann man solch ein Flugzeug ohne viel Mühe von einem Pferd oder einem Automobil zum vorgesehenen Startplatz schleppen.

Die Flüge, die ihm dabei gelingen, lässt er selbst nicht gelten, denn es sind nur Sprünge von ca. fünfzehn Metern Länge in einer Höhe von etwa einem Meter über dem Boden. Und solche Flugsprünge hatten andere Pioniere wie Felix du Temple (1874 in Frankreich), Alexander Fedorowitsch Mozhaiski (1884 in Russland), Clément Ader (1890 und 1897 in Frankreich) und Sir Hiram Maxim (1894 in England) bereits vor ihm ausgeführt.

Weshalb Weißkopfs Flugversuche bis zu diesem Zeitpunkt nicht gerade erfolgreich gewesen waren, lässt sich heute nur noch damit erklären, dass bei Weißkopf und seinen Vorgängern die Motoren für die zerbrechlichen Flugzeuge aus Holz, Sperrholz, Leinwand, Seide, Drähten und Schnüren zu schwer waren. Außerdem brachten sie im Verhältnis zu ihrem Gewicht eine zu geringe Leistung.

Doch bald sollte für Gustav Weißkopf der lang ersehnte Erfolg eintreffen.

Im Frühjahr des Jahres 1901 baut Weißkopf nun ein neues Flugzeug. Nummer 21 nennt er es selbst.

Weshalb nun Weißkopf plötzlich damit anfängt, seine Flugzeuge zu numerieren, ist bis heute nicht erforscht. Bis zu diesem Zeitpunkt hat er bereits mehr als 50 Flugzeuge gebaut.[1] Vielleicht waren darunter 20 eigene, vielleicht auch Studienobjekte, Modelle, Flugzeuge, die er für andere gebaut hat. Man weiß es nicht.

In seiner Werkstatt besuchen ihn häufig die Buben aus der Nachbarschaft. Sehr interessiert verfolgen sie Weißkopfs Arbeit, und bald können sie schon mit einigen Handgriffen dem Erfinder behilflich sein. Ihre Beobachtung und Mithilfe bereichern nicht nur ihr technisches Wissen, sie werden auch zu Zeugen seiner Arbeit und zu Augenzeugen mancher Flüge.

Einer dieser Jungen ist Cecil A. Steeves. Als Kind wohnt er nur einen Häuserblock von Weißkopf in Bridgeport entfernt, und er verbringt viel Freizeit in Weißkopfs Werkstatt, wobei ihm Weißkopf vieles über Flugmaschinen erzählt und erklärt. Cecil A. Steeves ist im Jahre 1901 ein Schuljunge von 14 Jahren, und er verfolgt in Weißkopfs Werkstatt und Hof auch den Bau des Flugzeugs Nr. 21 und ist dabei, als Weißkopf Flugversuche durchführt. Steeves kann im Jahre 1964 dem Weißkopf-Forscher William O'Dwyer (s. Kap. V) die genauen Start- und Landeplätze zeigen. Vermessungen geben die Länge der Versuchsflüge mit etwa 1.000 Fuß an.

Das Flugzeug Nr. 21 muss mit Sicherheit schon vor dem 8. Juni 1901 fertig gewesen sein, denn an diesem Tage berichtet die Ausgabe der Zeitschrift SCIENTIFIC AMERICAN auf Seite 357 darüber:

(Die Übersetzung dieses Artikels findet der Leser im Anschluss an den in englischer Sprache abgedruckten Text.)

---

1 Nach Aussagen von Verwandten hat er vor 1901 mehr als 50 Flugzeuge gebaut.

A NEW FLYING MACHINE

A novel flying machine has just been completed by Mr Gustave Whitehead, of Bridgeport, Conn., and is now ready for the preliminary trials. Several experiments have been made, but as yet no free flights have been attemted. The machine is built after the model of a bird or bat. The body is 16 feet long and measures 2 $1/2$ feet at its greatest width and is 3 feet deep. It is well stayed with wooden ribs and braced with steel wires and covered with canvas which is tightly stretched over the frame. Four wheels, each one foot in diameter, support it while it stands on the ground. The front wheels are connected to a 10 horse power engine to get up speed on the ground, and the rear wheels are mounted like casters so that they can be steered by the aeronaut. On either side of the body are large aeroplanes, covered with silk and concave on the underside, which give the machine the appearance of a bird in flight. The ribs are bamboo poles, and are braced with steel wires. The wings are so arranged that they can be folded up. The 10-foot rudder, which corresponds to the tail of a bird, can also be folded up and can be moved up and down, so as to steer the machine on its horizontal course. A mast and bowsprit serve to hold all the parts in their proper relation.

In front of the wings and across the body is a double compound engine of 20 horse power, which drives a pair of propellers in opposite directions, the idea being to run the machine on the ground by means of the lower engine untill it has the necessary speed to rise from the ground. Then the upper engine actuates the propellers so as to cause the machine to progress through the air to make it rise on its aeroplanes. The wings are immovable and resemble the outstretched wings of a soaring bird. The steering will be done by running one propeller faster than the other in a way analogous to the way in which an ocean streamer having twin screws can be turned, a special aeroplane being provided to maintain longitudinal and transverse stability.

The lower engine is of 10 horse power, and weighs 22 pounds. The diameter of the cylinder is 3 $^7/_{16}$ inches by 8 inches stroke. The upper engine is a double compound cylinder, the diameters being 2 $^1/_4$ and 3 $^7/_{16}$ inches with a 7 inch stroke. The engine weighs 35 pounds, and calcium carbide is used to develop pressure by means of explosions. The propellers weigh 12 pounds, and are 6 feet in diameter, with a projected blade of 4 square feet. With a draw-bar test, the upper engine being run at full speed, the dead pull was 365 pounds. The weight of the body and wheels is 45 pounds. The wings and the tail have 450 square feet of supporting surface, and the weight is 35 pounds.

EINE NEUE FLUGMASCHINE

Eine neuartige Flugmaschine wurde soeben von Herrn Gustav Weißkopf aus Bridgeport, Conn., fertiggestellt und steht nun bereit für die ersten Flugversuche. Etliche Experimente sind schon unternommen worden, aber bis jetzt wurden noch keine freien Flüge damit versucht.

Die Maschine wurde nach dem Vorbild eines Vogels oder einer Fledermaus gebaut. Der Rumpf ist 16 Fuß lang, misst 2 $^1/_2$ Fuß an seiner breitesten Stelle und ist 3 Fuß hoch. Er ist gut verstrebt, aus hölzernen Rippen gebaut und mit Stahldrähten verspannt. Das ganze Gestell wurde mit Segeltuch straff bespannt. Mit vier Rädern, jedes mit einem Fuß Durchmesser, steht die Flugmaschine auf dem Boden. Die Vorderräder sind mit einem 10-PS-Motor verbunden, um beim Start Beschleunigung zu erreichen. Die hinteren sind lenkrollenähnlich montiert, damit diese vom Aeronauten gesteuert werden können.

Auf jeder Seite des Rumpfes sind große, mit Seide bespannte Tragflächen, die unten konkav gewölbt sind und der Maschine die Erscheinung *eines Vogels im Fluge verleihen. Die Rippen bestehen aus Bambusstangen und sind mit Stahldraht verspannt. Die Flügel sind so angeordnet, dass diese zusammengefaltet werden können. Das 10 Fuß große Ruder[1], das dem Schwanz eines Vogels entspricht, kann auch zusammengefaltet und, um die Maschine auf horizontalem Kurs zu steuern, nach oben und unten bewegt werden. Ein Mast und ein Bugspriet dienen dazu, alle Teile im richtigen Verhältnis zueinander zu fixieren.*

Vor den Flügeln und quer zum Rumpf ist ein doppelter Verbundmotor mit 20 PS, der ein Propellerpaar in gegenläufiger Richtung antreibt. Die Überlegung hierfür war die, die Maschine auf dem Boden mit Hilfe des unteren Motors rollen zu lassen, bis sie die erforderliche Geschwindigkeit hat, um vom Boden abzuheben. Dann treibt der obere Motor die Propeller an, um damit die Maschine durch die Luft vorwärts zu bewegen, um sich auf ihren Flügeln zu erheben.

Die Flügel sind unbeweglich und ähneln den ausgebreiteten Schwingen eines segelnden Vogels. Die Steuerung wird dadurch erreicht, dass der eine Propeller schneller als der andere läuft; analog der Methode einen Ozeandampfer mit zwei Schiffsschrauben zu drehen. Eine spezielle Tragfläche dient der Längs- und Querstabilität.

Der untere Motor hat 10 PS und wiegt 22 Pfund. Der Zylinder hat einen Durchmesser von 3 $^{7}/_{16}$ Zoll bei einem 8 Zoll Hub. Der obere Motor hat einen doppelten Verbundzylinder mit einer Bohrung von 2 $^{1}/_{4}$ und 3 $^{7}/_{16}$ Zoll mit einem 7 Zoll Hub. Dieser Motor wiegt 35 Pfund; mittels Verbrennung[2] von Kalziumkarbid wird der erforderliche Druck entwickelt. Die Propeller wiegen 12 Pfund und haben einen Durchmesser von 6 Fuß mit einer wirksamen Angriffsfläche von 4 Quadratfuß. Als bei einem Test der obere Motor mit voller Geschwindigkeit lief, lag die absolute Zugkraft bei

---

1 Hier ist das Höhenruder gemeint (Anm. des Übersetzers).
2 Eine chemische Reaktion (Anm. des Übersetzers).

Der Auswanderer in den Vereinigten Staaten

365 Pfund. Das Gewicht des Rumpfes und der Räder beträgt 45 Pfund. Die Flügel und der Schwanz weisen eine tragende Fläche von 450 Quadratfuß auf und haben ein Gewicht von 35 Pfund (siehe S. 15).

Dieser Artikel im SCIENTIFIC AMERICAN ist mit zwei Fotos illustriert. Das eine zeigt Weißkopfs Flugmaschine, schräg von vorne aufgenommen. Auf dem Bild sind die Propeller und der Motor deutlich zu erkennen. Die Tuchbespannung des Rumpfes lässt die Rippenkonstruktion durchscheinen. Vor dem Flugzeug präsentiert sich Weißkopf mit Tochter Rose.

Das zweite Bild zeigt das Flugzeug von hinten. Weißkopf mit Töchterlein Rose auf dem Schoß und drei Helfer zeigen ein Exemplar des Motors.

Abb. 13
Weißkopf mit Tochter Rose vor dem Flugzeug. Im Vordergrund ist der neu entwickelte Azetylenmotor zu erkennen.

Abb. 14
Rückansicht der Nr. 21:
Helfer und Pionier Gustav Weißkopf mit Töchterlein Rose auf dem Schoß

Etwa eine Woche nach Veröffentlichung dieses Artikels in der SCIENTIFIC AMERICAN bringt die Sonntagsausgabe des NEW YORK HERALD am 16. Juni 1901 unter der Überschrift

»Nachtwächter aus Connecticut glaubt,
entdeckt zu haben, wie man fliegt«

einen fast ganzseitigen Artikel über Gustav Weißkopf und seine Flugmaschine Nr. 21. Der Artikel ist mit vier Bildern illustriert. Die Fotografien sind in reichlich verzierte Rahmen gefasst und auf der Zeitungsseite etwa in der Form eines Flugzeugs angeordnet: Rumpf, Flügel und Heckteil. Die Bilder zeigen auf der oberen Hälfte der Seite in der Mitte den Erfinder Gustav Weißkopf, links daneben die Vorderansicht des Flugzeugs, rechts von Weißkopf das Flugzeug mit gefalteten Flügeln. Auf der unteren Hälfte der Seite ist eine Fotomontage abgebildet, die das Aussehen des Flugzeugs beim Flug über einer Stadt vortäuscht.

Der Auswanderer in den Vereinigten Staaten 47

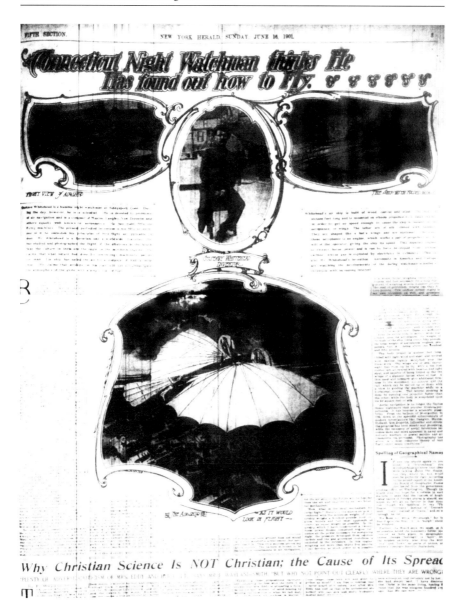

Abb. 15
NEW YORK HERALD Seite 3 der Sonntagsausgabe vom 16. Juni 1901

48   Kapitel II

Abb. 16
Vorderansicht der Flugmaschine

Abb. 17
Die Flugmaschine, so wie sie im Fluge aussehen würde
(beide Abbildungen sind Ausschnitte der Zeitungsseite siehe S. 47)

Der Auswanderer in den Vereinigten Staaten 49

Im Inhalt berichtet der Artikel über Leben und Arbeit von Gustav Weißkopf, über seine Herkunft aus Bayern, über seine Erfahrungen als Seefahrer, über das Studium der Albatrosse, Geier und Adler und über seine bisherigen Flugzeuge. Ferner wird hier auch das Flugzeug Nr. 21 in Einzelheiten genau beschrieben: Größe des Rumpfes, Anordnung der Flügel, Länge, Breite, Gewicht, Antrieb der Räder durch einen 10-PS-Motor, Antrieb der Propeller durch einen 20-PS-Motor und die Arbeitsweise von Kalziumkarbid als Treibstoff.

Warum soll sich nun für Gustav Weißkopf nach diesen Planungen, Versuchen, Konstruktionen und vor allem nach dem Bau des Flugzeugs und der Motoren nicht auch der praktische Erfolg, die Verwirklichung seiner Träume, das langersehnte Ziel seiner Arbeit, einfinden?

Ob Weißkopf mit seiner Nr. 21 zwischen dem 8. Juni und dem 14. August 1901 Flugversuche durchgeführt hat, und wie viele dies waren, kann nur vermutet werden. Jedenfalls stellt sich für ihn der Lohn seiner Arbeit am 14. August 1901 ein.

KAPITEL III

DER ERSTE MOTORFLUG DER WELT:
14. AUGUST 1901

Obwohl die Geschichte der motorisierten Luftfahrt mit dem Jahre 1843 beginnt, als William Samuel Henson das Patent für seinen Dampfflugwagen erhielt, so waren diese motorisierten Flugunternehmungen des 19. Jahrhunderts doch nur Versuche, die mehr kleinen Luftsprüngen glichen. Die Flugpioniere der damaligen Zeit ließen ihre Apparate meist einen Hang hinunterrollen. Dass es dabei schon manchmal dazu kam, dass eine Maschine für einige Meter nicht den Boden berührte, ist natürlich nicht zu leugnen.

Mit dem Datum 14. August 1901 jedoch beginnt ein neues Kapitel der Geschichte des Motorflugs. Und dieses Kapitel hat Gustav Weißkopf mit seiner Nr. 21 eingeleitet.

In der Nacht vom Dienstag, 13. zum Mittwoch, 14. August des Jahres 1901 bringen Gustav Weißkopf, Andrew Cellie, James Dickie und ein Reporter des Sunday Herald das Flugzeug von Weißkopfs »Hangar« zur Stadt hinaus.

Abb. 18
Weißkopfs Flugzeug Nr. 21 ist vor der Werkstatt in Bridgeport,
Pine Street Nr. 241, aufgebaut (siehe auch Abb. 16)

Als Startplatz hat man sich ein großes Feld bei Fairfield neben der Landstraße ausgesucht. Gegen zwei Uhr, es ist nun bereits Mittwoch geworden, werden die großen weißen Flügel ausgebreitet und gespannt. Es ist nicht sehr hell in dieser Nacht, und alles sieht sehr gespenstisch aus. Zuerst soll ein unbemannter Probeflug durchgeführt werden. Die Maschine ist angeleint und mit zwei Sandsäcken Ballast beladen. Weißkopf startet den Motor, der die Räder antreibt, und die Maschine beginnt, sich zuerst langsam, dann schneller fortzubewegen. Die Männer, die die Leinen halten, rennen so schnell sie nur können nebenher. Dann öffnet Weißkopf das Drosselventil und die Propeller beginnen, sich zu drehen. Die Maschine hebt ab. Weißkopf selbst ist begeistert und aufgeregt zugleich, als er seine Erfindung fliegen sieht. Er hat die Motoren so vorbereitet, dass sie von selbst aufhören. Die Maschine setzt dann so leicht wie ein Vogel auf.

Nun wird das Flugzeug wieder zur Startposition zurückgebracht. Und jetzt beginnt der eigentliche Testflug mit ihm selbst als Piloten.

Wieder werden die Motoren sorgfältig überprüft, wieder werden alle Leinen, Verspannungen, Verstrebungen und Bauteile aufs Genaueste durchgegangen, und nun werden die Sandsäcke aus der Maschine genommen.

Die Morgendämmerung kündet schon die aufgehende Sonne an. Auf der Straße hält ein Milchmann sein Pferdefuhrwerk an, weil er mitbekommen möchte, was hier vor sich geht. Sein Pferd scheut vor den großen weißen Flügeln, die gerade auf ihre Stabilität geprüft werden, wobei das ganze Flugzeug schaukelt. Die Spannung steigt mit jeder Sekunde. Und keiner zeigt dies mehr als Weißkopf selbst. Mit flüsternder Stimme gibt er seinen Helfern letzte Anweisungen. Dann steigt er in den großen weißen Vogel.

»Ich starte jetzt die Propeller! Haltet die Maschine fest!« Die Helfer halten mit aller Kraft. »Wir können sie nicht mehr halten«, schreit einer. »Dann lasst sie los!«, ruft Weißkopf zurück. Und sie lassen los. Die Maschine schießt hoch. Wie ein Vogel, aus der Gefangenschaft seines

Käfigs freigelassen, steigt sie auf. Weißkopf ist sichtlich aufgeregt. Seine Hände eilen über Hebel, Ventile und Griffe. Alle Blicke folgen nun dem Flugzeug. Die Motoren machen einen Lärm wie ein Aufzug, der mit seinem »tschang, tschang, tschang« den Schacht hinunterfährt.

Weißkopf ist nun ruhiger geworden. Er genießt sichtlich das neuartige Gefühl dieses Erlebnisses.

Eine Gruppe von Kastanienbäumen steht vor ihm in seiner Flugbahn.

»Auf sie zuzufliegen wird wohl den Verlust der Maschine, Absturz, Knochenbrüche, womöglich tödliche Verletzungen bedeuten«, geht es ihm durch den Kopf.

Aber noch hat er Zeit. Und er erinnert sich der Beobachtung der Vögel. Tausende Male hat er es schon gesehen und studiert: Ein Vogel neigt seinen Körper und verlagert dadurch sein Gewicht.

Weißkopf macht es den Vögeln nach. Er verlagert sein Gewicht und schon neigt sich das Flugzeug sanft zur Seite. Er kann die Baumgruppe leicht umfliegen. Er umfliegt die Kastanienbäume so elegant, wie eine Segelyacht um eine Boje wendet.

Er schaut zurück und winkt: »Ich habe es endlich geschafft!«

Weißkopf hat bis zum Ende des Feldes nicht mehr weit. Deshalb bereitet er die Landung vor. Er stellt die Motoren ab. Kurz darauf setzt die Maschine problemlos auf ihren vier Rädern auf.

»Ich hab es euch doch ständig gesagt: Es wird ein Erfolg!«, ist alles, was ihm augenblicklich über die Lippen kommt.

Monate, Jahre hat er auf diesen Augenblick gewartet, dass er, einem Vogel gleich, sich in die Lüfte erheben kann.

Er scheint erschöpft, als er sich auf das grüne Gras niederlässt und den ersten Strahlen der aufgehenden Morgensonne über dem Long Island Sound entgegenblinselt. Er sitzt in schweigendem Denken.

Die Zuschauer lassen ihn gewähren. Doch dann sprudelt es aus ihm heraus: »Es ist ein herrliches Gefühl zu fliegen«. Eine halbe Stunde lang erzählt er nun von dem Flug. Begeistert und entzückt zugleich spricht er über seine Erlebnisse, Eindrücke und Gefühle.[1]

Mit diesem Flug, stattgefunden am 14. August 1901, beweist Gustav Weißkopf, das, was kein anderer vor ihm fertiggebracht hat, nämlich:

Es ist möglich, mit einer Flugmaschine, die über einen eigenen Antrieb verfügt, von einer ebenen Startbahn abzuheben, aufzusteigen, kontrolliert in der Luft zu bleiben und nach einiger Zeit sanft zu fallen, sicher und ohne Bruch wieder die Erde zu erreichen und die Maschine mit ihrem Piloten unbeschädigt zum Stehen zu bringen.

Gustav Weißkopf hat seinen ersten Motorflug der Welt durchgeführt.

Noch am gleichen Tage werden Fotos von dem überglücklichen Flieger mit seiner Flugmaschine aufgenommen. Leider liegen keine Fotos vor, die das Flugzeug in der Luft zeigen. Dem Fotografen ist es zu dieser Zeit noch nicht möglich, solche Fotos aufzunehmen; zum einen hat er Schwierigkeiten Bewegungen festzuhalten, zum andern hat er Belichtungsprobleme, da die Flüge in der Morgendämmerung stattfinden.

In den folgenden Tagen berichten die Zeitungen der Umgebung über den ersten Motorflug der Menschheitsgeschichte.

Der BRIDGEPORT SUNDAY HERALD veröffentlicht in seiner Sonntagsausgabe vom 18. August 1901 einen ganzseitigen Artikel mit dem Titel »FLYING«. Der Bericht ist von Dick Howell verfasst, dem Reporter des HERALD, der als Augenzeuge das Ereignis miterlebt hat.

Diesen ausführlichen Artikel haben vermutlich die Tageszeitungen BOSTON TRANSCRIPT und NEW YORK HERALD beim Abfassen ihrer kurzen Berichte über den ersten Motorflug in der Geschichte der Luftfahrt zu Grunde gelegt, die in der Montagsausgabe vom 19. August 1901 veröffentlicht werden. Beide Artikel sind inhaltlich nahezu identisch.

---

1   siehe S. 72 – 75: »GUSTAVE WHITEHEAD'S STORY«.

Abb. 19
Weißkopf und seine Helfer präsentieren sich dem Fotografen.

Abb. 20
Der erfolgreiche Flieger Gustav Weißkopf präsentiert
ein Exemplar seines Motors vor der Flugmaschine.

Abb. 21
Der neu entwickelte Azetylenmotor für den Radantrieb
(Ausschnittvergrößerung von Abb. 19).

Abb. 22
Der Motor, mit dem die Propeller angetrieben wurden
(Ausschnittvergrößerung von Abb. 19).

Auf den folgenden Seiten sind die obengenannten Zeitungsberichte abgedruckt und übersetzt. Hiermit soll dem Leser die Möglichkeit gegeben werden, sich mit diesen Quellen gründlicher befassen zu können. Die Fortsetzung der Beschreibung von Leben und Werk Gustav Weißkopfs erfolgt in Kapitel IV.

Abb. 23
Seite 5 aus BRIDGEPORT SUNDAY HERALD
vom 18. August 1901

FLYING

The success that has attended the experiments of the young Brazilian, M. Santo-Dumont, in scientific ballooning in France has been responsible for a marked impetus in this country in the fascinating and daring sport of flying. The probability is, however, that the final solution of successfully navigating the air will be accomplished by two American inventors combining their brains and energies toward perfecting a flying machine that will do what scores of men have been working to accomplish for many years.

Gustave Whitehead, of Bridgeport, and W. D. Custead, of Waco, Texas, have co-operated and are now working on a flying machine which is expected to revolutionize the world of aeronautics. Accompanying this article are pictures of both the Custead and Whitehead flying machines. Mr Whitehead is employed at the Wilmot & Hobbs works as night watchman and during about half the time that is allotted to most men to sleep he is working on his flying machine. Some weeks ago Mr Whitehead took his machine out beyond Fairfield in a large field and tried it. There was no doubt of its being able to fly but at that time the inventor did not feel like risking himself in it for a trial.

Tuesday night, however, of the last week, Mr Whitehead, Andrew Cellie and James Dickie, his two partners in the flying machine, and a representative of the Herald left the little shed on Pine street where the machine is housed and took it to a suitable spot beyond Fairfield where its inventor had planed to take his first flight.

The start was made shortly after midnight in order not to attract attention. The wings or propellers were folded tightly to the sides of the body of the air ship. The two engines were carefully tried before starting ...

FLIEGEN

Verantwortlich für den beachtlichen Aufschwung des faszinierenden, waghalsigen Flugsports des Ballonfliegens in unserem Lande war der Erfolg, den der junge Brasilianer Santos-Dumont mit seinen wissenschaftlich betriebenen Ballonfahrten in Frankreich zu verzeichnen hatte. Wahrscheinlich aber werden nun zwei Amerikaner die Lösung finden, erfolgreich die Luft zu navigieren. Die beiden Erfinder tun sich zusammen und vereinigen Verstand und Tatkraft, um mit einer perfekten Flugmaschine das zu erreichen, was unzählige Männer vor ihnen jahrelang schon zum Erfolg bringen wollten.

Gustav Weißkopf aus Bridgeport und W. D. Custead aus Waco, Texas, haben sich zusammengetan und arbeiten nun an einer Flugmaschine, die die Welt des Flugwesens revolutionieren wird. Bilder von Custeads und Weißkopfs Flugmaschinen sind diesem Artikel beigefügt. Herr Weißkopf ist bei den Wilmot & Hobbs Werken als Nachtwächter angestellt. Fast die Hälfte der Zeit, die den Männern als Ruhephase zugeordnet ist, arbeitet er an seiner Flugmaschine. Vor einigen Wochen brachte Herr Weißkopf seine Maschine auf ein großes Feld außerhalb der Stadt und probierte sie aus. Es gab keinen Zweifel über ihre Flugfähigkeit, aber zu diesem Zeitpunkt wollte der Erfinder noch keinen Flugversuch wagen.

Jedoch in der Nacht vom Dienstag zum Mittwoch vergangener Woche verließen Herr Weißkopf, Andrew Cellie und James Dickie, seine beiden Partner in der Flugmaschine, sowie ein Reporter des Herald die kleine Halle an der Pine Street, wo die Maschine aufbewahrt wurde und brachten sie an einen geeigneten Ort außerhalb von Fairfield, wo der Erfinder sich vorgenommen hatte, seinen ersten Flug zu unternehmen.

Kurz nach Mitternacht ging es los, weil man keine Aufmerksamkeit erregen wollte. Auf beiden Seiten des Luftschiffs waren die Flügel eng an den Rumpf gefaltet. Bevor man hinausging, wurden die zwei Motoren …

out and the new aceteline generator was gone over a last time by Mr Whitehead to see that it was in perfect order. There was only room for two in the machine. Whitehead and Cellie occupying the seats while James Dickie and the Herald representative followed on bicycles.

The machine rolls along the ground on small wooden wheels, only a foot in diameter, and, owing to their being so small, the obstructions in the road made it rock from one side to the other in an alarming fashion at times when the speed was fast. After reaching the Protestant Orphan asylum at the corner of Fairfield avenue and Ellsworth street there is a clear stretch of good macadam road and the flying automobile was sent spinning along the road at the rate of twenty miles an hour. For short distances from there on the speed was close to thirty miles, but as the road was not straight or level for any distance this rate of speed could not be maintained. There seems no doubt but that the machine even with its present common board wheels of only a foot diameter, can reel off forty miles an hour and not exert the engine to its fulest capacity.

The location selected to fly the machine was back of Fairfield along the highway where there is a large field and few trees to avoid in flying the air ship.

It was about 2 o'clock Wednesday morning when the great white wings of the air ship were spread out ready to leap through the air. Mr Whitehead was excited and enthusiastic and his two partners were almost as bad. The light was not very strong and everything looked like a ghost. Whitehead spoke in whispers, although the reason for it was not apparent. But probably the very time selected for trying the machine was responsible for that. The Herald representative assisted when the opportunity offered, but a stranger about a flying machine is sadly out of place and absolutely in the way when it comes the hour to fly the ship. ...

sorgfältig geprüft, und der neue Acetylenentwickler wurde von Herrn Weißkopf überprüft; er wollte sich ein letztes Mal davon überzeugen, dass er wirklich in Ordnung war. In der Maschine war nur Platz für zwei. Weißkopf und Cellie nahmen die Sitze ein, während James Dickie und der Reporter des Herald auf Fahrrädern folgten.

Die Maschine rollt am Boden auf kleinen hölzernen Rädern, die nur einen Fuß Durchmesser haben. Und weil sie so klein waren, brachten die Unebenheiten der Straße die Maschine bei höheren Geschwindigkeiten auf beängstigende Weise zum Schaukeln. Hinter dem protestantischen Waisenhaus an der Ecke Fairfield Avenue – Ellsworth Street kommt eine freie Strecke guter Schotterstraße und das fliegende Automobil flitzte mit zwanzig Meilen pro Stunde dieser Straße entlang. Kurzzeitig lag die Geschwindigkeit bei fast dreißig Meilen, aber da die Straße nie für einen längeren Abschnitt gerade oder eben war, konnte diese Geschwindigkeit nicht beibehalten werden. Zweifellos kann die Maschine selbst mit ihren einfachen kleinen Holzrädern mit nur einem Fuß Durchmesser auch spielend vierzig Meilen pro Stunde erreichen, ohne die Motorleistung voll auszunutzen.

Die Stelle, die zum Probeflug der Maschine ausgesucht war, lag neben der Landstraße hinter Fairfield. Dort ist ein weites Feld, und man muss beim Fliegen der Maschine nur wenigen Bäumen ausweichen.

Gegen zwei Uhr, Mittwoch morgen, wurden die großen weißen Flügel ausgebreitet. Das Luftschiff war fertig zum Sprung durch die Luft. Herr Weißkopf war aufgeregt und begeistert und seinen zwei Partnern ging es fast genauso. Es war nicht sehr hell und alles sah sehr gespenstisch aus. Obwohl kein erkennbarer Grund vorlag, sprach Weißkopf mit flüsternder Stimme. Aber wahrscheinlich war der für den Flug gewählte Zeitpunkt daran schuld. Der Herald-Vertreter half, wann immer sich die Gelegenheit bot, aber wer sich mit Flugmaschinen nicht auskennt, ist leider fehl am Platze und nur stets im Weg, wenn die Stunde des Fluges näherrückt. ...

Ropes were attached to the ship so that she would not get away from her handlers. In the body of the machine were two bags of sand, each weighing 110 pounds, for ballast. Mr Whitehead started the engine that propells the machine along the ground on the four wooden wheels, while his two assistants clung to the safety ropes. The newspaper man kept well clear of the machine, partly to better watch the operations and partly not to get tangled up in the ropes and wings of the giant white bat. Slowly the machine started at first to run over the ground, but inside of a hundred yards the men who had hold of the ropes and inventor Whitehead were running as fast as their legs would travel. Then Whitehead pulled open the throttle that starts the air propellers or wings and shut off the ground propelling engine. Almost instantly the bow of the machine lifted and she raised at an angle of about six degrees. The great wings were working beautifully. She looked for all the world like a great white goose raising from the feeding ground in the early morning dawn. The two men with the ropes were tumbling over the hummocks in the field, for it was not clear enough yet to avoid such obtructions readily, and Whitehead waved his hands enthusiastically and excitedly as he watched his invention rise in the air. He had set the dial so that the power would shut off automatically when it had made one revolution in order that the machine would not keep flying and smash itself against the trees at the other end of the field. When the power was shut off the air ship settled down as lightly on the ground as a bird and not a stitch was broken or a rod bent.

   The air ship was now taken back to the starting point. And now the real test was to be made. Whitehead had determined to fly the machine himself. She had behaved so nicely that he felt that there would no longer be any trouble about his flying …

Die Maschine wurde mit Seilen angeleint, damit sie nicht den haltenden Helfern davon konnte. Als Ballast lagen im Rumpf der Maschine zwei Sandsäcke, jeder mit einem Gewicht von 110 Pfund. Herr Weißkopf startete den Motor, der die Maschine auf ihren vier Holzrädern auf dem Boden vorwärts treibt, während sich seine zwei Helfer an die Sicherheitsseile klammerten. Der Zeitungsmann hielt einen gewissen Abstand zu der Maschine; teils konnte er so die Vorgänge besser beobachten und teils aus Sicherheitsgründen, um sich nicht in den Seilen und Flügeln dieser riesigen weißen Fledermaus zu verfangen. Zuerst begann die Maschine langsam über den Boden zu rollen. Aber schon innerhalb von hundert Yards rannten die Männer, die die Seile hielten, und der Erfinder Weißkopf so schnell sie nur konnten. Dann öffnete Weißkopf den Regler, der die Propeller oder Flügel startete und stellte den Motor für den Bodenantrieb ab. Nahezu sofort stieg der Bug hoch und die Maschine erhob sich in einem Winkel von etwa sechs Grad. Die großen Flügel arbeiteten wunderbar. Sie glich haargenau einer großen weißen Gans, die sich von ihrer Weidefläche in der frühen Morgendämmerung erhebt. Die beiden Männer mit den Seilen stolperten über das buckelige Feld, denn es war noch nicht hell genug, um solchen Hindernissen mühelos auszuweichen. Begeistert und aufgeregt winkte Weißkopf mit den Händen, als er seine Erfindung in die Luft aufsteigen sah. Er hatte die Vorwahlscheibe so eingestellt, dass der Motor sich von selbst abstellte, wenn die Scheibe eine Umdrehung gelaufen war, damit die Maschine nicht weiterfliegen und am anderen Ende des Feldes an den Bäumen zerschellen würde. Als der Antrieb abgestellt war, setzte das Luftschiff so leicht wie ein Vogel auf, und nicht eine Naht war gerissen oder gar eine Stange verbogen.

Das Luftschiff wurde nun wieder zur Startposition zurückgebracht. Und nun stand der eigentliche Testflug bevor. Weißkopf hatte beschlossen, die Maschine selbst zu fliegen. Das wunderbare Flugverhalten der Maschine hatte ihm das sichere Gefühl verliehen, dass er nun selbst …

in the place of the 220 pounds of sand that was used for ballast on the first trip.

The engines were carefully tested again and every joint and rod in the structure was carefully gone over and critically inspected. The bags of sand were taken out of the machine.

By this time the light was good. Faint traces of the rising sun began to suggest themselves in the east. An early morning milkman stopped in the road to see what was going on. His horse nearly ran away when the big white wings flaped to see if they were all right.

The nervous tension was growing at every clock tick and no one showed it more than Whitehead who still whispered at times but as the light grew stronger began to speak in his normal tone of voice. He stationed his two assistants behind the machine with instructions to hold on the ropes and not let the machine get away. Then he took his position in the great bird. He opened the throttle of the ground propeller and shot along the green sod at a rapid rate.

"I'm going to start the wings!" he yelled. "Hold her now." The two assistants held on the best they could but the ship shot up in the air almost like a kite.

It was an exciting moment.

"We can't hold her!" shrieked one of the rope men.

"Let go, then!" shouted Whitehead back. They let go, and as they did so the machine darted up through the air like a bird released from a cage. Whitehead was greatly excited and his hands flew from one part of the machinery to another. The newspaper man and the two assistants stood still for a moment watching the air ship in amazement. Then they rushed down the slightly sloping grade after the air ship. She was flying now about fifty feet above the ground and made ...

an die Stelle der 220 Pfund Sand treten könne, die beim ersten Flug als Ballast an Bord waren.

Wieder wurden die Motoren sorgfältig überprüft, und alle Verbindungen, Stäbe und Stangen der Konstruktion aufs Genaueste durchgegangen und kritisch inspiziert. Die Sandsäcke wurden aus der Maschine genommen.

Es wurde schon hell. Die Morgendämmerung kündete im Osten die aufgehende Sonne an. Ein Milchfahrer war schon so früh am Morgen unterwegs, und er hielt sein Fuhrwerk an, weil er sehen wollte, was hier vor sich ging. Sein Pferd scheute, als die großen weißen Flügel zur Kontrolle bewegt wurden.

Die Spannung stieg mit jeder Minute, und keiner zeigte dies mehr als Weißkopf, der immer noch manchmal flüsterte. Aber als es heller und heller wurde, begann er wieder normal zu sprechen. Er stellte seine beiden Helfer hinter die Maschine und wies sie an, die Seile festzuhalten, damit die Maschine nicht wegkonnte. Dann stieg er in den großen Vogel ein. Er öffnete den Regler für den Bodenantrieb und schoss mit flinkem Tempo über den grünen Rasen.

„Ich werde jetzt die Flügel starten!", rief er. „Haltet sie jetzt!" Die beiden Helfer hielten so gut sie konnten, aber das Schiff schoss ähnlich wie ein Drachen in die Lüfte (»Flügel« siehe S. 15).

Es war ein aufregender Augenblick.

„Wir können sie nicht halten!", schrie einer der Männer an den Seilen.

„Dann lasst sie los!", rief Weißkopf zurück. Als sie losließen, schnellte die Maschine hinauf durch die Luft wie ein eben aus dem Käfig freigelassener Vogel. Weißkopf war außerordentlich aufgeregt und seine Hände flogen vom einen Teil der Maschinerie zum anderen. Der Zeitungsmann und die beiden Helfer standen für einen Augenblick still und beobachteten verblüfft das Luftschiff. Dann eilten sie hinter dem Luftschiff her den flachen Abhang hinunter. Es flog jetzt etwa 50 Fuß über der Erde und machte …

a noise very much like the "chung, chung, chung," of an elevator going down the shaft.

Whitehead had grown calmer now and seemed to be enjoying the exhileration of the novelty. He was headed straight for a clump of chestnut sprouts that grew on an high knoll. He was now about forty feet in the air and would have been high enough to escape the sprouts had they not been on a high ridge. He saw the danger ahead and when within two hundred yards of the sprouts made several attempts to manipulate the machinery so he could steer around, but the ship kept steadily on her course, head on, for the trees. To strike them meant wrecking the air ship and very likely death or broken bones for the daring aeronaut.

Here it was that Whitehead showed how to utilize a common sense principle which he had noticed the birds make use of thousands of times when he had been studying them in their flight for points to make his air ship a success. He simply shifted his weight more to one side than the other. This careened the ship to one side. She turned her nose away from the clump of sprouts when within fifty yards of them and took her course around them as prettily as a yacht on the sea avoids a bar. The ability to control the air ship in this manner appeared to give Whitehead confidence, for he was seen to take time to look at the landscape about him. He looked back and waved his hand exclaiming: "I've got it at last!"

He had now soared through the air for fully half a mile and as the field ended a short distance ahead the aeronaut shut off the power and prepared to light. He appeared to be a little fearful that the machine would dip ahead or tip back when the power was shut off but there was no sign of any such move on the part of the big bird. ...

ein Geräusch, ähnlich dem »tschang, tschang, tschang« eines Aufzugs, der einen Schacht hinunterfährt.

Weißkopf war nun ruhiger geworden. Er genoss sichtlich das neuartige Erlebnis. Er flog direkt auf eine Gruppe von Kastanienbäumen zu, die auf einer hohen Anhöhe wuchsen. Er flog jetzt etwa vierzig Fuß hoch. Diese Höhe hätte gereicht, um die Bäume zu überfliegen, stünden sie nicht auf einem Hügel. Er sah die Gefahr vor sich, und als er etwa 200 Yards von den Bäumen entfernt war, machte er einige Versuche, die Maschine so zu lenken, dass er die Bäume umfliegen konnte, aber das Schiff blieb fest auf Kurs, direkt auf die Bäume zu. Sie zu streifen, würde den Bruch der Flugmaschine und wahrscheinlich den Tod oder zumindest Knochenbrüche für den wagemutigen Aeronauten bedeuten.

Zu diesem Zeitpunkt zeigte Weißkopf, dass er es verstand, eine ganz normale Gesetzmäßigkeit anzuwenden, die er, um Erkenntnisse für den Erfolg seines Luftschiffes zu gewinnen, beim Studium des Vogelflugs schon tausende Male beobachtet hatte. Er verlagerte einfach sein Gewicht mehr auf die eine Seite als auf die andere. Und so neigte sich das Schiff auf die eine Seite und drehte die Nase von der Baumgruppe weg. Dies geschah innerhalb von fünfzig Yards. Die Maschine flog einen Kurs so elegant um die Bäume herum wie eine Yacht auf See eine Sandbank umsegelt. Das Luftschiff in dieser Weise zu steuern, gab Weißkopf Sicherheit, man sah, dass er sich Zeit nahm, einen Blick auf die Landschaft unter ihm zu werfen. Er schaute zurück und grüßte mit winkender Hand: „Ich habe es endlich geschafft!"

Er war nun schon eine halbe Meile durch die Luft geflogen, und da es zum Ende des Feldes nicht mehr weit war, schaltete der Aeronaut den Antrieb ab und bereitete die Landung vor. Er schien etwas besorgt, dass nach dem Abstellen des Antriebs die Maschine nach vorne oder nach hinten kippen würde, aber es gab keine Anzeichen dafür seitens des großen Vogels. …

She settled down from a height of about fifty feet in two minutes after the propellers stopped. And she lighted on the ground on her four wooden wheels so lightly that Whitehead was not jarred in the least.

How the inventor's face beamed with joy! His partners threw their arms around his neck and patted him on the back and asked him to describe his feelings while he was flying.

"I told you it would be a success," was all he could say for some time. He was like a man who is exhausted after passing through a severe ordeal. And this had been a severe ordeal to him. For months, yet years, he had been looking forward to this time, when he would fly like a bird through the air by means that he had studied out with his own brain. He was exhausted and he sat down on the green grass beside the fence and looked away where the sun's first rays of crimson were shooting above the gray creeping fog that nestled on the bosom of Long Island sound.

Gods, what a picture for a painter of "Hopes Realized at Dawn." And there he sat in silence thinking. His two faithful partners and the Herald reporter respected his mood and let him speak the first words:

"It's a funny sensation to fly."

For half an hour the man who had demonstrated that he has a machine that can navigate the air talked of his ten minutes experience in the air ship. He was enthusiastic, spoke almost like a child who has seen for the first time something new and is panting out of breath in an effort to tell it to its mother.

Thus did Whitehead describe his sensations from the moment the airship left the ground until she landed again: ...

Aus einer Höhe von fünfzig Fuß landete sie in zwei Minuten nach dem Stillstand der Propeller. Sie setzte so sachte auf ihren vier Holzrädern auf, dass Weißkopf nicht im mindesten erschüttert wurde.

Wie das Gesicht des Erfinders vor Freude strahlte! Seine Partner umarmten ihn, klopften ihm auf den Rücken und bedrängten ihn, seine Gefühle während des Fluges zu schildern.

„Ich sagte euch doch, dass es ein Erfolg würde", war alles, was er über die Lippen brachte. Er glich einem erschöpften Menschen, der gerade eine schlimme Sache hinter sich hatte. Und für ihn war dies auch so! Seit Monaten, ja Jahren, sehnte er den Zeitpunkt herbei, an dem er wie ein Vogel, auf eine Weise, die er mit seinem eigenen Verstand ersonnen hatte, durch die Luft fliegen würde. Er war erschöpft und ließ sich auf das grüne Gras neben dem Zaun nieder. Und sein Blick ging weit fort, dorthin, wo sich das Blutrot der ersten Sonnenstrahlen über das Grau des kriechenden Nebels legte, der die Bucht des Long Island Sound verschleiert hatte.

„Erfüllte Hoffnungen in der Morgendämmerung!" Oh, Götter, welch malerisches Bild! Und hier saß er nun schweigend nachdenkend. Seine beiden treuen Partner und der Reporter des Herald achteten seine Gemütsverfassung und überließen ihm die ersten Worte:

„Es ist ein eigenartiges Gefühl zu fliegen."

Der Mann hatte bewiesen, dass er eine Maschine hat, mit der er die Luft navigieren konnte. Nun schilderte er eine halbe Stunde lang das zehnminütige Erlebnis mit seinem Luftschiff. Er war begeistert, und er sprach fast wie ein Kind, das zum ersten Mal etwas Neues gesehen hat und dies ganz außer Atem der Mutter erzählen möchte.

Und so beschreibt Weißkopf seine Gefühle ab dem Moment als das Luftschiff den Boden verließ und bis es wieder landete: ...

GUSTAVE WHITEHEAD'S STORY

"*I never felt such a strange sensation as when the machine first left the ground and started on her flight. I heard nothing but the rumbling of the engine and the flapping of the big wings. I don't think I saw anything during the first two minutes of the flight, for I was so excited with the sensations I experienced. When the ship has reached a hight of about forty or fifty feet I began to wonder how much higher it would go. But just about that time I observed that she was sailing along easily and not raising any higher. I felt easier for I still had a feeling of doubt about what was waiting me further on. I began now to feel that I was safe and all that it would be necessary for me to do to keep from falling was to keep my head and not make any mistakes with the machinery. I never felt such a spirit of freedom as I did during the ten minutes that I was soaring up above my fellow beings in a thing that my own brain had evolved. It was a sweet experience. It made me feel that I was far ahead of my brothers, for I could fly like a bird, and they must still walk.*

And while my brain was whirling with these new sensations of delight I saw ahead a clumb of trees that the machine was pointed straight for. I knew that I must in some way steer around those trees or raise above them. I was a hundred yards distant from them and I knew that I could not clear them by rising higher, and also that I had no means of steering around them by using the machinery. Then like a flash a plan to escape the trees came to mind. I had watched the birds when they turned out of a straight course to avoid something ahead. They changed their bodies form a horizontal plane to one slightly diagonal to the horizontal. To turn to the left the bird would lower the left wing or side of its body. The machine ought to obey the same principle, …

GUSTAV WEISSKOPFS BERICHT

»Niemals zuvor verspürte ich ein derartig sonderbares Gefühl, als die Maschine das erste Mal abhob und zu ihrem Flug startete. Außer dem Motorgeräusch und dem Schlagen der großen Flügel hörte ich nichts. Ich glaube fast, ich habe während der ersten zwei Minuten des Fluges überhaupt nichts gesehen, so aufgeregt war ich bei all den Eindrücken, die ich empfand. Als das Schiff eine Höhe von etwa vierzig bis fünfzig Fuß erreicht hatte, fragte ich mich, wie hoch es noch steigen würde. Aber fast zu diesem Zeitpunkt bemerkte ich, dass es stetig dahinsegelte und nicht mehr stieg. Zunächst war ich ruhiger, hatte aber doch noch ein Gefühl der Unsicherheit von dem, was mich wohl noch erwartete. Langsam fühlte ich mich sicherer. Alles, was ich zu tun hatte, um einen Absturz zu vermeiden, war, mich zusammenzunehmen und keine Fehler zu machen. Noch nie hatte ich solch ein Gefühl von Freiheit, wie ich es bei diesem zehnminütigen Flug über meine Mitmenschen hinweg empfand; in einem Gerät, das mein eigenes Gehirn hervorgebracht hatte. Es war ein freudiges Erlebnis! Ich fühlte mich meinen Mitmenschen weit voraus; denn ich konnte wie ein Vogel fliegen und sie mussten noch immer zu Fuß gehen.

Und während all diese neuen freudigen Eindrücke in meinem Kopf kreisten, sah ich eine Gruppe von Bäumen vor mir, auf die die Maschine direkt zusteuerte. Ich wusste, dass ich diese Bäume irgendwie umsteuern oder überfliegen musste. Ich war noch etwa hundert Yards entfernt, und mir wurde klar, dass Überfliegen unmöglich war und auch, dass ich keine technischen Möglichkeiten hatte, sie zu umfliegen. Wie ein Blitz kam mir ein Gedanke, wie ich den Bäumen entkommen könnte: Wenn Vögel ihren geraden Flug änderten, um einem Hindernis auszuweichen, brachten sie ihren Körper aus der horizontalen Lage in eine leicht diagonale. Das hatte ich beobachtet. Um nach links zu fliegen, neigten sie ganz einfach ihren linken Flügel oder die linke Seite ihres Körpers. Die Maschine sollte doch dem gleichen Grundsatz folgen. ...

and when within about fifty yards of the clumb of trees I shifted my weight to the left side of the machine. It swung over a little and began to turn from the straight course. And we sailed around the trees as easy as it was in sail straight ahead.

This gave me more confidence and I tried steering the machine to the right by shifting my weight to the right past the center of equilibrium. The machine responded to the slightest shifting of weight. It was most sensitive.

I had soared through the air now for half a mile and not far ahead the long field ended with a piece of woods. When within a hundred yards of the woods I shut off the power and then I began to feel a little nervous about how the machine would act in settling to the ground, for so many flying machines have shown a tendency to fall either on the front or hind end and such a fall means broken bones for the operator. But my machine began to settle evenly and I alighted on the ground with scarcely a jar. And not a thing was broken.

That was the happiest moment of my life, for I had now demonstrated that the machine I have worked on for so many years would do what I claimed for it. It was a grand sensation to be flying through the air. There is nothing like it."

_____

But while Mr Whitehead has demonstrated that his machine will fly he does not pretend that it can be a commercial success. On the other hand inventor Custead claims that his airship can be made a commercial success for it differs from Whitehead's in that it rises from the ground vertically while Whitehead's machine must have a running start like a goose before leaving the ground for the flight. ...

Und als diese innerhalb von fünfzig Yards zu der Baumgruppe war, verlagerte ich mein Gewicht auf die linke Seite der Maschine. Sie schwang sich etwas hinüber und begann vom geraden Kurs abzudrehen. Und wir umflogen die Bäume so einfach, als flögen wir geradeaus.

Das schenkte mir mehr Vertrauen, und ich versuchte, durch Gewichtsverlagerung über den Gleichgewichtspunkt hinaus, die Maschine nach rechts zu steuern. Die Maschine reagierte auf die geringste Gewichtsverlagerung. Es war sehr heikel.

Eine halbe Meile war ich schon durch die Luft geschwebt, und es war zum Ende des Feldes beim Waldrand nicht mehr weit. Als ich innerhalb von hundert Yards zu den Bäumen war, schaltete ich den Antrieb ab. Ich wurde etwas unsicher, weil ich nicht wusste, wie sich die Maschine beim Aufsetzen verhalten würde. Schon so manch eine Flugmaschine hatte bei der Landung eine Tendenz zur Front- oder Schwanzlastigkeit gezeigt. Im Allgemeinen bedeutet dies einen Sturz mit Knochenbrüchen für den Maschinenbediener. Aber meine Maschine begann sich gleichmäßig niederzulassen, und ich setzte sachte fast ohne Ruck auf dem Boden auf. Und nichts ging dabei zu Bruch.

Dies war der glücklichste Moment meines Lebens; denn ich hatte gezeigt, dass die Maschine, an der ich jahrelang gearbeitet hatte, leisten würde, was ich von ihr behauptet hatte. Es war ein riesiges Gefühl, durch die Luft zu fliegen. Es gibt nichts Vergleichbares.«

─ ─ ─ ─ ─ ─ ─ ─ ─

Obwohl Herr Weißkopf bewiesen hat, dass seine Maschine fliegen kann, gibt er nicht vor, dass daraus ein geschäftlicher Erfolg werden könne. Auf der anderen Seite beansprucht der Erfinder Custead für sein Luftschiff den kommerziellen Erfolg, denn es unterscheidet sich von der Flugmaschine Weißkopfs darin, dass es senkrecht hochsteigen kann, während Weißkopfs Maschine eine Startbahn braucht wie eine Gans, die vor dem Flug Anlauf nehmen muss. …

Custead claims to have the most feasible form of air ship but he lacks a generator that is sufficiently light and will do the work required to propel the air ship. Whitehead, however, has the generator and by the combination of Custead's air ship and Whitehead's generator it is believed by the inventors that they will be able to perfect a machine that will come nearer to the point of success than any other machine thus far made.

This new generator of Whitehead's promises great things if the claims of the inventor are fulfilled. The power is developed by a series of rapid gas explosions from calcium carbide. At the present time the spark explosions are not very rapid but Whitehead claims that he can produce 150 explosions to the minute if required. The gas thus generated is forced into a chamber where it comes into contact with a chemical preparation the ingredients of which are known only to Whitehead. The contact of the gas with the chemicals produces an enormous and even piston pressure. It is said that dynamite is nothing compared with this new power. Whitehead has had the chemists inspect his chemical preparation and they marvel at its power. The chemists call the chemical preparation a "queer mixture" but not one of them denies that Whitehead has discovered something valuable.

The only demonstration of the new generator's commercial value has been in its use in the flying machine. There is no doubt that Whitehead used this generator to propel the flying machine along the ground on its wheels and also for the power for the engine that makes the propellers go when flying through the air.

The one great draw back in procuring motive power to run an airship has been the great weight required in the generator and engine. ...

Custead erhebt den Anspruch darauf, die am besten ausführbare Form eines Luftschiffes zu haben, aber ihm fehlt ein Generator, der leicht genug wäre und das Luftschiff mit der erforderlichen Kraft antreiben könnte. Weißkopf hingegen hat diesen Generator und, wenn man Weißkopfs Generator in Custeads Luftschiff einbauen würde, so glauben die Erfinder, wären sie in der Lage, eine Maschine herzustellen, die dem Ziel des Erfolgs näher wäre, als jede andere Maschine zuvor.

Der neue Generator von Weißkopf ist vielversprechend, falls die Behauptungen des Erfinders wahr werden. Die Energie entwickelt sich durch eine rasche Folge von Kalziumkarbid-Gasexplosionen. Zum gegenwärtigen Zeitpunkt ist die Zündfolge noch nicht sehr schnell, aber Weißkopf behauptet, dass er, falls erforderlich, 150 Zündungen pro Minute erreichen kann. Das so erzeugte Gas wird in eine Kammer gepresst, wo es mit einem chemischen Präparat in Berührung kommt, dessen Zusammensetzung allein nur Weißkopf kennt. Der Kontakt des Gases mit der Chemikalie erzeugt einen enormen und gleichmäßigen Kolbendruck. Es wird gesagt, dass Dynamit einem Vergleich mit dieser neuen Kraft in keinster Weise standhalten könne. Weißkopf hatte sein chemisches Präparat von Chemikern prüfen lassen, und die sind über dessen Kraft (Energie) erstaunt. Die Chemiker nennen diese chemische Zusammensetzung eine »verrückte Mixtur«, aber keiner bestreitet, dass Weißkopf hiermit etwas Wertvolles entdeckt hat.

Die einzige Vorführung von kommerzieller Bedeutung des neuen Generators war die Verwendung in der Flugmaschine. Es gibt keinen Zweifel, dass Weißkopf diesen Generator für den Antrieb der Räder der Flugmaschine auf dem Boden verwendete sowie für den Antrieb des Motors der Propeller für den Flug durch die Luft.

Das größte Hindernis bei der Beschaffung von Antriebskraft für ein Luftschiff war das große Gewicht von Generator und Motor. ...

Mr Whitehead claims that his motor will decrease by seventy-five per cent the weight of any motor at present in use. The complete motive power, including generator and engine, will weigh about five pounds to the horse power. For a ten horse power generator twenty pounds of carbide are required to run twenty hours. Thus far the longest time a flying machine has been able to fly has been thirty minutes.

Whitehead's flying machine is sixteen feet long and its general appearance is that of a huge bat. From each side of the body there are wings made of bamboo poles and covered with muslin. These wings are thirty-six feet from tip to tip. There is also a tail in the stern of the machine which is intended to regulate the ascent and descent of the ship. There are two engines, one of ten horse power to run the machine on the wheels along the ground and the other, of twenty horse power, used to work the propellers in flying. The ten horse power engine weighs twenty-two pounds and the twenty horse engine weighs thirty-five pounds.

Mr Whitehead and Mr Custead have formed a company for the purpose of building an air ship. Mr Custead is backed by a company of Southern gentlemen with unlimited capital and they firmly believe in the commercial success of Custead's invention when a proper power can be found to run the machine.

Mr Custeads air ship is in Waco, Texas, where its inventor originally lived. He is now in New York. The work on the new generator, which Whitehead is to supply, is progressing rapidly. Whitehead has applied for patents to fully protect it and expects no difficulty in receiving them as his generator is unlike any that have been patented.

It is probable that the generators will be manufactured in Bridgeport where every facility is at hand for the manufacture of such articles.

Herr Weißkopf behauptet, dass sein Motor 75 Prozent weniger wiegt als alle gegenwärtig in Gebrauch befindlichen Motoren. Das komplette Antriebssystem wird etwa 5 Pfund pro PS, einschließlich Generator und Motor, wiegen. Wenn ein 10-PS-Kraftgenerator 20 Stunden laufen soll, werden dafür 20 Pfund Karbid benötigt. Bisher waren 30 Minuten[1] die längste Zeit, die eine Flugmaschine fliegen konnte.

Weißkopfs Flugmaschine ist 16 Fuß lang und ihr äußeres Aussehen gleicht im Allgemeinen einer riesigen Fledermaus. Von jeder Seite des Rumpfes erstrecken sich Flügel, die aus Bambusstangen gefertigt und mit Musselin bespannt sind. Die Spannweite beträgt 36 Fuß. Ein Schwanz am Heck der Maschine dient dazu, das Steigen und Sinken der Maschine zu regulieren. Zwei Motoren dienen dem Antrieb: der eine hat 10 PS und treibt die Räder der Maschine an, der andere mit 20 PS sorgt für den Antrieb der Propeller während des Fluges. Der 10-PS-Motor wiegt 22 Pfund, und der 20-PS-Motor wiegt 35 Pfund.

Herr Weißkopf und Herr Custead haben zum Zweck des Baus eines Luftschiffes eine Gesellschaft gegründet. Eine Gruppe von Herren aus dem Süden unterstützt Custead mit unbegrenzten Finanzmitteln; diese Herren glauben fest an den geschäftlichen Erfolg von Custeads Erfindung, wenn ein geeigneter Antrieb für das Schiff gefunden werden kann.

Das Luftschiff von Herrn Custead ist in Waco, Texas, wo der Erfinder zu Hause ist. Zur Zeit ist er in New York. Die Arbeit an dem neuen Generator, den Weißkopf liefern soll, geht gut voran. Weißkopf hat zum vollen Schutz um Patente eingereicht. Er erwartet keine Schwierigkeiten bei der Genehmigung, da sein Generator keine Ähnlichkeiten mit bisher patentierten aufweist.

Wahrscheinlich werden die Generatoren in Bridgeport gefertigt, wo alle Einrichtungen zur Herstellung solcher Geräte vorhanden sind.

---

1   Mit der Zeitangabe »30 Minuten« bezieht sich der Verfasser dieses Artikels wohl auf das Luftschiff von Santos-Dumont.

Der ganzseitige Zeitungsbericht im BRIDGEPORT SUNDAY HERALD vom 18. August 1901 über den ersten gesteuerten Motorflug der Geschichte erscheint im Inneren des Blattes auf Seite 5 und nicht auf Seite 1, wie wir heute von Berichten über Sensationen erwarten würden. Außerdem ist zur damaligen Zeit diese Zeitung in der amerikanischen Presse relativ unbedeutend: Der BRIDGEPORT SUNDAY HERALD ist eine kleine Zeitung mit geringer Auflage und nur lokaler Verbreitung. Sogenannte Experten der damaligen Zeit halten sowieso das Fliegen mit einer Maschine des Prinzips »schwerer als Luft« für unmöglich, und deshalb verbreitet sich in der ungläubigen Menschheit bald die Meinung, es handle sich bei dem Artikel um ein Produkt der übereifrigen Phantasie eines Lokalreporters, zumal die Überschrift mit besenreitenden Hexen geziert und untermalt ist. Hinzu kommt, dass der Reporter vom Fliegen, vom Flugzeugbau und von den damit zusammenhängenden Fachbegriffen nur wenig Ahnung hat, denn dieses Gebiet ist Neuland. So kommt es, dass Bezeichnungen oft ungenau formuliert und Begriffe häufig falsch verwendet werden: die Propeller werden manchmal als Flügel bezeichnet, das Antriebsaggregat oft als Motor, Maschine und Generator und das Flugzeug selbst als Flugmaschine, Schiff und Luftschiff.

Am Montag, dem 19. August 1901, erscheinen im BOSTON TRANSCRIPT und im NEW YORK HERALD Meldungen über Weißkopfs Motorflug vom 14. August 1901.

Vermutlich haben diese beiden Tageszeitungen beim Abfassen ihrer Artikel über den ersten Motorflug in der Geschichte der Luftfahrt den ganzseitigen Bericht des BRIDGEPORT SUNDAY HERALD zu Grunde gelegt; denn diese beiden vom Umfang her relativ kurzen Meldungen sind inhaltlich nahezu identisch.

Auf den folgenden Seiten sind beide Berichte wiedergegeben. Im Anschluß daran findet der Leser die Übersetzung des Berichts aus dem NEW YORK HERALD.

Der BOSTON TRANSCRIPT berichtet am 19. August 1901:

»AN AIRSHIP PARTNERSHIP

──────────

Whitehead of Bridgeport and Custead of Texas Expect Much from an Acetylene Motor

Bridgeport, Ct., Aug. 19 – With a few to perfecting a flying machine for commercial purposes Gustav Whitehead of this city and W. D. Custead of Waco, Tex., have formed a partnership. Both are inventors. Whitehead has a flying machine and Custead an airship. Last week Whitehead flew in his machine half a mile. Whiteheads machine is equipped with two engines, one to propel it on the ground, on wheels and the other to make the wings, or propellers, go. In order to fly the machine is speeded to a sufficient momentum on the ground by the lower engine, and then the engine running the propellers is started, which raises the machine in the air at an angle of about six degrees. Custead's airship rises vertically from the ground and requires no running start, but the hopes of both inventors are pinned to a new pressure generator which Whitehead has invented. He has demonstrated that the generator will work, for he used it to furnish power for both of his engines at the trial of his machine last Tuesday. Calcium carbide is used as fuel. By a series of rapid explosions the acetylene gas is forced into chambers, where it comes into contact with a chemical preparation. This produces a powerful and even piston pressure. The chemical preparation is the secret of the new genertator, and Whitehead will not reveal the ingredients. This new generator will, is claimed by both inventors, lessen the weight of motor power 75 per cent. Mr Custead is backed by a number of Texas and Southern capitalists for the manufacture of the new airship. The company is capitalized at $ 100,000.«

Der NEW YORK HERALD berichtet am 19. August 1901:

> *»Inventors In Partnership To Solve*
> *Problem Of Aerial Navigation*
>
> ----------
>
> *Gustave Whitehead Travels Half a Mile in Flying Machine Operated by*
> *a New Acetylene Chemical Pressure, Lessening Motor Power Weight*
> *Seventy-Five Per Cent*
>
> ----------
>
> *Bridgeport, Conn., Sunday. – With the purpose in view of perfecting a flying machine that will solve the problem of aerial navigation to the point of commercial success, Gustave Whitehead, of this city and W. D. Custead, of Waco, Texas, have formed a partnership. Both men are inventors.*
>
> *Mr Whitehead last Tuesday night, with two assistents, took his machine to a long field back of Fairfield, and the inventor for the first time flew in his machine for half a mile. It worked perfectly, and the operator found no difficulty in handling it. Mr Whitehead's machine is equipped with two engines, one to propel it on the ground, on wheels, and the other to make the wings or propellers work.*
>
> *In order to fly the machine is speeded to a sufficient momentum on the ground by the lower engine, and then the engine running the propellers is started, which raises the machine in the air at an angle of about six degrees. Mr Custead's airship rises vertically from the ground, and requires no running start, as Mr Whitehead's does, before the ascent is made.*
>
> *But the hopes of the inventors for success are pinned to a new pressure generator which Mr Whitehead has invented. He has demonstrated that the generator will work, for he used it to furnish power for both of his engines at the trial of his machine last Tuesday.*

Calcium carbide is used as fuel. By a series of rapid explosions the acetylene gas is forced into chambers, where it comes in contact with a chemical preparation. This produces a powerful and even piston pressure. The chemical preparation is the secret of the new genertator, and Mr Whitehead will not reveal the ingredients. He has applied for patents. This new generator will, it is maintained by both inventors, lessen the weight of motor power 75 per cent.

Mr Custead is backed by several Texas and Southern capitalists for the manufacture of the new airship. The company is capitalized at $ 100,000. Mr Custead is now in New York. The good points of both inventors' flying machines will be included in the new machine, and this combination, with the new acetylene chemical pressure generator, it is believed, will produce the desired results in the way of flying machine.«

Übersetzung:

*PROBLEME DER LUFTNAVIGATION SOLL DURCH
ERFINDER-PARTNERSCHAFT GELÖST WERDEN*

----

*Gustav Weißkopf legt in Flugmaschine halbe Meile zurück
Antrieb durch neuartigen Azetylen-Chemie-Druck
Dadurch wiegt Motorantrieb 75 Prozent weniger*

Bridgeport, Conn., Sonntag. – Mit der Absicht, eine Flugmaschine zu perfektionieren, mit der das Problem der Luftnavigation gelöst wird und damit zum geschäftlichen Erfolg führt, haben Gustav Weißkopf aus dieser Stadt und W. D. Custead aus Waco, Texas, eine Partnerschaft gebildet. Beide Männer sind Erfinder.

In der Nacht des vergangenen Dienstag brachte Herr Weißkopf mit seinen beiden Helfern seine Maschine auf ein langes Feld hinter Fairfield.

Hier legte der Erfinder zum ersten Male in seiner Maschine eine halbe Meile zurück. Die Flugmaschine arbeitete perfekt und der Maschinenbediener hatte keinerlei Schwierigkeiten mit der Handhabung. Weißkopfs Flugmaschine ist mit zwei Motoren ausgestattet; einer, um die Flugmaschine am Boden auf Rädern, der andere, um die Flügel oder Propeller anzutreiben.

Um zu fliegen, wird die Maschine auf dem Boden mit dem unteren Motor auf ein ausreichendes Momentum beschleunigt. Dann wird der Motor gestartet, der die Propeller antreibt, durch die sich die Maschine in einem Winkel von ca. 6 Grad in die Luft hebt. Custeads Luftschiff erhebt sich senkrecht vom Boden und benötigt, im Vergleich zu Weißkopfs Flugmaschine, keinen Rollstart vor dem Abheben.

Die beiden Erfinder setzen ihre Hoffnungen indessen auf einen neuen Druckgenerator, den Herr Weißkopf erfunden hat. Er hat bereits vorgeführt, dass der Generator funktioniert; denn er benutzte ihn zum Antrieb seiner beiden Motoren beim Test am vergangenen Dienstag.

Als Brennstoff wird Kalziumkarbid verwendet. Durch eine Reihe schnell folgender Explosionen wird das Azetylengas in Kammern gepresst, wo es mit einem chemischen Präparat in Kontakt kommt. Dadurch entsteht ein starker gleichmäßiger Kolbendruck. Das chemische Präparat ist das Geheimnis dieses neuen Generators und Weißkopf ist nicht bereit, die Zusammensetzung preiszugeben. Er hat bereits um Patente eingereicht. Der neue Generator wird, so versichern beide Erfinder, das Gewicht des Motorantriebs um 75 Prozent reduzieren.

Herr Custead wird von verschiedenen Kapitalisten aus Texas und anderen Südstaaten zum Zweck der Herstellung des neuen Luftschiffs finanziert. Die Gesellschaft verfügt über ein Kapital von 100.000 Dollar. Herr Custead ist zur Zeit in New York. In der neuen Flugmaschine werden die Vorteile der Maschinen beider Erfinder zusammengeführt. Dies in Kombi-

nation mit dem neuen Azetylen-Chemie-Druck-Generator wird vermutlich den erwünschten Erfolg auf dem Wege zur Flugmaschine bringen.

Noch ahnt Weißkopf nicht, dass die Menschen ihm später seine großartige Leistung, den ersten bemannten gesteuerten Motorflug durchgeführt zu haben, streitig machen würden.

Zum Teil trägt er auch selbst die Schuld daran: Von Anfang an unternimmt er seine Flüge und Experimente zum größten Teil nachts oder in der Dämmerung; vielleicht, weil er dem Gespött gaffender Zuschauer im Falle eines misslungenen Versuchs nicht ausgeliefert sein will, mit Gewissheit jedoch auch aus Sicherheitsgründen und deswegen, weil in dieser Zeit günstige thermische Verhältnisse herrschen. So hinterlassen seine Aktionen bei den Mitbewohnern immer einen Hauch von Heimlichkeit. Und dies setzt sich bis zum Morgen des 14. August 1901 fort.

Noch denkt Gustav Weißkopf nicht daran, dass sich um seine Pioniertat großes Schweigen hüllen wird. Noch freut er sich über seinen gelungenen Flug.

KAPITEL IV

SCHEITERN TROTZ ERFOLG

Noch am Tage des ersten erfolgreichen Motorflugs der Menschheitsgeschichte unternimmt Weißkopf mit seinem Typ »Nr. 21« drei weitere Flüge. Junius Harworth ist Augenzeuge dieser Begebenheit. Er berichtet von einer Flugdauer von vier Minuten und einer Länge von etwa einenhalb Meilen[1].

Eine Reihe eidesstattlicher Erklärungen von Augenzeugen (Alexander Gluck, Michael Werer, John S. Lesco, John A. Ciglar, Joe Ratzenberger, Thomas Schweikert u. a.) bestätigen, dass Weißkopf im Jahre 1901 noch mehrere Flüge unternommen hat.

Abb. 24
Dampfmotor (Pittsburgh 1899)

---

1   *In den Anfängen der Fliegerei haben oft Zeugen, aber auch die Pioniere selbst Flugzeiten und –strecken, die an einem Tag zurückgelegt worden sind, addiert.*

Seit dem Jahre 1899 hat sich Weißkopf mit dem Bau von Flugzeugmotoren beschäftigt. In Pittsburgh beginnt er mit dem Bau von Dampfmaschinen.

Diese Arbeiten und Entwicklungen führt er in Bridgeport fort, wobei er vor allem unterschiedliche Stoffe als Heizmaterial ausprobiert. Weißkopf experimentiert hier in seiner Werkstatt in der Pine Street Nr. 241.

Gegenüber, auf der anderen Straßenseite, lebt der Ungar Anton Pruckner. Er ist im Jahre 1900 als Siebzehnjähriger in die Vereinigten Staaten gekommen, und er hat eine Ausbildung als Ingenieur hinter sich und ist für technische Arbeiten an mechanischen Maschinen bestens qualifiziert.

Abb. 25
Anthony Pruckner

Anton Pruckner ist noch jung. Er interessiert sich für die Experimente Weißkopfs auf der anderen Straßenseite. Und er besucht Weißkopf in seiner Werkstatt. Auch beginnt er sofort, mit ihm zu arbeiten, als er von Weißkopf gefragt wird, ob er gerne helfen möchte, denn er ist lernwillig und wissbegierig. Weißkopf und Pruckner bauen zusammen Schießpulvermotoren. Pruckner hat etwas Angst vor dieser Art von Maschinen, und als ein Motor gefährlich explodiert, geben sie dieses Projekt auf. Sie wenden sich dampfgetriebenen Motoren zu. Ähnliche Dampfmaschinen werden in frühen Automobilen verwendet. Weißkopfs dampfgetriebene Motoren haben große Ähnlichkeit mit Maxims Heißluftmotoren.

Sir Hiram Stevens Maxim ist nicht nur als der Entwickler des ersten kriegstauglichen Maschinengewehrs aus dem Jahre 1883 bekannt. Seit

1889 experimentiert er an Modellen von Tragflächen und Luftschrauben. Auch konstruiert er einen sehr leichten Heißluftmotor mit 180 PS Leistung. Zwei solcher Motoren baut er in seinen Doppeldecker ein. Das Fluggerät hat für die damalige Zeit riesige Ausmaße: Bei über dreißig Metern Spannweite und einer Gesamtlänge von nahezu dreißig Metern wiegt das Flugzeug mit vier Mann Besatzung über 3,5 Tonnen. Bei einem Flugversuch im Jahre 1894 hebt die Maschine tatsächlich ab; sie wird allerdings beschädigt. Maxim führt seine Entwicklungen nicht fort. Er bricht ab.

Das Geheimnis des Treibstoffs seines Motors gibt Weißkopf nicht preis. Man weiß von ihm nur, dass er Kalziumkarbid verwendet, das zu Azetylen reagiert, wobei in irgendeiner Weise noch ein chemisches Präparat im Spiele ist.

W. D. Custead schließt sich Weißkopf an, weil er hier geschäftlichen Erfolg ahnt. Custead ist in erster Linie Geschäftsmann. Er hat eine Gesellschaft mit 100.000 Dollar Kapital hinter sich. Die Darstellung von Custeads Luftschiff im SUNDAY HERALD vom 18. August 1901 zeigt »ein seltsames Gewirr phantastisch miteinander gekoppelter Ballons verschiedener Formen, die mit ebenso phantastischen Antrieben versehen, offenbar die Zukunftslösung des Problems darstellen sollen ...«.[1] Als Weißkopf merkt, dass es Custead auf geschäftliche und finanzielle Gewinne abgesehen hat und ihm nur Erkenntnisse abringen will, wirft er ihn kurzerhand hinaus.

Weißkopf beginnt nun sein Flugzeug Nr. 21 zu verbessern. Er verändert die Lage des Motors, weil er sich von einem verlagerten Schwerpunkt noch bessere Flugeigenschaften verspricht und er verändert die Drehzahl der Propeller. Die Flüge unter diesen geänderten Bedingung erweisen sich

---

1 *aus Böttcher: NICHT AMERIKANER, SONDERN DEUTSCHER ERSTER MOTORFLIEGER aus RUNDSCHAU DEUTSCHER TECHNIK vom 13. August 1942; siehe S. 202–206.*

jedoch weniger erfolgreich, da an Höhe und Weite keine Steigerung erzielt werden kann.

Im September 1901 stellt Weißkopf seine erfolgreiche Nr. 21 bei Young's Pier in Atlantic City aus. Fluginteressierte Besucher schenken dem ausgestellten Objekt ihre Aufmerksamkeit, doch wollen sie nicht so recht glauben, dass Weißkopf mit dieser Maschine erfolgreiche Flüge praktiziert hat. Man hegt Zweifel, ob die ganze Konstruktion mitsamt der Antriebsmaschinen überhaupt flugfähig sein könne.

Noch glaubt die Öffentlichkeit nicht an das Fliegen mit Maschinen des Prinzips »schwerer als Luft«. Das Fliegen mit Maschinen des Prinzips »leichter als Luft« ist bereits bewiesen, zumal Graf Zeppelin auf diesem Gebiete in Deutschland erhebliche Erfolge aufweisen kann.

Ferdinand Graf von Zeppelin verfolgt seit dem Jahre 1892 den Plan, ein Starr-Luftschiff zu bauen, das durch Motorenantrieb in der Luft fort-

Abb. 26
»LZ 1« beim Aufstieg am 2. Juli 1900

bewegt und gesteuert werden kann. Von Zeppelin erhält auf seine Konstruktion im Jahre 1895 sein erstes Reichspatent. Zur Verwirklichung dieser Planung bleibt ihm allerdings staatliche Hilfe versagt. Zur Finanzierung des Baus gründet er eine Gesellschaft und trägt selbst mit über 400.000 Mark aus seinem eigenen Vermögen bei. Das erste Zeppelin-Luftschiff (LZ 1) steigt am 2. Juli 1900 bei Friedrichshafen am Bodensee auf.

Über den erfolgreichen Flug mit seiner Nr. 21 berichtet Gustav Weißkopf auch der deutschen Presse. In der seit 1896 erscheinenden ILLUSTRIERTE AERONAUTISCHE MITTHEILUNGEN, einer »Fachzeitschrift für alle Interessen der Flugtechnik mit ihren Hülfswissenschaften und für aeronautische Industrie und Unternehmungen«, wird im Jahrgang 1901 auf Seite 165 unter dem Titel »Der Flugapparat von Gustav Weisskopf« eine halbseitige Beschreibung des Flugzeugs Nr. 21 und des damit am 14. August 1901 unternommenen Fluges abgedruckt.

Im Herbst des Jahres 1901 führt Weißkopf nochmals einen Flug mit seiner Nr. 21 durch. Der Flug endet mit einer Panne. Weißkopf landet im Wasser des Hafens von Black Rock. Das beschädigte Flugzeug wird zu Weißkopfs Werkstatt in die Pine Street gebracht. Doch mit dem Totalschaden ist nicht mehr viel anzufangen.

Gustav Weißkopf hat mit seinem kostspieligen Hobby schon viel Geld ausgegeben. Oft mehr, als es seine Verhältnisse erlaubt haben. Nun hat ihn eine neue Idee gepackt. Er leiht sich Geld und arbeitet wie ein Besessener. Bereits nach viermonatiger Bauzeit ist das neue Flugzeug fertig: Modell Nr. 22. Beim Bau dieses Flugzeugs stützt sich Weißkopf auf Erfahrungen und Ergebnisse, die er mit seiner Nr. 21 erreicht hat. Die Nr. 22 stellt nämlich eine Weiterentwicklung dar. Mit großer Wahrscheinlichkeit verwendet Weißkopf zum Bau dieses Folgemodells Teile aus der Nr. 21. Die Maße des neuen Flugzeugs sind nämlich die gleichen. Allerdings hat die Nr. 22 einen wasserdichten Rumpf. Hatte die Nr. 21 noch einen Expansionsmotor, so ist die Nr. 22 mit einem wesentlich stärkeren Motor ausgestattet,

Abb. 27
Die Nr. 21 nach dem Crash im Herbst 1901.
(Das Bild wurde südlich von Weißkopfs Werkstatt in
der Pine Street Nr. 241, in Bridgeport aufgenommen)

einem 54 kg schweren Fünfzylinder-Diesel mit einer Leistung von 40 PS, der längere und weitere Flüge ermöglicht. Ferner unterscheidet sich die Nr. 22 vom Vorgängermodell dadurch, dass die Flügelrippen aus Stahlrohr sind. Als Bespannung verwendet Weißkopf Japan-Seide. Die Propeller sind wie beim Vorgängermodell zwar auch aus Holz gefertigt, jedoch mit einer dünnen Aluminiumschicht überzogen.

Für Konstruktion, Entwicklung und Bau von Flugzeug und Motor investiert Weißkopf die gewaltige Summe von 1.700 Dollar. Dieses Geld hat er sich leihen müssen.

Schon seit Bekanntwerden von Weißkopfs erstem gesteuerten Motorflug am 14. August 1901 interessieren sich einige reiche Leute aus New York, die namentlich nicht genannt werden wollen, für die geschäftliche Verwendung und Auswertung von Flugzeug und Motor. Es ist die Zeit, in der Erfindungen des 19. Jahrhunderts kommerzialisiert werden.

Abb. 28

Patent-Motorwagen von K. Benz   »Motorkutsche« von G. Daimler

Im Jahre 1885 konstruiert Karl Benz in Mannheim einen elektrisch gezündeten Einzylinder-Viertakt-Benzinmotor mit 0,9 PS (0,7 kW) Leistung. Er schafft mit einem dadurch angetriebenen dreirädrigen Wagen das erste entwicklungsfähige Kraftfahrzeug als Einheit von Fahrgestell und Motor. Am 3. Juli 1886 stellt er seinen Motorwagen der Öffentlichkeit vor. Dabei werden Geschwindigkeiten bis 15 km/h erreicht. Unabhängig davon baut Gottlieb Daimler im Jahre 1886 das erste vierrädrige Automobil der Welt. Der Einzylinder-Viertaktmotor verfügt über 1,5 PS (1,1 kW) und ist mit einer Glührohrzündung ausgestattet. Das Fahrzeug erreicht eine Höchstgeschwindigkeit von 16 km/h. Beide Erfindungen haben eine weltweit erfolgreiche Entwicklung ausgelöst.

In den USA konstruiert im Jahre 1892 Henry Ford sein erstes Automobil. Seit der Jahrhundertwende baut und verkauft er seine Kraftwagen.

Warum soll nun nicht auch das Flugzeug, dessen Funktionsfähigkeit Weißkopf bewiesen hat, in mehreren Exemplaren gebaut und verkauft werden?

Mit 10.000 Dollar Kapital, das Gustav Weißkopf von seinem New Yorker Geldgeber erhält, gründet er jetzt, im Spätherbst des Jahres 1901, die erste Flugzeugfabrik der Welt.

Scheitern trotz Erfolg 95

Darüber berichtet der BRIDGEPORT HERALD am 17. November 1901 an erster Stelle auf der Titelseite.

Abb. 29
An erster Stelle auf der Titelseite berichtet der BRIDGEPORT HERALD vom 17. November 1901 über die Gründung der ersten Flugzeugfabrik der Welt in Bridgeport durch Gustav Weißkopf.

FLYING MACHINE FACTORY
THE LATEST OF
BRIDGEPORT'S INDUSTRIES

Gustave Whitehead, Inventor of Only Practical Air Ship, Engaged in Building Soaring Carriages Which Will Be Placed on the Market in Spring and Sell For About the Same Price That a High Grade Automobile Brings. Night and Day Forces Working. Fifteen Mechanics and Two Engineers Employed at the Flying Machine Works.

ADMITTANCE TO SHOP REFUSED.

New York Man of Money Backing the Project and Already $10,000 Has Been Placed at the Disposal of the Inventor. A Good Family Machine With Seating Capacity For Six Will Cost About $3,000. Inventor Whitehead Will Fly From Bridgeport to New York.

WILL USE NEW MOTIVE POWER.

IF THE PLANS OF his financial backers mature, and the indications are that they will, Gustave Whitehead, the flying machine inventor, will shortly experience the pleasure of having his product manufactured on a large scale, and Bridgeport will win the distinction of possessing the most unique and modern industry in the whole civilized world. Upwards of $10,000 have already been expended by the capitalists who have interested themselves in Mr. Whitehead, believing as he does himself, that the problem of aerial navigation has been solved. It would be foolhardy to presume that Mr. Whitehead could succeed in obtaining such an amount of capital without first giving those possessing it some assurances that his invention had reached the state of perfection.

No one realises any more than Mr. Whitehead himself that the general public will be skeptical of his invention until he be seen sailing through the air at plenty of demonstration and have been made in the streets of the cities throughout the country. This skepticism does not bother him any and he is saying nothing but is sawing considerable wood.

Adjoining the big plant of the Wilmot & Hobbs Manufacturing company on Hancock avenue in the West End, will be found a one story frame building which is large enough for a fair sized machine shop and boiler room. Admission to that structure is denied to anyone except the fifteen mechanics who are at work inside under Mr. Whitehead's supervision, and a well dressed New Yorker who may be seen to visit the shop on an average of three times each week.

Inside the structure is a well equipped machine shop where men work day and night. There are two forces. One works the usual ten hours in the day and when it quits at 6 o'clock each evening, another force takes its place at the benches. The shop is well stocked with steel and iron which is being used in the construction of a flying machine modelled after the one in which Mr. Whitehead made two successful flights recently as described in the Herald at the time. It was with this machine that Mr. Whitehead demonstrated the practicability of his invention during the season in Fairfield.

Since that time two more flights have been made for the benefit of the New York capitalist, whose identity is kept a secret. The new machine is to be a permanent affair and when completed, Mr. Whitehead proposes to make good the assertion that he will fly to New York city and return in it. Mr. Whitehead secured capital through the extensive newspaper advertising which he was subjected to recently.

After the first flying machine is completed and publicly exhibited, it is proposed to begin the manufacture of them in Bridgeport immediately. They can be made with accommodations for six people to sell for $2,000. A variety of motor power can be utilized in the flying machines as are now used in the several types of automobiles, but it is likely that a carbide motor will be used.

Aside from a confirmation of the statement that his machine is to be manufactured in Bridgeport, Mr. Whitehead is not inclined to give up his plans for the future and has refused to discuss them. He is confident that success has at last come to him after many years of hard work and study. He is of a determined nature and so long as he makes a success of the scheme he will be content. Contrary to what many people would imagine he does not look forward to the time when he expects to amass wealth through his invention, but wants to prove beyond all doubt that he has solved the problem that has been one of the most discouraging which science has wrestled with during the last century.

To operate a machine shop and employ fifteen mechanics and two engineers without any income requires considerable money and pluck, but that is what the backers of Mr. Whitehead are now doing. The machine shop has been in operation over a fortnight and it is proposed to continue it throughout the winter. By next spring the manufacturing of the flying machines on a larger scale is being anticipated.

Abb. 30
Vergrößerter Ausschnitt von Seite 1 des BRIDGEPORT HERALD vom 17. Nov. 1901

Unter der Überschrift FLUGMASCHINENFABRIK – DAS NEUESTE DER BRIDGEPORT-INDUSTRIE beinhaltet der Bericht Einzelheiten über den engagierten Flugzeugbauer Gustav Weißkopf. Der Erfinder habe das einzige funktionsfähige Flugzeug. Fünfzehn Mechaniker und zwei Ingenieure seien im Werk angestellt. Gearbeitet werde Tag und Nacht. Im Frühjahr wolle man die Flugzeuge auf dem Markt anbieten. Der Preis werde etwa dem eines gut ausgestatteten Automobils gleichkommen. Eine gute Familienmaschine mit sechs Sitzplätzen werde etwa 3.000 Dollar kosten. Weißkopf werde demnächst von Bridgeport nach New York fliegen.

Namentlich sind die Mechaniker und Ingenieure, die in Weißkopfs Flugzeugfabrik arbeiten, nicht bekannt. Auch wissen wir nicht wie viele Flugzeuge gebaut bzw. ob überhaupt welche gebaut worden sind. Namentlich wird auch der Geldgeber nicht genannt. Im Bericht heißt es: » ... *der New Yorker Geldgeber, dessen Identität geheimgehalten wird ...*«

Mit Sicherheit handelt es sich hierbei um einen gewissen Hermann Linde. Wie Custead, so will auch Linde von Weißkopf das Geheimnis der chemischen Zusammensetzung des Treibstoffs erfahren. Weißkopf trennt sich deswegen von Linde. Dieser ist somit alleiniger Inhaber der Flugzeugfabrik.

Im Sommer des Jahres 1904 wird in St. Louis, Missouri, die Weltausstellung stattfinden (WORLD'S FAIR ST. LOUIS). Weißkopf schreibt deshalb am 10. Januar 1902 dorthin. Er legt seinem Brief drei Fotos bei und bewirbt sich, sein Flugzeug dort ausstellen zu können. Bereits am 14. Januar 1902 antwortet ihm das Luftfahrtkommittee der Weltausstellung und teilt ihm mit, dass noch entschieden wird, ob er seine Flugmaschine mitbringen könne.

Zu Jahresbeginn 1902 hat Weißkopf seine Maschine Nr. 22 fertig. Er startet am 17. Januar zum erfolgreichen Flug mit diesem verbesserten Modell. Mit dem ersten Flug dieses Tages erreicht er eine Weite von etwa zwei Meilen. Noch am gleichen Tage startet er zum zweiten Male. Nun

Mr. Whitehead's Letter from the Aerial Committee.

WORLD'S FAIR, ST. LOUIS

LOUISIANA PURCHASE EXPOSITION COMPANY

OFFICE OF THE DIRECTOR OF WORKS

ISAAC S. TAYLOR,
Director of Works.

St. Louis, U. S. A. January 14, 1902

Dear Sir:-

Your letter of January 10th with photographs of your flying machine received by me to-day. I have turned over your letter and photographs to the Committee on Aerial contest, and I am sure that the Committee will give you every consideration.

Mr. Lebens of the Bureau of Publicity, will in all probability, write you and send proper clipping in regard to this matter.

Please receive my thanks for your attention.

Very respectfully,

Isaac S. Taylor.
Director of Works.

Mr. Gustave Whitehead,
[illegible]41 Pine St.,
Bridgeport, Conn.

Abb. 31

Brief des Aereal Committee World's Fair St. Louis
vom 14. Januar 1902 an Gustav Weißkopf
(Ausschnitt aus BRIDGEPORT HERALD; s. S. 100)

erreicht er die erstaunliche Höhe von 200 Fuß (= ca. 60 Meter) und legt in einem Rundflug über dem winterlichen Long Island Sound eine Strecke von 7 Meilen (= ca. 11 Kilometer) zurück.¹

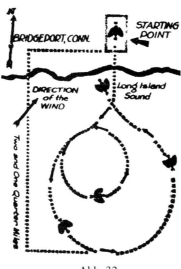

Abb. 32
Der Flug der Nr. 22 am 17. Januar 1902
über dem Long Island Sound
(Ausschnitt aus THE AMERICAN INVENTOR; siehe. S. 124)

Ein erstaunlicher Artikel, der von Weißkopf selbst verfasst worden ist, findet sich im BRIDGEPORT HERALD vom 26. Januar 1902.² Hier beschreibt der Erfinder die Zusammenhänge der Funktion seiner Flugmaschine in allen Einzelheiten. Er spricht wie ein Wissenschaftler, wie ein gelehrter Mann, und er doziert wie ein Universitätsprofessor:

---

1   *Weißkopf beschreibt diesen Flug mit eigenen Worten; siehe S. 122 – 125.*
2   *Reprint und Übersetzung ab S. 102/103.*

Abb. 33
Seite 4 aus
BRIDGEPORT
SUNDAY
HERALD
vom 26. Januar 1902

Abb. 34
Aus Seite 9
BRIDGEPORT
SUNDAY
HERALD
vom 26. Januar 1902
(Fortsetzung des Artikels)

Bridgeport' Flying Machine Bu...

(Continued from Page 1.)

cal direction, but this requires an enormous amount of power, and we are not able to build motors light enough at present in order to raise vertically from the ground. It has been demonstrated by actual experiments that about four to five pounds per horse power can be lifted with an actual machine of this kind. There also arises the question, can such a machine be driven in a horizontal way by means of propellers. I am not inclined to believe it until accomplished by actual experiments. This is a very tempting idea, but it is very extravagant of power and until we have succeeded in producing a motor that will give a horse power for every quarter pound of its weight, it will probably not be a success.

And now for the third problem, that of going up by gas buoyancy. A gas bag has the advantage over any other machine by lifting vertical, being enabled to stay at one spot in the air and also more or less maneagable in lighter winds, but when you consider the disadvantage in stronger winds, then it looks by no means as if this was the key to success in aerial navigation. The disadvantage of a dirigible balloon is its large surface exposed to the wind; second, the frail construction; third, the varying lifting efforts through expanding of gasses according to temperature and also the everlasting leakage of gasses, and then you cannot carry any heat engines, unless they hang yards below it for fear of catching fire and bringing disaster to it.

I do not believe that a balloon will be a success until it can be made as follows: First, instead of using silk it should be made out of compressed paper, stiff and yet somewhat elastic, so in order to come down somewhat heavy it should not be injured by coming in contact with the ground. Second, the machinery should be placed right under it and not yards below it, something like a swinging pendulum, a most absurd way. It should be rigidly fastened to the balloon in order to make a stiff frame work compact and more solid like. The power, like in all flying machines, must be enormous, comparing to what it will lift. It is my belief that if the power is sufficient, a balloon may be steered in any direction, and under all conditions, no matter how the wind may be, that is, providing the balloon shell is enabled to withstand such wind pressure as it may be subjected to. Suppose Mr. Santos Dumont could increase his power four fold of his motor, without increasing the weight of it, then he would certainly be enabled to speed up considerably faster than he has done so far, that is of course, providing his gas bag will not double up and withstand that increased head resistance due to increased speed. It is absurd to believe that a gas bag cannot be made controllable, because there is no weight to it. It is my opinion that if the motive power is sufficient it can be made to go at any speed, providing the vessel will withstand such a resistance and carry such powerful motors.

Now we come to another problem, that of soaring flight. By soaring flight is meant a flying machine or bird that utilizes the force of the wind as a motive power, as you may have observed all soaring birds gliding and soaring back and forth all day without any motive power, save that of maintaining their equilibrium, providing the wind blows with sufficient force. The writer will not explain this, not because of his inability to explain it, but want of sufficient space in this paper.

Here we have four different ways of navigating the air. The question arises which is the best and safest way in order to accomplish flight. It is my opinion that the dirigible balloon will be the first to accomplish anything, next to it is the aeroplane, then comes the flapping wing device, then the aerial screw device, and last of all the soaring ability of man. Upon the whole I am inclined to believe that something will be done before long, probably the St. Louis Exposition will settle that doubt, that a practical flying machine is an accomplished fact, and the man that accomplishes it deserves great honor, for he has overcome one of the most difficult of all problems that the human mind has ever entertained. The successful invention of a flying machine is certainly the greatest success a man can accomplish for it will bring the only universal highway under man's control. Of course, there are people that remain sceptical or unbelievers and will doubt the practical possibility of a flying machine, and will always be so until convinced by actual facts.

Is there any hope of solving the problem of aerial navigation? Yes, there is, and you may rest assured that before another quarter of a century has flown, men will have succeeded in actually flying through the air. The reader may ask what proofs there are that we can accomplish it. There are proofs, for instance, Santos Dumont has floated around the Eiffel tower. Maxim's aeroplane lifted more than ten thousand pounds and this machine would undoubtedly have flown if the inventor would have dared the risk of doing so. Langley's aerodrome has actually flown for three-quarters of a mile. Herring succeeded in flying short distances. Lilienthal rose, some times up to great heights, thousands of times, and Drouve, it is claimed, has made his artificial bird fly for considerable distance. Someone has accomplished more or less with the soaring flight apparatus, and I myself flew in a powerful machine for more than a mile and a half, on August 14, 1901.

The first question the reader may ask is why can not this succeed, and the answer must be that all flying machines that plied so far were not powerful enough and lack the science of ... other words, equilibrium. And why? Because we have not been able to construct a motor that would give a certain amount of power, with the given weight, the same as wanted, und in cases where inventors have succeeded in doing it, then the motor was generally unreliable and could not be trusted to venture up into the air with it for fear of disaster. Take for instance, the Santos Dumont motor. In his trials around the Eiffel tower, his motor stopped more of the time than it worked, and if the aeronaut would have ridden a Drouve flying machine instead of a dirigible balloon, then he would not have been left to tell the tale. Another thing we lack at present more than anything else is the science of the birds of the ...

BRIDGEPORT'S FLYING MACHINE BUILDERS

Gustave Whitehead and Herman Linde Driving into the Difficult Problem of Aerial Navigation. The Great Obstacle in the Way of Success is to Get a Motor That is Both Sufficiently Light and Adequatly Powerful. Experiments With Gunpowder, Carbide Calcium and Kerosene Generators.

Whitehead Writes His Views For the Herald.

When the flying machine tourney opens at the St. Louis exposition, Connecticut will be represented. In Bridgeport two men are working to perfect air ships that will not only fly but be of some use from a commercial point of view. These men are Gustave Whitehead and Herman Linde. Until a week ago Friday they were associated in building one airship but owing to a misunderstanding they had about methods and plans of development they seperated and now each one is building a flying machine embodying his own ideas.

The ideas of the two men are quite dissimilar in many respects regarding the style or kind of a machine that will be most practicable for navigating the air. The motor of the machine is the hard problem to solve. The motor must weigh as little per horse power as possible and still be strong enough to be safe and secure.

Linde is at present developing a gun powder motor. The power is obtained from exploding the powder by contact with a strip of platinum made red hot by an electric current generated by fastening one end of the platinum strip to a copper pole and the other end to a zinc pole. ...

BRIDGEPORTS FLUGMASCHINEN-BAUER

Gustav Weißkopf und Herman Linde befassen sich eingehend mit dem schwierigen Problem der Luft-Navigation. Das große Hindernis auf dem Weg zum Erfolg ist es, einen Motor zu beschaffen, der leicht genug ist und gleichzeitig ausreichend Leistung bringt. Experimente mit Schießpulver, Kalziumkarbid und Kerosin-Generatoren.

Weißkopf schreibt seine Ansichten für den Herald

Beim Turnier der Flugmaschinen auf der Ausstellung in St. Louis wird auch Connecticut vertreten sein. In Bridgeport arbeiten zwei Männer an der Vervollkommnung von Luftschiffen, die nicht nur fliegen können, sondern auch in kommerzieller Hinsicht von einigem Nutzen sind. Diese Männer sind Gustav Weißkopf und Herman Linde. Bis Freitag vor einer Woche arbeiteten sie gemeinsam an einem Luftschiff; aber auf Grund einer Meinungsverschiedenheit über Methoden und Pläne der Entwicklung trennten sie sich; und nun baut jeder eine Flugmaschine, wobei jeder seine eigenen Ideen einbringt.

Die Vorstellungen beider Männer gehen in vieler Hinsicht bezüglich der Form oder Art der Maschine auseinander, welche die geeignetste für die Luftfahrt sei. Der Motor der Maschine ist das große zu lösende Problem. Der Motor muss pro PS so wenig wie möglich wiegen und trotzdem kraftvoll genug sein, um rundum Sicherheit zu bieten.

Linde beschäftigt sich zur Zeit mit der Entwicklung eines Schießpulvermotors. Die Leistung wird durch Zünden des Pulvers erzielt, indem man es mit einen Platinstreifen in Kontakt bringt, der durch einen elektrischen Strom zum Glühen gebracht wird; der wiederum entsteht, indem ein Ende des Platinstreifens an einem Kupferpol und das andere Ende an einem Zinkpol befestigt wird. ...

There is great power in the motor but it is said to be dangerous.

Whitehead is at present working at a kerosene motor. He has a carbide calcium motor, which he used in his experiments last summer when flying, but he is not satisfied with it. He also has ideas for a gun powder motor, but he says that the gun powder motor and the carbide calcium motor are dangerous. The kerosene motor, if brought to a condition of perfection will be one of commercial utility as kerosene is cheap, can be bought anywhere and is safe.

Whitehead has already received letters from the St. Louis exposition aerial committee to participate in the tourney and he fully intends to have a machine ready for that great occasion.

Herman Linde now occupies the flying machine factory in the West end of Bridgeport, back of the Wilmot & Hobbs plant alone. He has several machinists working for him. Whitehead is working at his home on Pine Street. He has prepared specially for the Herald the following article on aerial navigation:

(By Gustave Whitehead.)
_____

There is a law applied to all motions or mechanical movements and in order to fly man must understand the laws of flight; and he must also know how to apply this law to an artificial machine. It is my belief that no amount of parachutes, screws or flapping wings, gas bags, etc., will help to succeed in flying if the artificial machine does not come up to the requirements of natural laws.

For instance, you cannot expect a ball to roll up hill unless you do as natural laws require it; to force it up ...

Der Motor erbringt große Leistung, soll aber gefährlich sein.

Weißkopf arbeitet zur Zeit an einem Kerosinmotor[1]. Er hat einen Kalziumkarbidmotor, den er bei seinen Flugexperimenten im letzten Sommer benutzte, aber er ist mit diesem nicht zufrieden. Er hat auch Ideen für einen Schießpulvermotor, sagt aber, dass beide, Schießpulver- und Kalziumkarbidmotor, gefährlich seien. Der Kerosinmotor wird nach technischer Vervollkommnung von kommerziellen Nutzen sein, da Kerosin billig ist, überall gekauft werden kann und sicher ist.

Weißkopf hat bereits Briefe des Flugkommittees der St. Louis Ausstellung erhalten, um am Wettbewerb teilzunehmen, und er ist fest entschlossen, eine Maschine für dieses große Ereignis bereit zu haben.

Herman Linde hat jetzt die Flugmaschinenfabrik im Westteil von Bridgeport, hinter dem Betrieb von Wilmot & Hobbs für sich alleine. Mehrere Maschinenbauer arbeiten für ihn. Weißkopf arbeitet zu Hause in der Pine Street. Für den Herald hat er folgenden Artikel über die Luftnavigation zusammengestellt:

(Von Gustav Weißkopf.)

Da gibt es ein Gesetz für alle Bewegungen oder mechanische Bewegungsabläufe und, um fliegen zu können, muss der Mensch die Gesetze des Fliegens verstehen; und er muss auch wissen, wie dieses Gesetz an einer künstlichen Maschine angewandt wird. Es ist meine Überzeugung, dass keine Anzahl von Fallschirmen, Schrauben oder schlagende Flügel, Gassäcke etc. helfen werden, erfolgreich zu fliegen, wenn die künstliche Maschine nicht den Anforderungen der Naturgesetze entspricht.

Zum Beispiel kann man nicht erwarten, dass ein Ball bergauf rollt, es sei denn man tut, was das Naturgesetz erfordert, ihn mit einer Kraft ...

---

1 *Weißkopf meint damit einen mit Petroleum betriebenen Dieselmotor.*

by some power. Suppose the ball lays on the ground at the bottom of the hill, it will certainly lay there until moved up the hill by some force or power; for instance, you may take it and carry it up or you may throw it up or you may let it lay on the ground and move the whole roadway against it, and the ball will roll up hill, providing the roadway is moved fast enough.

Now, there are three ways to accomplish one thing, but there are probably three different amounts of power applied to carry out the same thing, but always remember that no matter which way the ball is brought up the hill, if you do not apply the required energy or power it needs in order to get up, it will certainly not go, and if only a certain amount of the same power is applied it will therefore go to a certain height until that amount of power is expended and then gravitation will act and the ball will return. It is the same with flying machines. If a flying machine is built to weigh five hundred pounds, including all necessary adjuncts, and the law of nature require that ten horse power are necessary just to support it, then it will not certainly be supported by nine and a half horse power, for it will certainly not have the required energy in order just to support it. Right here is one of those stumbling blocks on the road to success. I say one, yes, for there are more of them, and perhaps more than the average reader expects there are.

Now suppose a man had a well built flying machine that had any amount of power with a given weight, say five hundred pounds, then there arises the question: "Can we control that machine so it will be enabled to make use of its power?" If our present ocean ships could not be steered in any direction, then they would certainly be of no use to us, no matter how safe they may be for carrying. Again, a flying machine must be steered in two directions, vis: on either side, or up and down. ...

hinauf zu zwingen. Angenommen, der Ball liegt am Fuße eines Hügels, dann bleibt er mit Sicherheit an derselben Stelle liegen, bis ihn eine Gewalt oder Kraft den Hügel hinaufbewegt. Zum Beispiel, kann man ihn hinauftragen bzw. -werfen, oder man kann ihn am Boden liegen lassen und die ganze Straße auf ihn zubewegen – der Ball rollt den Hang hinauf, wenn die Straße schnell genug auf ihn zubewegt wird.

Nun, es gibt drei Wege um eine Sache durchzuführen, aber wahrscheinlich werden dreierlei Mengen an Kraft angewandt werden müssen, um das Gleiche zu erreichen – aber vergessen wir dabei nicht, dass es egal ist, auf welchem Wege der Ball den Hügel hinaufgebracht wird; wenn man nicht die erforderliche Energie oder Kraft anwendet, um ihn hinauf zu bekommen, wird es mit Sicherheit nicht gehen – und wenn nur eine gewisse Menge der gleichen Kraft angewandt wird, wird es nur bis zu einer gewissen Höhe gehen, bis eben diese Menge an Kraft aufgebraucht ist und die Gravitation einsetzt und der Ball zurückrollt. Das Gleiche gilt für Flugmaschinen. Wenn eine Flugmaschine die 500 Pfund, inklusive allem Notwendigen, wiegt, gebaut wird und das Naturgesetz bestimmt, dass 10 PS notwendig sind, um sie gerade so zu tragen, dann wird sie sicher nicht mit 9 $\frac{1}{2}$ PS getragen werden, denn es wird sicherlich nicht die erforderliche Energie da sein, um sie zu tragen. Genau hier liegt einer der Stolpersteine auf dem Weg zum Erfolg. Ich sage einer, ja, denn es gibt mehr davon, und vermutlich mehr als der Durchschnittsleser hiervon erwartet.

Nehmen wir mal an, ein Mann hat eine gut gebaute Flugmaschine mit jeder Menge Kraft für ein gegebenes Gewicht, sagen wir 500 Pfund, dann erhebt sich die Frage: „Können wir die Maschine so lenken, dass sie die Kraft auch nutzen kann?" Wenn unsere heutigen Ozeandampfer nicht in alle Richtungen gesteuert werden könnten, dann wären sie mit Sicherheit nutzlos für uns, egal wie sicher sie für den Transport wären. Noch einmal, eine Flugmaschine muss mittels Kraft in zwei Richtungen gesteuert werden: nach jeder Seite, oder auf und ab. ...

Suppose a cannon ball would be fired out of a cannon, and the same projectile would either fall in front of the spot aimed at or fly over it, then it would certainly be wasted energy. Now the question arises, can we steer a flying machine in any direction? The answer must be, fortunately, yes. Suppose a projectile would be fired out of a cannon at a given spot; and let us suppose that the ball missed its aim and went in front of the given spot and struck against a plate laying in an upward standing position and if the line of motion of the ball and the angle of the plate would correspond, the ball could be made to hit the spot. So it is also with the flying machine. Suppose there were a horizontal rudder in front of our flying machine, which could be set at any angle up or down, now if the machine was in motion and the air stationary, and the plate set at an upward angle, then the corresponding upward thrust would certainly cause the machine to raise at an upward course until the same plate is again set horizontal. It will also cause the machine to descend, if you set the plate at a downward slanting angle. So there we have a very effective way of steering a flying machine up and down, and also provide for longitudinal stability, providing the speed of the machine is heigh; and as for steering on either side, a vertical rudder may be used with the same effect.

The reason a flying machine has never been steered is because they have insufficient power and therefore insufficient speed and are just the same as a steamboat lying in quite water. Without any motion to either water or steamboat, it cannot be steered. ...

Scheitern trotz Erfolg 109

Angenommen eine Kanonenkugel würde aus einer Kanone abgefeuert und dieses Projektil würde vor dem anvisierten Ziel niederfallen oder darüber hinweg fliegen, dann wäre dies eine Verschwendung der Energie. Nun erhebt sich die Frage, können wir eine Flugmaschine in jede beliebige Richtung steuern? Die Antwort muss, zum Glück, ja sein. Angenommen ein Projektil wird aus einer Kanone auf ein bestimmtes Ziel abgefeuert; und nehmen wir mal an, die Kugel verfehlte ihr Ziel und träfe vor diesem auf einer in aufrechter Position stehenden Platte auf; und wenn nun die Fluglinie der Kugel und der Winkel der Platte einander entsprechen, so könnte man die Kugel dazu bringen, das Ziel zu treffen. So ist es also auch mit der Flugmaschine. Angenommen es befände sich ein horizontales Ruder vorne an unserer Flugmaschine, welches in jeden beliebigen Winkel auf- oder abgestellt werden könnte; nun, wenn die Maschine in Bewegung und die Luft stehend wäre und die Platte[1] in einem nach oben gerichteten Winkel steht, dann würde sicherlich der entsprechende Aufwärtsschub die Maschine in einem Aufwärtskurs steigen lassen bis diese Platte wieder horizontal gestellt wird. Das Gleiche lässt auch die Maschine sinken, wenn die Platte in einem schräg nach unten gerichteten Winkel gestellt wird. So, damit haben wir eine sehr effektive Möglichkeit eine Flugmaschine auf oder ab zu steuern und gleichzeitig liefert es Längsstabilität; vorausgesetzt, dass die Geschwindigkeit der Maschine hoch ist; und was die Steuerung nach beiden Seiten betrifft, so kann hier ein vertikales Ruder mit dem gleichen Effekt verwendet werden.

Der Grund, weshalb eine Flugmaschine niemals gesteuert wurde, ist, dass nicht genügend Kraft und deshalb nicht genügend Geschwindigkeit vorhanden war; und sie damit einem Dampfer gleicht, der in einem stehendem Gewässer liegt. Ohne irgend eine Bewegung des Wassers oder des Dampfers, kann er (der Dampfer) nicht gesteuert werden. ...

---

1 Fläche des Ruders.

Everyone knows how easy it is to steer a boat going fast, and the faster it goes the easier it can be steered. It is the same with a ballon or flying machine, because there is a certain resistance to the corresponding angle of the rudder.

And now for the next problem, that of starting up and alighting. There are probably several different ways to accomplish this, first by a run over level ground with the aeroplane set at a slight upward angle and propelled by screw propellers; second, by one or more horizontal screws on vertical shafts in order to raise the machine directly upward, or by gas buoyancy. There are probably other ways, yet they do not seem to me to be practicable enough.

Now suppose we use the first of those three ways, that of raising with an aeroplane by running over the ground. It is clear that we need the most power in starting up to get the required momentum and also overcome the ground friction. Once off the ground, we need probably one-third of the power we need for starting up. An aeroplane also has the advantage that in case of a breakdown of the machinery, a man will be enabled to make a safe landing. A boat body should be arranged for alighting in water, as this will be the safest way for a beginner, and to carry machinery, fuel and other supplies. It should be provided with wheels, in order to run on the ground and to alight on, for a flying machine of the aeroplane type without wheels will land something like a duck on the ground by tumbling over itself, from its own momentum unless the method is employed, the same as by ...

Jeder weiß, wie leicht ein schnelles Boot zu steuern ist; und je schneller es fährt, um so leichter lässt es sich steuern. Genauso ist es mit einem Ballon oder einer Flugmaschine, weil auch hier ein bestimmter Widerstand zu dem entsprechenden Winkel der Ruder vorhanden ist.

Und nun zum nächsten Problem, dem Starten und Abheben. Dafür gibt es vermutlich einige verschiedene Möglichkeiten dies zu bewerkstelligen; zum Ersten durch einen Anlauf auf ebenem Boden mit dem Aeroplan[1] in einem leicht nach oben gestellten Winkel, angetrieben durch Schraubenpropeller; zum Zweiten durch einen oder mehrere horizontale Schraubenpropeller auf senkrechten Antriebswellen, um die Maschine direkt in die Höhe zu heben; oder durch die Schwebefähigkeit von Gas. Es gibt wahrscheinlich noch andere Wege, jedoch erscheinen diese mir nicht praktikabel genug.

Nun, angenommen wir verwenden die erste der drei Möglichkeiten, nämlich mit einem Aeroplan durch einen Anlauf auf dem Boden abzuheben. Es ist klar, dass wir die größte Kraft beim Starten für das erforderliche Momentum sowie für die Überwindung der Bodenreibung benötigen. Einmal vom Boden weg, brauchen wir vermutlich nur ein Drittel der Kraft, die wir für den Start brauchten. Ein Aeroplan hat ferner den Vorteil, dass beim Versagen der Maschinerie dem Menschen noch ermöglicht wird, sicher zu landen. Ein Bootskörper sollte geplant sein, um auf dem Wasser zu landen, da dies der sicherere Weg für einen Anfänger ist; aber auch um Maschinerie, Treibstoff und anderes Zubehör unterzubringen. Er sollte mit Rädern für den Anlauf am Boden und um darauf zu landen ausgestattet sein, denn eine Flugmaschine vom Typ Aeroplan ohne Räder wird, ähnlich einer Ente, auf dem Boden landen, die durch ihr eigenes Momentum über sich selber fällt; es sei denn, dass die gleiche Methode wie bei den ...

---

1 *Daraus geht eindeutig hervor, dass mit dem Terminus »Aeroplan« ein bestimmter Typ von Flugmaschine gemeint ist, nämlich der mit Flügeln.*

birds, that of raising the aeroplane at a very obtuse angle, but this will probably not be practical enough with a machine to carry more than one man.

The second way of starting up is by means of aero-propellers in a vertical direction, but this requires an enormous amount of power, and we are not able to build motors light enough at present in order to raise vertically from the ground. It has been demonstrated by actual experiments that about four to five pounds per horse power can be lifted with an actual machine of this kind. There also arises the question, can such a machine be driven in a horizontal way by means of propellers. I am not inclined to believe it until accomplished by actual experiments. This is a very tempting idea, but it is very extravagant of power and until we have succeeded in producing a motor that will give a horse power for every quarter pound of its weight, it will probably not be a success.

And now for the third problem, that of going up by gas buoyancy. The gas bag has the advantage over any other machine by lifting vertical, being enabled to stay at one spot in the air and also more or less manageable in lighter winds, but when you consider the disadvantage in stronger winds then it looks by no means as if this was the key to success in aerial navigation. The disadvantage of a dirigible balloon is its large surface exposed to the wind; second, the frail construction; third, the varying lifting efforts through expanding of gasses according to temperature and also the everlasting leakage of gasses, and then you cannot carry any heat engines, unless they hang yards below it for fear of catching fire and bringing disaster to it.

I do not believe that a balloon will be a success until it can be made as follows: First, instead of using silk it should be made out of ...

Vögeln angewandt und der Aeroplan in einem sehr stumpfen Winkel hochgezogen wird; aber dies ist vermutlich mit einer Maschine, die mehr als einen Mann trägt, nicht praktikabel genug.

Die zweite Möglichkeit ist, mittels Aero-Propeller in eine vertikale Richtung zu starten, aber dies erfordert einen enormen Aufwand an Kraft, und wir sind momentan noch nicht in der Lage, Motoren zu bauen, die leicht genug sind, um damit vertikal vom Boden abzuheben. Vorgeführt wurde durch echte Experimente, dass ungefähr vier bis fünf Pfund pro PS mit einer Maschine dieser Art gehoben werden könnten. Daraus ergibt sich aber die Frage, ob so eine Maschine auf horizontalem Wege durch Propeller angetrieben werden kann. Ich neige dazu, das erst dann zu glauben, wenn dies durch echte Experimente erzielt wird. Die Idee ist sehr verführerisch, aber mit extravagantem Kraftaufwand verbunden; und ehe es uns nicht gelungen ist einen Motor herzustellen, der ein PS pro Viertelpfund Eigengewicht leistet, wird dies wahrscheinlich kein Erfolg.

Und nun zum dritten Problem, dem des Aufsteigens durch Gas-Schwebefähigkeit. Der Gassack hat gegenüber allen anderen Maschinen den Vorteil des vertikalen Anhebens, die Möglichkeit an einer Stelle in der Luft zu stehen und in leichten Winden mehr oder weniger lenkbar zu sein; aber wenn man die Nachteile bei stärkeren Winden bedenkt, dann sieht es keineswegs danach aus, als ob dies der Schlüssel zum Erfolg in der Luftnavigation wäre. Der Nachteil eines lenkbaren Ballons ist die große Fläche, die dem Wind ausgesetzt ist; zweitens, die zerbrechliche Konstruktion; drittens, die variierende Hebeleistungen durch temperaturbeeinflusste expandierende Gase und durch immerwährende Gaslecks; und außerdem kann man keine hitzeabstrahlenden Motoren mitführen, es sei denn, dass diese etliche Yards darunter hängen, aus Furcht, dass er (der Ballon) Feuer fängt und damit die Katastrophe auslöst.

Ich glaube nicht, dass der Ballon ein Erfolg sein wird, bis dieser wie folgt hergestellt werden kann: Erstens, an Stelle von Seide sollte er aus ...

compressed paper, stiff and yet somewhat elastic, so in order to come down somewhat heavy it should not be injured by coming in contact with the ground. Second, the machinery should be placed right under it and not yards below it, something like a swimming pendulum, a most absurd way. It should be rigidly fastened to the balloon in order to make a stiff frame work compact and more solid like. The power, like in all flying machines, must be enormous comparing to what it will lift. It is my belief that if the power is sufficient a balloon may be steered in any direction, and under all conditions, no matter how the wind may be, that is, providing the balloon shell is enable to withstand such wind pressure as it may be subjected to. Suppose Mr Santos Dumont could increase his power four fold of his motor, without increasing the weight of it, then he would certainly be enabled to speed up considerably faster than he has done so far, that is of course, providing his gas bag will not double up and withstand that increased head resistance due to increased speed. It is absurd to believe that a gas bag cannot be made controllable, because there is no weight to it. It is my opinion that if the motive power is sufficient it can be made to go at any speed, providing the gas vessel will withstand such a resistance and carry such powerful motors.

Now we come to another problem, that of soaring flight. By soaring flight is meant a flying machine or bird that utilizes the force of the wind as a motive power, as you may have observed all soaring birds gliding and soaring back and forth all day without any motive power, save that of maintaining their equilibrium, providing the wind blows with sufficient force. The writer will not ...

gepresstem Papier hergestellt werden, steif, aber dennoch etwas elastisch, damit bei einem etwas schweren Aufsetzen dieser nicht durch Bodenberührung beschädigt wird. Zweitens, die Maschinerie sollte direkt unterhalb angebracht sein, und nicht Yards darunter, wie ein schwingendes Pendel, eine sehr absurde Lösung. Sie sollte starr am Ballon befestigt sein, damit ein kompaktes und stabiles Rahmengefüge entsteht. Die Kraft muss, wie bei allen Flugmaschinen, enorm sein, verglichen zu dem was sie hebt. Ich bin der Überzeugung, dass wenn die Kraft ausreicht, ein Ballon in jede Richtung unter allen Bedingungen, egal wie der Wind auch sein mag, gesteuert werden kann, d.h. vorausgesetzt der Ballonhülle ist es möglich den Wind-Drücken, denen sie evtl. dabei ausgesetzt sein wird, zu widerstehen. Angenommen Mr Santos-Dumont könnte die Kraft seines Motors vervierfachen ohne dessen Gewicht zu vergrößern, dann wäre es ihm sicher möglich, schneller zu beschleunigen, als er dies bisher getan hat; vorausgesetzt natürlich, dass sein Gassack nicht zusammenklappt und dem erhöhten Stirnwiderstand auf Grund der höheren Geschwindigkeit Stand hält. Es ist absurd zu glauben, dass ein Gassack nicht steuerbar gemacht werden kann, weil er kein Gewicht aufweist. Es ist meine Meinung, dass, wenn ausreichend Antriebskraft vorhanden ist, damit jede Geschwindigkeit erreicht werden kann, vorausgesetzt der Gasbehälter kann solchen Widerständen standhalten und solch starke Motoren mitführen.

Nun kommen wir zu einem weiteren Problem, dem des segelnden Fluges. Mit segelndem Flug ist der (Flug) gemeint, bei dem die Kräfte des Windes als Antriebskraft für die Flugmaschine oder vom Vogel genutzt werden, wie Sie dies sicher schon bei segelnden Vögeln beobachtet haben, die den ganzen Tag hin und her gleiten und segeln, ohne jede Antriebskraft, außer dass sie gelegentlich Gleichgewicht halten müssen, vorausgesetzt der Wind bläst stark genug. Der Verfasser wird dies nicht ...

explain this, not because of his inability to explain it, but want of sufficient space in this paper.

Here we have four different ways of navigating the air. The question arises which is the best and safest way in order to accomplish flight. It is my opinion that the dirigible balloon will be the first to accomplish anything, next to it is the aeroplane, then comes the flapping wing device, then the aerial screw divice, and last of all the soaring ability of man. Upon this whole I am inclined to believe that something will be done before long, probably the St. Louis Exposition will settle that doubt, that a practical flying machine is an accomplished fact, and the man that accomplishes it deserves great honor, for he has overcome one of the most difficult of all problems that the human mind has ever entertained. The successful invention of a flying machine is certainly the greatest success a man can accomplish for it will bring the only universal highway under man's control. Of course, there are people that remain sceptical or unbelievers and will doubt the practical possibility of a flying machine, and will always be so until convinced by actual facts.

Is there any hope of solving the problem of aerial navigation?

Yes, there is, and you may rest assured that before another quarter of a century has flown, men will have succeeded in actually flying through the air. The reader may ask what proofs there are that we can accomplish it. There are proofs, for instance, Santos Dumont has floated around the Eiffel tower. Maxim's aeroplane lifted more than ten thousand pounds and this machine would undoubtedly have flown if the inventor would have dared the risk of doing so. Langley's aerodrome has actually flown ...

erläutern, nicht weil er dazu nicht fähig wäre, sondern aus Platzmangel in dieser Zeitung.

Hier haben wir vier verschiedene Wege die Luft zu navigieren. Die Frage erhebt sich nun, welcher der bessere und sicherere Weg ist, um den Flug zu verwirklichen. Es ist meine Meinung, dass der lenkbare Ballon als Erster etwas entsprechendes erzielt, anschließend wird es der Aeroplan sein, dann kommt das Schlagflügelgerät, dann das Luftschraubengerät und als letztes die Schwebefähigkeit des Menschen. Im Ganzen gesehen neige ich zu glauben, dass sich in Kürze etwas tun wird, vermutlich wird die Ausstellung in St. Louis die Zweifel darüber ausräumen, nämlich, dass eine praktikable Flugmaschine bereits vollendete Tatsache ist; und der Mensch der dieses vollbringt, verdient große Ehre, denn er hat eines der schwierigsten aller Probleme, welches je den menschlichen Geist beschäftigte, gelöst. Die gelungene Erfindung einer Flugmaschine ist sicherlich der größte Erfolg, den ein Mensch erreichen kann, denn sie bringt den einzigen universalen Verkehrsweg unter die Kontrolle des Menschen. Natürlich gibt es Menschen, die skeptisch oder ungläubig bleiben und auch weiterhin die praktische Möglichkeit einer Flugmaschine anzweifeln; und diese werden so lange so sein, bis sie durch wirkliche Fakten überzeugt werden.

Gibt es irgendeine Hoffnung, das Problem der Luftnavigation zu lösen?

Ja, die gibt es, und ich versichere Ihnen, dass ehe ein weiteres Vierteljahrhundert verstreicht, die Menschheit es geschafft hat, tatsächlich durch die Luft zu fliegen. Der Leser wird fragen, welche Beweise es gibt, dass wir es schaffen können. Es gibt Beweise, zum Beispiel Santos-Dumont, er hat den Eiffelturm umschwebt. Maxims Aeroplan hob mehr als 10.000 Pfund und die Maschine wäre zweifellos geflogen, hätte der Erfinder das Risiko hierzu gewagt. Langleys Aerodrome[1] flog tatsächlich ...

---

1 *Eine um 1900 verwendete Variante für Aeroplan.*

for three quarters of a mile. Herring succeeded in flying short distances. Liliental rose, some times up to great heights, thousands of times, and Drouve, it is claimed, has made his artifical bird fly for considerable distances, Chanute has accomplished more or less with the soaring flight apparatus, and I myself flew in a powerful machine for more than a mile and a half, on August 14, 1901.

The first question the reader may ask is why can not this men succeed, and the answer must be that all flying machines that ... original not legible ... *so far were not powerful enough and lack the science* ... original not legible... *other words, equilibrium. And why? Because we have not been able so far to construct a motor that would give a certain amount of power with the given weight, the same as wanted, and in cases where inventors have succeeded in doing it, then the motor was generally unreliable and could not be trusted to venture up into the air with it for fear of disaster. Take for instance, the Santos Dumont motor. In his trials around the Eiffel tower his motor stopped more of the time than it worked, and if the aeronaut would have ridden a Drouve flying machine instead of a dirigible balloon, then he would not have been left to tell the tale. Another thing we lack at present more than anything else is the science of the birds of the maintainence of equilibrium, and until this is accomplished, man will not fly. Any way not with a flying machine heavier than air, for you never will be enable to tell at what time your machine will turn over and crash down to disaster. ...*

eine dreiviertel Meile. Herring gelang es, kurze Distanzen zu fliegen. Lilienthal hob tausende Male, manchmal bis in große Höhen ab und Drouve, so wird behauptet, hat es fertiggebracht, dass sein künstlicher Vogel beachtliche Strecken flog, Chanute hat mehr oder weniger Erfolg mit seinem schwebenden Flugapparat, und ich selbst flog am 14. August 1901 in einer leistungsfähigen[1] Maschine mehr als eineinhalb Meilen.

Die erste Frage, die der Leser stellen wird ist, warum diese Männer es nicht schaffen, und die Antwort muss lauten, dass alle Flugmaschinen die ... Original hier unleserlich ... *bisher gebaut wurden nicht leistungsfähig genug waren und Mangels der Wissenschaft ...* Original hier unleserlich ... *in anderen Worten Gleichgewicht. Und warum? Weil wir bisher nicht fähig waren einen Motor zu konstruieren, der eine bestimmte Leistung bei einem gegebenen Gewicht, wie gewünscht, erbringt; und in den Fällen, wo die Erfinder erfolgreich waren, war der Motor allgemein zu unzuverlässig und man konnte ihm nicht trauen, um sich, aus Angst vor einer Katastrophe, damit in die Luft zu wagen. Nehmen wir als Beispiel den Motor von Santos-Dumont. Bei seinen Versuchen rund um den Eiffelturm stoppte sein Motor öfter als er lief, und wenn der Aeronaut in einer Drouve-Flugmaschine gefahren wäre, statt in einem lenkbaren Ballon, hätte er nicht überlebt, um die Geschichte zu erzählen. Eine weitere Sache, an der es uns z. Zt. mehr als an allem Anderen mangelt, ist die Technik der Vögel zur Beibehaltung des Gleichgewichts, und bis dies nicht erforscht wurde, wird der Mensch nicht fliegen. Zumindest nicht mit einer schwerer-als-Luft Flugmaschine, denn man wird niemals vorhersagen können, zu welcher Zeit die Maschine sich überschlägt und ins Verderben stürzt. ...*

---

1 stark motorisierten.

And despite all this, there is hope that before long man will be able to succeed in flying through the air. I believe that the St. Louis Exposition will develope a more or less practical flying machine.

Upon the whole I am inclined to believe that once the question of a light motor that works reliably is settled, (say about two pounds per horse power) man will succeed in flying, and to learn the science of the birds by practicing over water, so in case the operator gets upset, he will not get hurt and his flying machine may be but little injured; for if he gets once the hang of it, so to speak, he may be enabled in a very short while to manage it with perfect safety, even to fly in high winds and to keep it up at all times under perfect control, while the acquired skill will be getting second nature.

I believe that if ample means were forthecoming, not millions nor thousands, but enough for practical experiments, I could accomplish it myself.

Trotz all dem besteht Hoffnung, dass über kurz oder lang der Mensch es erreicht, durch die Luft zu fliegen. Ich glaube, dass die St.-Louis-Ausstellung eine mehr oder weniger praktikable Flugmaschine hervorbringen wird.

Im Allgemeinen neige ich zu der Überzeugung, dass, wenn die Frage nach einem leichteren Motor, der verlässlich arbeitet, beantwortet ist (sagen wir zwei Pfund pro PS), der Mensch fliegen wird, und er dann die Technik der Vögel durchs Üben überm Wasser erlernt, damit er nicht verletzt und seine Flugmaschine höchstens leicht beschädigt wird, falls irgend etwas den Bediener durcheinanderwirft; - und wenn er dann mal sozusagen den Dreh heraus hat, dann wird es ihm in kurzer Zeit möglich sein, sie (die Flugmaschine) sicher zu handhaben und sie auch bei Flügen in starken Winden zu jeder Zeit unter voller Kontrolle haben; dabei wird ihm die angeeignete Fähigkeit zur zweiten Natur.

Wenn genügend Mittel zur Verfügung gestellt würden, keine Millionen oder Tausende, aber genug für praktische Experimente, glaube ich, dass ich diese Leistung selbst vollbringen könnte.

Über die Flüge vom 17. Januar 1902 mit seiner Maschine Nr. 22 schreibt Weißkopf im AMERICAN INVENTOR vom 1. April 1902:

»... This new machine has been tried twice, on January 17, 1902. It was intended to fly only short distances, but the machine behaved so well that at the first trial it covered nearly two miles over the water of Long Island Sound, and settled in the water without mishap to either machine or operator. It was then towed back to the starting place. On the second trial it started from the same place and sailed with me myself on board across Long Island Sound. The machine kept on steadily in crossing the wind at a height of about 200 feet, when it came into my mind to try steering around in a circle. As soon as I turned the rudder and drove one propeller faster than the other the machine turned a bend and flew north with the wind at a frightful speed, but turned steadily around until I saw the starting place in the distance. I continued to turn but when near the land again, I slowed up the propellers and sank gently down on an even keel into the water, she readily floated like a boat. My men then pulled her out of the water, and as the day was at a close and the weather changing for the worse, I decided to take her home until Spring ...«

Übersetzung:

»... Diese neue Maschine wurde am 17. Januar 1902 zweimal ausprobiert. Es war beabsichtigt nur kurze Strecken zu fliegen, aber die Maschine reagierte beim ersten Versuch so gut, dass sie fast zwei Meilen über dem Wasser des Long Island Sound zurücklegte und dann im Wasser ohne Schaden an Maschine oder Bediener sich niedersetzte. Sie wurde dann zum Startplatz zurückgeschleppt. Beim zweiten Versuch wurde vom gleichen Platz gestartet und sie segelte mit mir selbst an Bord über dem Long Island Sound. Die Maschine flog stetig geradeaus, den Wind in etwa 200 Fuß Höhe kreuzend, als mir der Gedanke kam zu versuchen, einen Kreis zu steuern. Sobald ich das Ruder drehte und einen Propeller

Devoted to the Latest Developments of the Arts and Sciences, and to the American Inventor.

VOL. IX—No. 1.   WASHINGTON, D. C., APRIL 1, 1902. $1 A YEAR—Single Copies 10 Cents.

Letters to the Editor

THE WHITEHEAD FLYING MACHINE.

Has the End been Finally Attained, and is the Dirigible Balloon to Go?

Editor American Inventor.

Dear Sir: Replying to your recent letter, I take pleasure in sending you the following description of my flying machine No. 22, the latest that I have constructed:

This machine was built in four months with the aid of 14 skilled mechanics and cost about $1,700 to build. It is run by a 40 horse-power kerosene motor of my own design, especially constructed for strength, power and lightness, weighing but 120 pounds complete. It will run for a week at a time if required, without running hot, stopping, or in any possible manner troubling the operator. No electrical apparatus is required for ignition purposes. Ignition is accomplished by its own heat and compression; it runs about 800 revolutions per minute, has five cylinders and no fly-wheel is used. It requires a space 16 inches wide, 4 feet long and 16 inches high.

The flying machine proper is built like my machine No. 21, of which I send you photographs, only instead of using acetylene gas for driving purposes I use the kerosene motor described above. Machine No. 22 is made mostly of steel and aluminum. There is a body 16 feet long, 3½ feet wide and 3½ feet deep, shaped like a fish, and resting on four automobile wheels, 13 inches in diameter. While standing on the ground the two front wheels are connected to the kerosene motor and the rear wheels are used for steering. They can be easily moved by the aeronaut. The body is well stayed with steel tubing and braced with steel piano wire. It is covered with aluminum sheeting and made so it will float like a boat in the water. On either side are large wings or aeroplanes shaped like the wings of a flying fish or bat. The ribs are of steel tubing in No. 22 instead of bamboo as in No. 21 machine, and are covered with 450 square feet of the best silk obtainable. In front of the wings and across the body is a steel framework to which is connected the propellers for driving the machine through the air. The propellers are 6 feet in diameter and have a projecting blade-surface of 4 square feet each. They are made of wood and are covered with very thin aluminum sheeting. The propellers run about 600 revolutions per minute under full power and turn in opposite directions. When running at full speed they will exert a thrust of 508 pounds. I measured this thrust by attaching the machine to a post by means of a dynamometer and running the engines at full speed. There is a mast and a bowsprit braced something like a ship's rigging to hold all parts in their proper relations to each other. In the stern of the machine there is a 12-foot tail, something similar to a bird's tail, which, like the wings, can be folded up in half a minute and laid against the sides of the body. An automatic apparatus serves to keep the equilibrium in the air.

This is illustrated in the diagrams, in which similar letters refer to similar parts in both the top and side views. H is the body of the machine containing the motor (not shown), and the wheels, H, on which it rests on the ground and supporting the tail, K. F is the bowsprit on which is mounted the lever C, supporting the small aeroplane E. The lever C is connected by the rod G to the pendulum B, which has at its lower end the weight A. It is obvious that the weight A will tilt the aeroplane E if the machine

GUSTAVE WHITEHEAD.

drops her bow. The leverage gained from the end of the bowsprit to the center of the machine is so great that the least change in the position of the aeroplane is instantly effective. By means of the handle D, such changes are under the immediate control of the aeronaut. I have not shown the wings in these diagrams.

In order to start flying, the motor is set in motion and then connected to the front wheels which drive the machine forward at fearful speed. When ready to go up, a spring is released which stretches the wings and the propellers are started by means of a lever which stops the ground wheels and turns the power into the propellers. It takes about 20 yards run with the extra weight of a man (about 180 pounds) before the machine leaves the ground.

This new machine has been tried twice, on January 17, 1902. It was intended to fly only short distances, but the machine behaved so well that at the first trial it covered nearly two miles over the water of Long Island Sound, and settled in the water without mishap to either machine or operator. It was then towed back to the starting place. On the second trial it started from the same place and sailed with myself on board across Long Island Sound. The machine kept on steadily in crossing the wind at a height of about 200 feet, when it came into my mind to try steering around in a circle. As soon as I

MR. WHITEHEAD'S FLYING MACHINE No. 21, THE FIRST WHICH HAS ACTUALLY FLOWN WITH A MAN IN IT BY MECHANICAL POWER.

Abb. 35
THE AMERICAN INVENTOR
bringt Weißkopfs Beitrag auf der Titelseite und auf Seite 2

Abb. 36
THE AMERICAN INVENTOR Seite 2

schneller als den anderen laufen ließ, drehte die Maschine in eine Kurve und flog mit dem Wind mit einer beängstigenden Geschwindigkeit nordwärts, sie drehte sich jedoch stetig weiter, bis ich den Startplatz in der Ferne sah. Ich drehte weiter, aber in der Nähe des Landes verlangsamte ich die Propeller und sank sanft auf ebenem Kiel ins Wasser; sie schwamm problemlos wie ein Boot. Meine Männer zogen sie dann aus dem Wasser; und nachdem der Tag zu Ende ging und das Wetter sich verschlechterte, beschloss ich, sie bis zum Frühjahr heim zu schaffen.«

Noch im Jahre 1902 geht Weißkopfs Flugzeug Nr. 22 bei einer späteren Wasserlandung verloren. Es wird berichtet, dass sie ins offene Meer abgetrieben wird. Dieser Verlust trifft ihn schwer. Er stellt für ihn eine Katastrophe dar. Verloren sind nicht nur das Fluggerät und der Motor, dahin sind auch die 1700 Dollar. Das Geld für seine kostspieligen Experimente, für Material zum Flugzeugbau, für Entwicklung und Bau von Motoren, für Treibstoffe und auch für Werkzeuge hat er sich stets vom Munde absparen müssen. Finanzielle Reserven waren nie vorhanden. Nun hat er noch 1.700 Dollar Schulden.

Er ist finanziell ruiniert: der Erfinder Gustav Weißkopf auf dem Höhepunkt seiner Karriere.

Zu dieser finanziellen Situation kommt noch seine lädierte körperliche Verfassung. Jahrelang hat er neben seinem Beruf sein Hobby leidenschaftlich betrieben und oft auf Schlaf, Ausruhen und Erholung ganz verzichtet. Seine Gesundheit ist angeschlagen. Vor einiger Zeit ist ihm beim Arbeiten an einer Maschine ein Stahlsplitter in ein Auge gedrungen. Es ist jetzt schon halb erblindet. Während eines Testflugs hat er sich beim Absturz eine Brustkorbquetschung zugezogen. Immer stärker wird er von Atembeschwerden geplagt.

Es wird nun ruhig um Weißkopf. Aus Geldmangel muss er vorerst seine Experimente einstellen.

Trotz der vielen Berichte und Artikel in verschiedenen Zeitungen und Zeitschriften zeigt die breite Öffentlichkeit kein Interesse an Weißkopfs Arbeit; sie wird als Pionierleistung verkannt.

In Paris umfährt der Brasilianer Alberto Santos-Dumont mit seinem Luftschiff Nr. 6 am 19. Oktober 1901 den Eiffelturm. Eine große Menge an Zuschauern jubelt ihm bei seinem Erfolg zu. Als Prämie erhält er dafür den immensen Betrag von 125.000 Franc. Für die Öffentlichkeit bringt Santos-Dumont den Beweis, dass die Eroberung des Luftraums mit einem Fluggerät des Prinzips »leichter als Luft« untrüglich aussichtsreich erscheint.

Wer fragt da noch nach einem Gustav Weißkopf!

Erst im Dezember 1902 taucht der Name Weißkopf wieder auf. Diesmal in THE AERONAUTICAL WORLD, einer Fachzeitschrift, die Fluggeräte aller Art der Öffentlichkeit vorstellt. Weshalb hier das abgebildete Modell Nr. 21 als »Weißkopfs Maschine Nr. 23« bezeichnet wird, ist unklar. In dem Artikel wird berichtet, dass Weißkopf nun an seiner Nr. 24 arbeitet, die im Januar 1903 zum ersten Versuchsflug starten soll.

Abb. 37
Fig. 1 (Abb. 1) aus: THE AERONAUTICAL WORLD Seite 99 vom Dezember 1902

W. G. Whitehead's New Machine.

Since Mr. Whitehead's experiments last January with his machine, Fig. 1, he has been working on his improved machine No. 24, which will be ready for its first trial trip about January 1, 1903.

A full description of and report on this promising machine will be published in the Aëronautical World after the first trials. For the present we are only at liberty to state that No. 24 machine will be built on the same lines as Nos. 22 and 23, but it will be provided with two sets of wing surfaces in place of one set. The most forward of the two pairs, or winglike surfaces, will be large and patterned after the wings of a bat; the second, or hindmost set, of wings will consist of three superposed aëro-surfaces, which will be concave on their under side from front to rear. By means of these different surfaces the inventor hopes to be able to determine which of the two are best, movable wings or adjustable aëroplane surfaces, and thus settle for all time this important point.

The machine will be equipped with a 40 H. P. motor, designed by the same inventor, which will drive the two 6-foot propellers 600 revolutions per minute. The wheels on which the machine rests and runs on the ground, as well as the propellers, can be instantly thrown in and out of gear as the aëronaut desires. If this machine proves as successful as the last, the inventor intends to arrange a 9-foot screw to raise the entire system from the ground to a height of 50 feet or more in order to fly from his present headquarters without having to making a running start. Another new and valuable arrangement will be apparatus for measuring the screw thrust while the machine is flying in the air, and at the same time re-

FIG. 2. WHITEHEAD'S MODEL.

cording the direction of the machine and air currents.

The set, or angle, of the aëroplanes will be altered and controlled by levers, which will regulate the force of compressed air which actuates them in order to deflect the aëroplanes so as to incline or steer a circular course without shifting the position of the ballast or aëronaut. The tail or rudder will likewise be lowered or raised by means of compressed air controlled by levers.

The screw blades will be made adjustable so that during flight their set or angle may be changed at will to any desired degree.

The machine will run on the ground as an automobile, as illustrated in cut of the old machine above.

Above is given an illustration of one of the inventor's first experimental machines, which is both novel and interesting.

TO OUR READERS.

You are invited to send your ideas relating to aërial navigation to the Editor Aëronautical World, Glenville, O.

Abb. 38
aus:
THE AERONAUTICAL WORLD
Seite 99/100
vom Dezember 1902

Text aus: THE AERONAUTICAL WORLD 1902 Seite 99/100:

W. G. WHITEHEAD'S NEW MACHINE

Since Mr Whitehead's experiments last January with his machine, Fig. 1, he has been working on his improved machine No. 24 which will be ready for its first trial trip about January 1, 1903.

A full description of and report on this promising machine will be published in the Aeronautical World after the first trials. For the present we are only at liberty to state that No. 24 machine will be built on the same lines as Nos. 22 and 23, but it will be provided with two sets of wing surfaces in place of one set. The most forward on the two pairs, or wing-like surfaces, will be large and patterned after the wings of a bat; the second, or hindmost set of wings will consist of three superposed aerosurfaces, which will be concave on their under side from front to rear. By means of these different surfaces the inventor hopes to be able to determine which of the two are best movable wings or adjustable aeroplane surfaces, and thus settle for all time this important point.

The machine will be equipped with a 40 H. P. motor, desingned by the same inventor, which will drive the two 6-foot propellers 600 revolutions per minute. The wheels on which the machine rests and runs on the ground, as well as the propellers, can be instantly thrown in and out of gear as the aeronaut desires. If this machine proves as successful as the last, the inventor intends to arrange a 9-foot screw to raise the entire system from the ground to a height of 50 feet or more in order to fly from his present headquarters without having to making a running start. Another new and valuable arrangement will be apparatus for measuring the screw thrust while the machine is flying in the air, and at the same time recording the direction of the machine and air currents.

The set, or angle, of the aeroplanes will be altered and controlled by levers, which will regulate the force of compressed air which actuates *them in order to deflect the aeroplanes so as to incline or steer a circular course without shifting the position of the ballast or aeronaut. The tail or rudder will likewise be lowered or raised by means of compressed air controlled by levers.*

The screw blades will be made adjustable so that during flight their set or angle may be changed at will to any desired degree.

The machine will run on the ground as an automobile, as illustrated in cut of the old machine above.

Above is given an illustration of one of the inventor's first experimental machines, which is both novel and interesting.

—————————

Übersetzung:

GUSTAV WEISSKOPFS NEUE MASCHINE

Seit Weißkopfs Experimente mit seiner Maschine (Abb. 1) im letzten Januar hat er an seiner verbesserten Maschine Nr. 24 gearbeitet, die zum ersten Versuchsflug am 1. Januar 1903 fertiggestellt sein wird.

Eine komplette Beschreibung und ein Bericht über die vielversprechende Maschine wird in der AERONAUTICAL WORLD nach den ersten Versuchen veröffentlicht werden. Augenblicklich dürfen wir nur berichten, dass die Nr. 24 nach dem gleichen Muster wie Nr. 22 und 23 gebaut wird; sie wird aber nicht mit einem Satz, sondern mit zwei Sätzen Flügelflächen ausgestattet sein. Das vordere der beiden Paare oder flügelähnlichen Flächen wird groß und den Flügeln einer Fledermaus nachempfunden sein; der zweite oder hintere Satz von Flügeln wird aus drei übereinander liegenden Aeroplan-Flächen bestehen, die auf ihrer Unterseite von vorne nach hinten konkav sind. Mittels dieser unterschiedlicher Flächen hofft der Erfinder die beste Konstruktion zu ermitteln, welche von den beiden die besten beweglichen Flügel bzw. einstellbaren Aeroplan-Flächen sind, um damit dann für alle Zeiten diesen wichtigen Punkt geklärt zu haben.

Die Maschine wird mit einem 40-PS Motor, der vom gleichen Erfinder entworfen wurde, ausgestattet, der auch die beiden 6-Fuß großen Propeller mit 600 Umdrehungen pro Minute antreiben wird. Die Räder, auf denen die Maschine steht und auf dem Boden rollt, können, wie auch die Propeller, per Gang, je nach Wunsch des Aeronauten, sofort hinzu- oder weggeschaltet werden. Wenn sich diese Maschine so erfolgreich wie die letzte erweist, plant der Erfinder, einen 9 Fuß großen Propeller einzubauen, um das gesamte System vom Boden auf eine Höhe von 50 Fuß oder mehr zu bringen, in der Absicht von seinem jetzigen Grundstück abzufliegen, ohne einen rollenden Start machen zu müssen. Eine weitere neue und wertvolle Ausstattung wird ein Apparat sein, mit dem der Schraubenzug des Propellers, während die Maschine in der Luft fliegt, gemessen und gleichzeitig die Richtung der Maschine und die Windströmungen registriert werden können.

Die Einstellung oder Winkel der Aeroplans (Tragflächen), *werden mittels Hebel, die den Luftdruck regulieren, verändert, und die Aeroplans dadurch so bewegt, dass diese* (die Flugmaschine) *aus der Richtung ablenken und damit abweichend* (vom Kurs geflogen werden kann) *oder ein Rundkurs geflogen werden kann, ohne dass dabei die Position des Ballasts oder des Aeronauten verändert werden muss. Der Schwanz oder das Ruder werden genauso mit Luftdruck über Hebel abgesenkt oder angehoben.*

Die Schraubenblätter werden verstellbar konstruiert sein, dass man während des Fluges ihre Stellung oder ihren Winkel nach Belieben auf jeden gewünschten Grad einstellen kann.

Die Maschine wird auf dem Boden wie ein Auto fahren können, wie dies auf dem obigen Druckstock der alten Maschine gezeigt wird.

Oben sieht man eine Abbildung von einer der ersten Experimentiermaschinen des Erfinders, die neuartig und zugleich interessant ist.

In den Jahren 1901 bis 1903 befasst sich Gustav Weißkopf neben der Entwicklung und dem Bau von Flugzeugmotoren auch mit dem Thema der Tragflächen. Er baut Eindecker, Doppeldecker und Dreidecker. Seine Versuche beschränken sich hier nicht nur auf den Gleitflug. Neben der Entwicklung von geeigneten Motoren möchte er gerne eine optimale Einrichtung zur Höhen- und Seitensteuerung finden. Auf der Basis seiner erfolgreichen Nr. 21 kombiniert er einen bootsförmigen Rumpf mit drei übereinander angeordneten Tragflächen und verwendet zur Höhen- und Seitensteuerung eine neue Konstruktion, die dem Leitwerk unserer heutigen Flugzeuge schon sehr ähnlich ist: Mit einer horizontalen Ebene sollen Steigen und Fallen, mit einer vertikalen Ebene seitliches Manövrieren der Maschine gesteuert werden.

Im Artikel der AERONAUTICAL WORLD vom Juli 1903 wird Weißkopfs neue Flugmaschine in allen Einzelheiten beschrieben. Länge, Breite, Spannweite, Flügelfläche und Gewicht werden genau angegeben. Auch wird davon berichtet, dass Weißkopf seine neue Maschine zunächst ohne Rumpf im Gleitflug erproben will. Für das Fluggerät sei auch der Einbau eines Motors vorgesehen. Weißkopf habe speziell für dieses Flugzeug einen 12-PS-Zweizylinder entwickelt. Es handle sich dabei um einen Benzinmotor mit hoher Drehzahl und hoher Kompression, der nur 45 Pfund wiege. Dieser luftgekühlte Motor habe einen geringen Verbrauch und arbeite völlig vibrationsfrei.

Seiten 132 und 133:
Abb. 39 und 40
Aus THE AERONAUTICAL WORLD vom Juli 1903
(Auf die Übersetzung wurde verzichtet, da der Inhalt in knapper
Zusammenfassung bereits oben wiedergegeben ist.)

THE AERONAUTICAL WORLD

Gustave Whitehead's New Machine.

This improved machine, which somewhat resembles in appearance the Herring-Chanute multiple glide, is clearly shown, minus the screw propellers, in the illustration below. It is equipped with three superposed concavo-convex aeroplanes, arranged 10 inches apart, measuring 18 feet long by 6 feet wide, which afford a total aero-surface of 300 square feet, while the tail or rudder offers horizontally and vertically 80 square feet of surface.

The motive power is a marvelous 12 horse wonderful motor. A good, strong, simple, light and powerful motor, free from vibration and requiring a minimum amount of fuel is one of the chief desideratums in practical aerial navigation, and this is what Mr. Whitehead appears to have. The gliding part of this machine without the body or boat weighs 38 pounds, and the body weighs 60 pounds. The two propellers, which are not shown in the illustration, are arranged in front, one on each side of the body and six feet apart. They measure 4 feet 6 inches in diameter and when revolving in opposite directions exert a pulling or drawing effect on the machine

WHITEHEAD'S NEW MACHINE.

power gasoline motor of the two cycle, two cylinder type, specially designed by Whitehead for the purpose. It is built entirely of steel for strength and lightness, and is designed for high speed and high compression, and complete, weighs with propellers only 45 pounds. This air-cooled motor occupies a floor space of only 6 inches by 12 inches, with a height of 16 inches, and consumes only 2 1/2 gallons of oil for a run of 12 hours. If Mr. Whitehead has made no mistake in his calculations, he certainly possesses a most and not the pushing effect as utilized by steamships. This method of drawing into the air by means of propellers placed near the front of machine has been found to act much more effectively in aerial craft than like propellers placed near the stern and exerting a pushing effect.

The machine which is securely stayed from every point with steel wires, will be first tested without the body and as a simple glider, but it is not quite clear as to what such a demonstration will lead, as the weight will be about 70 pounds, and this for a man to run with at top speed so as to launch himself on the air may prove a somewhat difficult undertaking. The aero-surface is so great that light puffs of wind may cause it to tilt and flutter about considerably and thereby shift its center of gravity and otherwise still further increase the difficulty.

Those who, like Mr. Whitehead, have tested similar ideas experimentally, know how difficult it is to handle such a craft during a breeze.

Landing is also a matter of no small difficulty, for the operator invariably reaches the earth at a speed considerably greater than he can run and the result is that he tumbles and he and his machine suffer in consequence. Birds have the power to lift themselves on the air just as they are about to alight and so can land gracefully, but a man is not able to do likewise with an aeroplane system; he may, however, by fixing wheels on his boat or body and by lengthening to the utmost his path of descent, safely land at high speed by allowing the machine to run along the ground until stopped by its own tractive resistance. With the frame on wheels the operator might stand erect and thus be in an excellent and advantageous position for handling his machine, whereas, if the operator hangs supported by a simple glide he is practically powerless to apply his own muscular power in opposition to the force of gravity.

The construction of a practical flying machine is simply a mechanical difficulty, which should and will be shortly overcome, but it will require the skill and ability of a mechanician and scientist, and a man of sound general knowledge and good judgment. Among the chief points for consideration are lightness, strength, great self-contained power and perfect stability. Of course, there are many other points, but they all can undoubtedly be surmounted. The hard-headed engineer, the specialist, the profound mathematician or the eminent scientist are by no means the best qualified to solve the problem of flight, or design and construct a practical aerial machine. Successful development may be looked for, more from the plodding mechanic or "Jack of all Trades." Many of those who simply have their ideas in their heads, or on paper, little realize how different from their anticipations their designs would prove in practice. It is a comparatively easy thing to design and sketch out an aerial machine on paper and mentally see it travel through the air fast enough to find support and fly, but it is not so easy to make a machine on a large enough scale to be practical. It is in attempting this that most of the aerial machine inventors find unexpected snags and eventually get stuck, for, as they advance with their ideas, many other difficulties keep cropping up, as, for instance, the weight becomes excessive, the machine loses its stability, parts become weakened, the propellers prove ineffective and do not draw or push the machine fast enough to maintain horizontal support to overcome the force of gravity, etc.

Inventors who believe they can obtain a 200 pound lift per horse power expended, and build their machines accordingly, will surely fail, for the most we should expect to do practically, excepting at very great velocity, is to carry 25 pounds per horse power, for our first aim should be to fly, regardless of cost, which is a matter for after consideration.

Another thing often overlooked by aerial machine inventors is the horizontal resistance, although one of the greatest factors in mechanical flight, but for this it is quite likely the problem would have been solved long ago. As the horizontal resistance increases so must the motive power be increased and this means a heavier and stronger machine which brings in its wake new difficulties. These are facts which the practical experimenter realizes and the theorists often do not.

Practically all the difficulties in the way of mechanical flight have been removed and man will shortly be able to sail on the air far more safely than he now sails on the water, and when he does the whole course of events will suddenly change for the better. If Mr. Whitehead fails, with this machine, to demonstrate the practicability of aerial navigation, he will have the satisfaction of knowing that with his very limited means he has done much more to bring about its realization than others who have spent hundreds of thousands of dollars on contrivances for the same purpose.

Have You An Air-Ship Idea?

If you have a good idea of an aerial machine, don't hide it under your hat or act the part of the dog in the manger, but benefit yourself and fellowman by sending it to the Aeronautical World and have it published free.

Das System des Dreideckers hat sich Gustav Weißkopf mit Sicherheit von Chanutes Entwürfen abgeschaut. Die Bücher des Erfinders Chanute zeigen Entwürfe solcher Flugzeuge, und sie hat Weißkopf intensiv studiert.

Um das Problem der Höhen- und Seitensteuerung zu lösen, entwickelt Weißkopf auch eine pyramidenförmige Konstruktion, die horizontal und vertikal vom Piloten bewegt werden kann. Er baut diese Rudereinrichtung an das Heck eines Dreideckers und unternimmt damit etliche Flugexperimente. Weißkopf wird mit seinem Fluggerät auch fotografiert. Allerdings sind die Aufnahmen nicht im Fluge aufgenommen, sie sind gestellt.

Um das Jahr 1903 ist es dem Fotografen noch nicht möglich, mit seiner einfachen Kamera ein sich bewegendes Objekt auf der Platte festzuhalten. Aus diesem Grunde bringt man das Flugzeug zwischen zwei hohe Bäume,

Abb. 41
Dreidecker aus dem Jahre 1903
Als Höhen- und Seitenrudereinrichtung wurde eine
pyramidenförmige Konstruktion entwickelt.

hängt es mit dünnen Leinen an einem Holz- oder Eisenkreuz auf und zieht es samt dem Piloten mit Seilen zwischen den Bäumen hoch. Wenn nun die Seiten und das obere Stück des Fotos entsprechend zugeschnitten werden, entsteht beim Betrachter der Eindruck, es handle sich um eine Aufnahme im Flug. Beim genaueren Hinsehen bemerkt man jedoch, dass das Foto Flugzeug, Hintergrund und Umgebung in gleicher Schärfe zeigt. Eigentlich müsste sich bei einer Stativaufnahme das bewegte Objekt etwas unscharf darstellen.[1]

In der Tagespresse erscheinen Veröffentlichungen von Weißkopfs Dreidecker erst im September 1903, etwa zwei Jahre nach der erfolgreichen Fahrt des Brasilianers Santos-Dumont mit seinem Luftschiff Nr. 6 um den Pariser Eiffelturm. Der BRIDGEPORT DAILY STANDARD bringt in seiner Ausgabe vom 1. September 1903 im Innern des Blattes drei Bilder mit einem kurzen Text. Der Titel des Berichts »Bridgeport's Santos Dumont« (»Auch Bridgeport hat einen Santos-Dumont«) verrät einen gewissen Stolz auf Gustav Weißkopf und seine Leistungen. Die Bilder zeigen »Weißkopf im Flug, zehn Fuß über dem Boden«, ein raffiniert aufgenommenes Foto mit unscharfem Hintergrund, »Weißkopfs startbereite Flugmaschine von vorne« und »Gustav Weißkopf«.

Im Text heißt es: »*Gustav Weißkopf, ein Einwohner dieser Stadt, ist der Erfinder einer Flugmaschine, mit der er zum Wettbewerb um den 100.000-Dollar-Preis für den best lenkbaren Ballon, das best lenkbare Luftschiff oder die best lenkbare Flugmaschine bei der St.-Louis-Ausstellung im nächsten Jahr antreten will. Zwanzig Jahre seines Lebens hat er mit dem Studium der Luftnavigation verbracht, und er ist zuversichtlich, mit seiner Maschine das Problem der Luftnavigation zu lösen.*«

---

1   Offensichtlich verfügte Weißkopfs Fotograf noch nicht über die Aufnahmetechnik, ein bewegtes Objekt mit einer auf einem Stativ befindlichen Kamera festzuhalten. Von Lilienthals Flügen liegen nämlich Aufnahmen im Flug bereits aus dem Jahre 1891 vor.

Abb. 42
Aus BRIDGEPORT DAILY STANDARD vom 1. September 1903

THE AERONAUTICAL WORLD, die Fachzeitschrift der Luftfahrt um die Jahrhundertwende, schildert in ihrer Septemberausgabe 1903 auf den Seiten 270 und 271 Weißkopfs Experimente mit einem neuen Hängegleiter vom Typ eines Dreideckers. Es wird auch davon berichtet, dass Weißkopf plant, dieses Flugzeug auszubauen und mit einem Motor zu versehen. Dieser wird ebenfalls genau beschrieben:

»... Die Höhe, in der Herr Weißkopf flog war vier bis zehn Fuß über dem Boden. ... Die Maschine selbst ist sechs Fuß hoch. Der Abstand zwischen den Flügeln ist ein Yard und sie sind 16 Fuß lang und fünf Fuß breit. Mit dem angebrachten Schwanz beträgt die Gesamtlänge vom Kopf bis zum Schwanzende zwölf Fuß. In der Maschine vom Typ eines Aeroplans sind 240 Quadratfuß Musselin verarbeitet, vom dem ein Yard 10 Cent kostet. Das Holz, das in dem Rahmenaufbau verarbeitet ist, ist weiße Kiefer und Esche. Es ist mit Drähten fest verspannt. Das Gesamtgewicht der Maschine beträgt 45 Pfund.

Der Motor, den Herr Weißkopf im Bau hat, ist ein Petroleummotor vom Typ eines Zweitakters und wiegt 35 Pfund. Er wird zwölf PS und eine Geschwindigkeit von 2.500 Umdrehungen pro Minute haben. Das wird der Motor sein, der die Kraft für den Antrieb der beiden Propeller liefert, die in das Flugzeug eingebaut werden. Der Motor wird vor dem Bediener plaziert werden. ... Die Propeller werden sich entgegengesetzt drehen. Herr Weißkopf rechnet damit, dass die Propeller, die von seinem Petroleummotor angetrieben werden, eine Abhebekraft von 300 Pfund haben. ... Eine Gallone Petroleum kann mitgenommen werden; damit wird die Maschine drei Stunden laufen.

Bezüglich der Reisegeschwindigkeit gibt Weißkopf an, dass das Minimum in der Nähe von 18 Meilen liegen wird, da bei dieser Geschwindigkeit die Maschine vom Boden abheben wird.

Das Petroleum in diesem neuen Motor zündet durch eigene Hitze und Kompression. Er hat eine Kompression von 150 Pfund pro Quadratinch.

270   THE AERONAUTICAL WORLD

should be scientifically made and braced, and all journals should be ball bearings.

I have left the very important work of supplying a suitable engine to others, as I am not posted in that direction. Bevel gears and torsion tubes might be substituted for all sprocket and chain movement if it was desirable, on the principle of the chainless bicycle.

It will be said, "There is too much bulk and weight of frame." But every style of machine must spread over considerable of supporting atmosphere, and be strong enough to sustain the whole weight.

The frame of a still aerocurve, whose sail area will yield but from one-half to one pound pressure per square foot would naturally have to be much larger than mine, where the small sails are powerfully animated. As to the weight increasing as to the cube while the sails increase only as to the square this will apply to any style of machine.

It will also be said that my sail area is much too small. If a wild goose flies all day for pleasure, sustaining three pounds to each square foot of wing surface, how many pounds per square foot of canvas ought a modern high speed engine to produce under compulsion?

It is true that I have several movable journals, but the advantage of animated sails, and the full use of gravity for forward flight, over stationary sails with head resistance, and driven with ineffectual turbine wheels is to be taken into serious consideration.

While my machine, of course, may not do all these beautiful stunts, it would seem to me that the scheme is worthy of fair actual trial.

N. B.—This photograph of a section of an unfinished model is presented by request, simply to assist in showing the feathering mechanism and principle employed; but the frame and general construction can be so greatly improved in weight and efficiency, rigidity, dimensions, etc., that I rather hesitate to show it.

Its dimensions are about 8 x 8 x 14 feet. It contains eight sails 2½ x 8 feet (instead of only four as it should). Each sail by actual test will support more than fifty pounds of sand evenly spread. Material used, spruce, steel and cloth. Adjustable ball bearings throughout. Weight as it stands, sixty-five pounds. The feathering chains are very cheap and poor. For that reason and others, including lack of engine, it was never put to hard test. However, it shows the movement and working scheme to be unique.

The model can be inspected.

Whitehead's Experiments.

Mr. J. Whitehead sends us the explanatory pictures of himself and his new experimental machine, taken during tests.

While Mr. Whitehead held and was harnessed to the machine so that it balanced on his shoulders in the position shown, his assistant, who held a rope, connected to the machine after the manner of a kite string, when the word was given, ran down the hill with Mr. Whitehead in hot pursuit and in the teeth of the wind. Then he would raise the front of the machine a trifle from the horizontal so that the wind would strike the under side of the planes, fold his legs up under him, and resting his weight on two cross sticks that ran under each arm, he had no difficulty in flying as long as the man with the rope kept pulling.

To ascend, the front of the machine was elevated, so the wind struck the planes under-

neath. To descend, the front was dropped so the wind struck the top of the planes. Considerable care had to be observed in these maneuvers, else the machine and operator would be dashed to the ground with great violence. The height to which Mr. Whitehead flew was from four to ten feet above the ground. A fuller description of the flying machine may be of interest.

The height of the machine is six feet. The

distance between the planes is one yard. The length is sixteen feet and the width five feet. With the tail attached, the distance from head to tail tip is twelve feet. In the present machine, which is of the aeroplane type, there are 240 square feet of muslin that cost 10 cents a yard. The wood used in the framework is white pine and ash. This is firmly braced by wires. The total weight of the machine is forty-five pounds.

The motor that Mr. Whitehead has in course of construction is a kerosene motor of the two cycle type, and weighs thirty-five pounds. It will be of twelve horse power, with a speed of 2,700 revolutions a minute. This will be the motor that furnishes the power for the two propellers that will be placed in the machine. The motor will be stationed in front of the operator. There will be shafts running vertically to a point where they will connect with a horizontal shaft, midway between the lower and middle aeroplanes to either side of and about on a level with the operator's head. The propellers will revolve in opposite directions. Mr. Whitehead has figured that the propellers, furnished with power from his kerosene motor, will have a lifting force of 300 pounds. As the entire head resistance measure of the machine and the operator is but twenty-eight pounds, as calculated by the inventor, there will be a considerable margin of power left to fly the machine. One gallon of kerosene can be carried with the motor which will run the machine for three hours.

As to the speed at which the machine will travel Mr. Whitehead figures that the minimum will be in the neighborhood of eighteen miles, for the machine will rise from the ground at that speed.

The kerosene in this new motor ignites by its own heat and compression. It has a compression of 150 pounds to the square inch. The scheme is that the piston of the compressor comes in contact with a very fine spray of kerosene, such as is ejected through a common perfume atomizer. This spray strikes against the hot-head and explodes.

———

It is quite likely you are losing a good thing by not advertising in the AERONAUTICAL WORLD, and we respectfully solicit your advertisement for the next issue as a trial.

Abb. 44
Aus THE AERONAUTICAL WORLD
September 1903, Seite 271

Das System dabei ist, dass der Kolben des Kompressors mit einem sehr feinen Petroleum-Sprühstrahl in Kontakt kommt, den man mit dem Sprühstrahl eines herkömmlichen Parfümzerstäubers vergleichen könnte. Dieser Sprühstrahl trifft gegen den Glühkopf und explodiert.«

Ebenfalls in der Septemberausgabe des Jahres 1903 berichtet die Zeitschrift THE SCIENTIFIC AMERICAN auf einer ganzen Seite in einem illustrierten Artikel über Weißkopfs Experimente mit dem Dreidecker. Auch hier wird in Größe und Gewicht der Hängegleiter genau beschrieben. Ebenso wird Weißkopfs Absicht, das Flugzeug mit Propellern und Motor auszustatten, erwähnt und über Aufbau und Funktion berichtet.

Im August 1903 montiert der Deutsche Karl Jatho in der Vahrenwalder Heide bei Hannover einen Zweidecker und rüstet ihn mit einem Buchet-Einzylindermotor aus. Am 18. August 1903 gelingt ihm der erste Flug bei Windstille. In einer Höhe zwischen einem halben und einem Meter fliegt er 18 Meter weit. Diesen Flug bestätigen vier Augenzeugen durch eidesstattliche Versicherungen.

Abb. 45
Karl Jatho mit seinem Zweidecker im Jahre 1903

Scheitern trotz Erfolg 141

Am 17. Dezember des Jahres 1903, zwei Jahre, vier Monate und drei Tage nach dem ersten Motorflug Weißkopfs, führen in Kitty Hawk, North Carolina, die Gebrüder Wright ihren ersten Motorflug durch. Wilbur und Orville Wright sind die Söhne eines Baptistenpredigers und leben in Dayton, Ohio. Seit ihrer Kindheit interessieren sich die beiden Brüder für das Fliegen. Zunächst bleibt das Fliegen für sie ein Traum, bis sie als Inhaber einer Fahrradfabrik genügend Geld für ihre Flugexperimente erwerben. Die beiden Fabrikbesitzer sind nicht nur Geschäftsleute, sie arbeiten auch als Mechaniker und Konstrukteure. Auf diese Weise eignen sie sich gewisse Fachkenntnisse über technische Probleme an. Sie erweitern ihr Wissen durch das Studium von Fachbüchern und Artikeln über Theorie und Praxis des Fliegens. Mit Sicherheit haben sie dabei Arbeiten von Oktave Chanute, Samuel P. Langley und Otto Lilienthal in Händen gehabt. Auch suchen sie Begegnung und Gespräch mit bisher bekannten und erfolgreichen Flugpionieren. Es ist bekannt, dass die beiden Brüder im Mai 1900 in direkten Kontakt zu Chanute treten wollen. Diese Kontaktaufnahme beschränkt sich jedoch zunächst nur auf einen umfangreichen Briefwechsel.

Nachweislich suchen die Gebrüder Wright in den Jahren 1900 bis 1903 mehrmals Gustav Weißkopf in Bridgeport auf. Die Wrights wollen mit ihm Erfahrungen austauschen, und es ist ihnen klar, dass nur sie selbst davon profitieren können. Später leugnen sie jeden Kontakt mit Weißkopf. Dies wird jedoch durch Zeugenaussagen widerlegt. Cecil A. Steeves und Anton Pruckner erklären in den Jahren 1936 bzw. 1964 gegenüber Stella Randolph und William O'Dwyer (siehe Kap. V), dass die Gebrüder Orville und Wilbur Wright mehrmals in der Zeit von 1900 bis 1903 Gustav Weißkopf in Bridgeport aufgesucht haben. In einer Zeugenaussage wird berichtet, dass Weißkopf von den Wrights finanzielle Unterstützung erwartet hat oder zu erwarten hatte. Vermutlich haben sie ihm Geld angeboten, wenn er ihnen wichtige Erfahrungen mitteilt. Cecil A. Steeves, der sich als Schuljunge in den frühen Jahren des 20. Jahrhunderts oft in Weißkopfs Umgebung aufgehalten hat, weiß von einem Besuch der Gebrüder Wright zu berichten: » ... *Ich war mit ihm (Weißkopf) bei der Werkstatt als sie ankamen und wartete draußen, während sie sich drinnen unterhielten. Nachdem sie weggegangen waren, wandte er sich mir zu und sagte: „Nun, nachdem ich ihnen das Geheimnis meiner Erfindung gegeben habe, werden sie vermutlich niemals etwas tun, um mich zu finanzieren."*[1]«

Im Jahre 1937 behauptet Orville Wright, dass sein Bruder und er vor 1909 nicht einmal auf der Durchfahrt im Zug in Bridgeport gewesen seien. Über Weißkopfs Nr. 21 spottet Orville, dass die Konstruktion selbst schon ausreiche, um zu widerlegen, dass die Maschine je geflogen sei. Weshalb die Wrights die Begegnungen mit Weißkopf nicht zugeben, wird später noch deutlich werden.

Seit August 1899 konstruieren Wilbur und Orville Wright Doppeldecker-Drachen. Die Geräte werden zu Testflügen zu den Sanddünen bei Kitty Hawk gebracht. In ihrem ersten Doppeldecker-Gleiter aus dem Jahre 1900 liegt der Pilot wegen des Luftwiderstands flach auf dem Bauch. Häufig fliegt der Gleiter nur als Drachen, aber auch bemannte Flüge gelingen. Ihr zweiter Gleiter aus dem Jahre 1901 ist wiederum ein Doppeldecker, allerdings ist er größer. Auch mit ihm gelingen Gleitflüge. Dennoch sind die Wrights mit ihm nicht zufrieden. Nach gründlichen Studien, Überlegungen und Erprobungen bauen sie im Jahre 1902 ihren Gleiter Nr. 3. Dieser Gleiter scheint ihre Erwartungen zu erfüllen. Ein leicht veränderter Nachbau wird mit einem Motor versehen. Dieses Flugzeug nennen die Wrights den »Flyer I«. Nach einem missglückten Flugversuch von Wilbur am 14. Dezember 1903 gelingt drei Tage später Orville der erste Flug mit dieser Konstruktion. Da das Flugzeug keine Räder hat, wird es auf Start-

---

1 Eidesstattliche Zeugenaussage von Cecil A. Steeves vom 10. Oktober 1936. Originaltext: "... Now since I have given them the secrets of my invention they will probably never do anything in the way of financing me ... ."

Scheitern trotz Erfolg 143

Abb. 46
14. Dezember 1903: Wilbur Wright im »Flyer I«

Abb. 47
17. Dezember 1903: Orville Wright im »Flyer I«

schienen beschleunigt. In zwölf Sekunden legt der Pilot eine Strecke von 36 Metern zurück. An diesem Tage finden noch drei weitere Flüge mit dem »Flyer I« statt. Mit ihren Flügen über den Sanddünen bei Kitty Hawk sind Wilbur und Orville Wright recht zufrieden. Sie kehren nach Dayton heim. Ihr Flugzeug lassen sie im provisorischen Kitty-Hawk-Camp zurück. Eine Windbö hat es nach dem vierten Flug vollkommen zerstört. Der »Flyer I« hat nur noch Schrottwert. Von diesen Flugversuchen der Wright-Brothers berichten die Zeitungen nur spärlich. Die Presseartikel sind unvollständig, und die Öffentlichkeit verleumdet, sofern sie überhaupt davon erfahren hat, die Versuche als pure Phantasie. Auch in den folgenden Jahren, während die Wrights mit ihren Flugzeugen vom Typ »Flyer II« und »Flyer III« kleinere Rundflüge durchführen, interessiert sich die Öffentlichkeit nur wenig oder kaum für solche »Spinnereien«.

Den Gebrüdern Wright ergeht es ebenso wie Gustav Weißkopf: Sie finden zunächst keine Anerkennung als Flugpioniere.

Im Sommer des Jahres 1904 findet in St. Louis, Missouri, die Weltausstellung statt. Die Organisatoren haben dazu alle Aeronauten und sonstigen Luftfahrer eingeladen. Den Bewerbern winkt ein Preisgeld von 100.000 Dollar. Weißkopf selbst äußert sich schon vorher: »Vermutlich wird die Ausstellung in St. Louis beweisen, dass eine praktikable Flugmaschine eine bereits erreichte Tatsache ist.«

Im Archiv der MISSOURI HISTORICAL SOCIETY werden heute die Fotos aufbewahrt. Sie zeigen scheingelenkte Ballone, Luftschiffe von kühnen Gestalten und Gleiter, aber nicht einen motorgetriebenen Flugkörper des Prinzips »schwerer als Luft«. Auch drei Fotos von Weißkopf sind archiviert. Sie sind allerdings nicht während der Ausstellung aufgenommen worden, sie hat Weißkopf bei seiner Bewerbung mit eingesandt. Fotos von den Wrights sind nicht vorhanden.

Wo sind sie, die großen Pioniere? Warum stellen sie in St. Louis nicht aus, die Wrights, Santos-Dumont und Weißkopf? Dies wird ein ungelöstes

Rätsel bleiben. Ein junger Mann erhält einen Preis für Gleitflüge. Dabei sind Gleitflüge seit Otto Lilienthal wahrlich nichts Neues. Wie kann so etwas geschehen? Die Erklärung dafür ist darin zu suchen, dass die sogenannten Fachleute noch über zu wenig Sachwissen verfügen, und die breite Masse sowieso das Fliegen nach dem Prinzip »schwerer als Luft« für unmöglich hält.

Neben dem Gespött des primitiven Volkes verfolgen aber auch Wissenschaftler die Entwicklung von Flugmaschinen. Während eines öffentlichen Vortrags im Oktober 1904 erwähnt der damalige Professor für Physik an der Universität in St. Louis, John J. Dvorak, dass unter allen Personen, die an der Entwicklung von Flugzeugen arbeiten, Gustav Weißkopf am weitesten vorangekommen sei.

Im Jahre 1905 erwirbt Weißkopf in Fairfield an der Ecke Marlborough Terrace – Ridgely Avenue ein Grundstück und baut dort mit eigenen Händen für sich und seine Familie ein Wohnhaus und eine Werkstatt. Hier konstruiert und baut er in gewohnter Stille weiter. Er kehrt wieder zum Prinzip des Eindeckers zurück und baut große Gleiter. Diese testet er ohne eigenen Motor, indem er sie von einem Automobil ziehen lässt. Die Versuche werden außerhalb der Stadt auf der Ebene von Tunxis Hill durchgeführt.

Seit der Jahrhundertwende ist Stanley Yale Beach ein Freund und Unterstützer Gustav Weißkopfs geworden. Stanley Yale Beach ist ein Enkel von Alfred Ely Beach, dem Herausgeber des SCIENTIFIC AMERICAN und ein Sohn von Frederick C. Beach, einem späteren Geldgeber Weißkopfs. Er wohnt in Stratford, Connecticut, und erfährt durch die Zeitungen Bridgeports von Weißkopf, dem Flugzeugbauer. Beach besucht ihn, nimmt Fotos vom Flugzeug auf und schreibt den Artikel für den SCIENTIFIC AMERICAN vom 8. Juni 1901[1]. Da er Weißkopfs Arbeit an Flugzeug und Motoren sieht, glaubt er an große Erfolge und bewegt seinen Vater, Weiß-

---

1 *Der Artikel ist auf den Seiten 42 – 45 zu finden.*

Abb. 48
In den Jahren 1903 bis 1906 experimentierte Weißkopf
mit großen Gleitern vom Typ des Eindeckers.

kopf für die Weiterentwicklung Geld zu geben. Mit diesem Geld, einem Gesamtbetrag von etwa 10.000 Dollar, baut Weißkopf ein großes Flugzeug, den Albatros, dessen Flugeigenschaften sie zunächst als Gleiter testen. Mit einem Auto, das Stanley Beach gehört, werden Abhebegeschwindigkeit und Gleiteigenschaften des Flugzeugs erprobt. Der Gleiter selbst hat als Fahrwerk einen vierrädrigen Unterbau, in dem der Pilot steht.

Gustav Weißkopfs jüngerer Bruder Hans (John) kommt im Jahre 1902 nach Bridgeport zu Besuch, und er ist von den Flugexperimenten und Motoren seines Bruders sehr eingenommen. Deshalb beschließt er in Amerika zu bleiben. In den folgenden Jahren arbeitet er im Flugzeug- und Motorenbau mit seinem Bruder zusammen.

Abb. 49
Der »Albatros-Gleiter« wird von einem Auto gezogen,
um ihn wie einen Drachen steigen zu lassen.

Abb. 50
Dieser Gleiter aus dem Jahre 1906 wurde im Auftrag eines Mr Adams gebaut. Die Personen v. l. n. r.: Gustav Weißkopf, John Weißkopf, Louis Pirozelli, Junius Harworth und Stanley Yale Beach. Die Gebäude im Hintergrund: Weißkopfs Werkstatt (li.), Haus von Andrew Cellie (Mi.) und Weißkopfs selbstgebautes Wohnhaus (re.)

Abb. 51
Am Steuer seines Automobils bringt Mr Beach den Gleiter
mit gefalteten Tragflächen zum Startplatz.

Abb. 52
Der Hängegleiter aus dem Jahre 1904 zeigte hervorragende Flugeigenschaften;
deshalb ließen Weißkopf und Beach ihn patentieren.
Das Patent wurde am 10. März 1908 ausgestellt.

In den Jahren 1903 bis 1911 baut Gustav Weißkopf mit seinen Helfern einige Flugzeuge im Auftrag verschiedener Geldgeber. Er ist allerdings ein schlechter Geschäftsmann und verkauft diese Flugzeuge oft unter dem Selbstkostenpreis. Seine Begeisterung im Flugzeugbau und sein ständiges Experimentieren, sein Suchen nach neuen Konstruktionen und seine fortwährende Unzufriedenheit mit den bisherigen Ergebnissen lassen ihn keine Gedanken an geschäftliche Kalkulationen verschwenden.

Stanley Y. Beach hat mittlerweile das Geschäft seines Großvaters übernommen. Als Freund und Geldgeber drängt er Weißkopf im Jahre 1905 für einen Hängegleiter das Patent zu beantragen. Dieser Hängegleiter zeigt von allen Flugzeugen, die Weißkopf bisher gebaut hat, die hervorragendsten Flugeigenschaften. Am 20. Dezember 1905 wird das amerikanische Patent beantragt. Es dauert allerdings mehr als zwei Jahre bis das Patent am 10. März 1908 erteilt wird.

Da es zu dieser Zeit noch keinen internationalen Patentschutz gibt, reicht Weißkopf auch im deutschsprachigen Raum eine Patentschrift über diesen Hängegleiter ein. Er meldet am 9. März 1908 beim »Kaiserlich Königlichen Patentamt« in Österreich sein Patent an. Es wird am 25. März 1910 erteilt.

Auf den folgenden Seiten ist die vollständige amerikanische Patentschrift abgedruckt und im Anschluss daran der Inhalt in deutscher Sprache wiedergegeben. Ferner findet der Leser die Österreichische Patentschrift von 1908/1910 vor.

Seiten 151–157:
 Abb. 53
Patentschrift der Vereinigten Staaten
(Bei den mit * gekennzeichneten Stellen handelt es sich um Anmerkungen des Übersetzers.)

Seiten 168–170:
Abb. 54
Österreichische Patentschrift

Scheitern trotz Erfolg

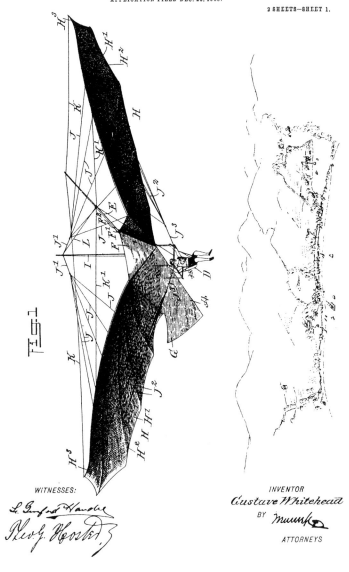

Scheitern trotz Erfolg 153

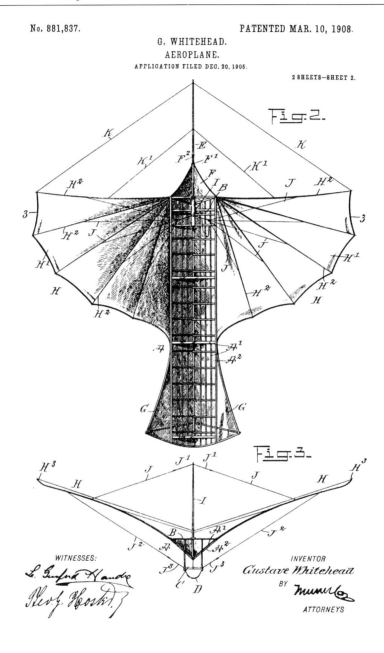

UNITED STATES PATENT OFFICE.

GUSTAVE WHITEHEAD, OF BRIDGEPORT, CONNECTICUT, ASSIGNOR OF ONE-HALF TO
STANLEY YALE BEACH, OF STRATFORD, CONNECTICUT.

AEROPLANE.

No. 881,837.　　　Specification of Letters Patent.　　　Patented March 10, 1908.

Application filed December 20, 1905. Serial No. 292,614.

To all whom it may concern:

Be it known that I, GUSTAVE WHITEHEAD, a citizen of the United States, and a resident of Bridgeport, in the county of Fairfield and
5 State of Connecticut, have invented a new and Improved Aeroplane, of which the following is a full, clear, and exact description.

The invention relates to aerial navigation, and its object is to provide a new and im-
10 proved aeroplane arranged to readily maintain its equilibrium when in flight in the air, to prevent upsetting, shooting downward head foremost, and to sustain considerable weight.
15 The invention consists of novel features and parts and combinations of the same which will be more fully described hereinafter and then pointed out in the claims.

A practical embodiment of the invention
20 is represented in the accompanying drawings forming a part of this specification, in which similar characters of reference indicate corresponding parts in all the views.

Figure 1 is a perspective view of the im-
25 provement as it appears in flight; Fig. 2 is a plan view of the same; and Fig. 3 is a transverse section of the same, on the line 3—3 of Fig. 2.

The body A of the aeroplane is trough-
30 shaped; that is, is made approximately V-shape in cross section, and the said body A is formed of a skeleton framework A', covered, at the under side, by a covering A² of canvas or other suitable fabric material. In the
35 front portion of the body A is arranged a reinforcing framework B, from which depends an open framework C for supporting the aeronaut, preferably by the use of a seat D, as plainly illustrated in Figs. 1 and 3. From
40 the framework B extends forwardly a bowsprit E, to which is secured the ring F' of a head F, made of canvas or like fabric material, the ring F' being fastened in place on the bowsprit E by suitable fastening means
45 F² in the shape of ropes or the like tied to the bow-sprit E.

The head F has sides forming continuations of the sides of the body A, and the bottom of this head F is inclined upwardly and
50 forwardly, to terminate in the ring F', in which also terminate the forward portions of the sides of the head F. Thus, the sides of the head F are both inclined toward each other, and also upwardly and forwardly from the forward ends of the body A. The rear 55
portions of the sides of the body A are extended upwardly and outwardly in the same planes containing the sides of the body A, so that the extensions form a tail G, which, with the head F, maintains the aeroplane in 60 proper equilibrium, at the same time preventing the aeroplane from shooting down head foremost in case of contrary winds or the like.

From the upper edges of the sides of the 65 body A extend wings H, slightly curved upwardly and outwardly, as plainly illustrated in the drawings, each of the wings H terminating at its rear end at the beginning of the corresponding side of the tail G, as plainly 70 indicated in Fig. 2. Each of the wings H is formed of canvas or other suitable fabric material attached to ribs H² radiating from the front end of the body A at the top of the sides, as plainly shown in Fig. 2, the outer 75 ends of the ribs H² being curved upwardly, as at H³ (see Figs. 1 and 3), to hold the outer edge of the canvas H' likewise curved upwardly.

In the framework B and that of the body 80 A is secured and erected a mast I, and the several ribs H² of the wings H are connected by upwardly and inwardly-extending braces J, with a single brace J' attached to the top of the mast I. Similar braces J² extend from 85 the ribs H² downwardly and inwardly, to connect with the single brace J³ attached to the suspension means C. Thus the wings H, H are properly braced, both at the top and bottom, to maintain their position relative to 90 the body A of the aeroplane. The foremost ribs H² of the wings H, H extend approximately at right angles to the body A, at the front end thereof, and the said foremost ribs H² are connected by braces K, K' with the 95 bow-sprit E, as plainly indicated in the drawings. A brace L aslo connects the bowsprit E with the mast I, to give the desired strength to the entire structure, so as to enable the aeroplane to withstand heavy wind 100 pressures without danger of disarrangement of the parts.

By constructing the body A in the manner described and providing the same with the head F, tail G and the wings H, H, a com- 105 plete equilibrium of the aeroplane is main-

tained when in flight in the air, and at the same time the aeroplane is prevented from upsetting or shooting down, head foremost, as the inclined sides of the head F offer suffi-
5 cient resistance to the air in the descent of the aeroplane that the body A thereof is righted or pushed upward, so as to maintain the body A practically at all times in a horizontal position.
10 The aeroplane is very simple and durable in construction, and the several parts are connected with each other and braced to such an extent as to form an exceedingly strong and durable structure.
15 Having thus described my invention, I claim as new and desire to secure by Letters Patent:—
1. An aeroplane provided with a trough-like body terminating in a head and having
20 the rear portions of its sides extended upwardly and outwardly, to form a tail.
2. An aeroplane provided with a body approximately V-shaped in cross section and terminating at its front end in a head, the
25 bottom of which is inclined upwardly and forwardly, and the sides of the head forming extensions of the sides of the body.
3. An aeroplane provided with a body approximately V-shaped in cross section and
30 terminating at its front end in a head, the bottom of which is inclined upwardly and forwardly, and the sides of the head forming extensions of the sides of the body, the head sides and the head bottom terminating at a
35 point lying in a horizontal plane containing the top of the said body.
4. An aeroplane provided with a body approximately V-shaped in cross section and terminating at its front end in a head, the
40 bottom of which is inclined upwardly and forwardly, and the sides of the head forming extensions of the sides of the body, the head sides and head bottom terminating at a point intersected by a horizontal plane and a verti-
45 cal plane, of which the latter passes longitudinally through the bottom of the said body, and the horizontal plane extends through the top of the body.
5. An aeroplane provided with a body ap-
50 proximately V-shaped in cross section and terminating at its front end in a head, the bottom of which is inclined upwardly and forwardly, and the sides of the head forming extensions of the sides of the body, the sides
55 of the head being inclined toward each other and terminating in a point coinciding with the forward end of the bottom of the head.
6. An aeroplane provided with a body approximately V-shaped in cross section and
60 terminating at its front end in a head, the bottom of which is inclined upwardly and forwardly, and the sides of the head forming extensions of the sides of the body, the sides of the head being inclined toward each other and terminating in a point coinciding with 65 the forward end of the bottom of the head, and a bowsprit attached to the said body and supporting the forward end of the said head.
7. An aeroplane provided with a trough-like body terminating in a head and having 70 the rear portions of its sides extended upwardly and outwardly to form a tail, and wings secured to the said body and extending outwardly and upwardly from the upper edges of the front portions of the sides of the 75 said body.
8. An aeroplane provided with a trough-like body terminating in a head and having the rear portions of its sides extended upwardly and outwardly, to form a tail, and 80 wings secured to the said body and extending outwardly and upwardly from the upper edges of the forward portions of the sides of the said body and between the said head and the said tail. 85
9. An aeroplane provided with a trough-like body terminating in a head and having the rear portions of its sides extended upwardly and outwardly, to form a tail, wings secured to the said body and extending out- 90 wardly and upwardly from the upper edges of the forward portions of the sides of the said body and between the said head and the said tail, a mast rising in the said body, and braces extending from the said mast to the 95 said wings at points between the outer and inner ends thereof.
10. An aeroplane provided with a trough-like body terminating in a head and having the rear portions of its sides extended up- 100 wardly and outwardly, to form a tail, wings secured to the said body and extending outwardly and upwardly from the upper edges of the forward portions of the sides of the said body, a mast rising from the said body 105 at a point somewhat in the rear of the front end thereof, and braces extending from the said mast to the said wings.
11. An aeroplane provided with a trough-like body terminating in a head and having the 110 rear portions of its sides extended upwardly and outwardly, to form a tail, wings secured to the said body and extending outwardly and upwardly from the upper edges of the forward portions of the sides of the said body, 115 a mast rising in the said body, a bowsprit extending from the said body and supporting the front end of the said head, and a brace extending from the said mast to the said bowsprit. 120
12. An aeroplane provided with a trough-like body terminating in a head and having the rear portions of its sides extended upwardly and outwardly, to form a tail, wings secured to the said body and extending out- 125 wardly and upwardly from the upper edges of the forward portions of the sides of the said body, a mast rising from the said body

at a point somewhat in the rear of the front end thereof, braces extending from the said mast to the said wings, a bowsprit extending from the said body and engaged by the front end of the said head, and braces extending from the said bowsprit to the front edges of the said wings.

13. An aeroplane provided with a body approximately V-shaped in cross section and terminating at its front end in a head, the bottom of which is inclined upwardly and forwardly, and the sides of the head forming extensions of the sides of the body, the sides of the head being inclined toward each other and terminating in a point coinciding with the forward end of the bottom of the head, a bowsprit attached to the said body and supporting the forward end of the said head, and a suspension means depending from the said body near the front thereof.

14. An aeroplane provided with a trough-like body terminating in a head and having the rear portions of its sides extended upwardly and outwardly, to form a tail, and wings secured to the said body and extending outwardly and upwardly from the upper edges of the forward portions of the sides of the said body, each of the wings consisting of fabric material and ribs radiating from the front end of the body.

15. An aeroplane provided with a trough-like body terminating in a head and having the rear portions of its sides extended upwardly and outwardly, to form a tail, and wings secured to the said body and extending outwardly and upwardly from the upper edges of the front portions of the sides of the said body, each of the wings consisting of fabric material and ribs radiating from the front end of the body, the forward ribs of the wings extending approximately at right angles to the said body.

16. An aeroplane provided with a trough-like body terminating in a head and having the rear portions of its sides extended upwardly and outwardly, to form a tail, and wings secured to the said body and extending outwardly and upwardly from the upper edges of the front portion of the sides of the said body, each of the wings consisting of a fabric material and ribs radiating from the front end of the body and curved upward at their outer ends.

17. An aeroplane provided with a body approximately V-shaped in cross section and terminating at its front end in a head, the bottom of which is inclined upwardly and forwardly, and the sides of the head forming extensions of the sides of the body, the sides of the head being inclined toward each other and terminating in a point coinciding with the forward end of the bottom of the head, a bowsprit attached to the said body and supporting the forward end of the said head, a mast rising from the front portion of the said body, a suspension means depending from the said body near the front thereof, braces connecting the said mast with the said wings, and braces connecting the suspension means with the said wings.

18. An aeroplane provided with a trough-like body terminating in a head and having the rear portions of its sides extended upwardly and outwardly, to form a tail, wings secured to the said body and extending outwardly and upwardly from the upper edges of the forward portions of the sides of the said body, each of the wings being formed of fabric material and ribs radiating from the front end of the body, a mast rising from the front end of the said body, a bowsprit extending forwardly from the front portion of the said body and supporting the front end of the said head, a suspension means depending from the front portion of the said body, braces connecting the said mast with the ribs of the said wings, and braces connecting the said suspension means with the said ribs.

19. An aeroplane provided with a trough-like body terminating in a head and having the rear portions of its sides extended upwardly and outwardly, to form a tail, wings secured to the said body and extending outwardly and upwardly from the upper edges of the forward portions of the sides of the said body, each of the wings being formed of fabric material and ribs radiating from the front end of the body, a mast rising from the front end of the said body, a bowsprit extending forwardly from the front portion of the said body and supporting the front end of the said head, a suspension means depending from the front portion of the said body, braces connecting the said mast with the ribs of the said wings, braces connecting the said suspension means with the said ribs, and braces connecting the foremost ribs with the said bowsprit.

20. An aeroplane provided with a trough-like body terminating in a head and having the rear portions of its sides extended upwardly and outwardly, to form a tail, wings secured to the said body and extending outwardly and upwardly from the upper edges of the forward portions of the sides of the said body, each of the wings being formed of fabric material and ribs radiating from the front end of the body, a mast rising from the front end of the said body, a bowsprit extending forwardly from the front portion of the said body and supporting the front end of the said head, a suspension means depending from the front portion of the said body, braces connecting the said mast with the ribs of the said wings, braces connecting the said suspension means with the said ribs, and a brace connecting the said mast with the said bowsprit.

21. An aeroplane provided with a trough-like body terminating at its front end in a head and having its rear portion provided with a tail.

22. An aeroplane provided with a trough-like body having a head and a tail, and wings secured to the said body and extending outwardly and upwardly from the sides of the said body.

23. An aeroplane provided with a trough-like body having a head and a tail, and wings secured to the said body and extending outwardly and upwardly from the sides of the said body at points intermediate the said head and the said tail.

In testimony whereof I have signed my name to this specification in the presence of two subscribing witnesses.

GUSTAVE WHITEHEAD.

Witnesses:
S. Y. BEACH,
J. W. THOMPSON.

PATENTAMT DER VEREINIGTEN STAATEN

GUSTAVE WHITEHEAD AUS BRIDGEPORT, CONNECTICUT,
ÜBERTRÄGER EINES HALBEN TEILS AN STANLEY YALE
BEACH, STRATFORD, CONNECTICUT.

AEROPLAN

Patentbeschreibung

Nr. 881, 837. Patentiert am 10. März 1908

Antrag eingereicht am 20. Dezember 1905

Seriennummer: 292,614

An alle, die es betreffen mag
(To all whom it may concern = BESTÄTIGUNG):

Hiermit gebe ich kund, dass ich, GUSTAVE WHITEHEAD, Bürger der Vereinigten Staaten und Einwohner von Bridgeport im Bezirk Fairfield im Staate Connecticut, einen neuen und verbesserten Aeroplan erfunden habe, von dem folgendes eine umfassende, klare und exakte Beschreibung ist.

Die Erfindung bezieht sich auf die Luftnavigation, und das Ziel ist, einen neuen und verbesserten Aeroplan zu liefern, der so arrangiert ist, dass während des Fliegens in der Luft das Gleichgewicht ohne weiteres gehalten werden kann, um das Umkippen sowie das Kopfüber-Stürzen nach unten zu verhüten und beträchtliches Gewicht zu tragen.

Die Erfindung besteht aus neuen Überlegungen und Teilen und deren Kombination, welche nachstehend genauer beschrieben und deren Bedeutung bei der Geltendmachung verdeutlicht werden.

Durch die beigefügten erläuternden Abbildungen, die Bestandteil dieser Baubeschreibung sind, wird die Erfindung praktisch dargestellt, wobei gleichartige Symbole auf entsprechende Teile anderer Ansichten hinweisen.

Abbildung 1 ist eine perspektivische Ansicht der Verbesserung, wie sie sich im Fluge zeigt; Abbildung 2 ist eine Draufsicht und Abbildung 3 stellt einen Schnitt des gleichen auf der Linie 3 – 3 der Abblildung 2 dar.

Der Rumpf A des Aeroplans ist trogförmig; d. h. er ist etwa im Querschnitt einem V ähnlich: dieser Rumpf A besteht aus einem gerippeartigen Rahmen A^1, der auf der Unterseite mit einem Überzug A^2 aus Segeltuch oder ähnlich geeignetem Stoff bespannt ist. Der vordere Abschnitt des Rumpfes A ist mit einem verstärkenden Rahmen B versehen, unter dem ein offenes Rahmengerüst C liegt, das den Aeronauten trägt, am besten durch Verwendung eines Sitzes D, wie aus Abbildung 1 und 3 klar ersichtlich. Vom Rahmengerüst B erstreckt sich ein Bugspriet E nach vorne. An ihm ist Ring F^1 des Kopfteils F befestigt, der aus Segeltuch oder ähnlichem Gewebe hergestellt ist; Ring F^1 ist an dem Bugspriet E mit geeigneten Befestigungen F^2, mit Seilen oder ähnlichem, angebunden.

Die Seiten von Kopf F gehen in die Seiten des Rumpfes A über, und der Boden von Kopf F ist nach vorne und aufwärts geneigt und endet am Ring F^1, in dem auch die vorderen Abschnitte der Seiten von Kopf F enden. Auf diese Weise neigen sich die Seiten von Kopf F aufwärts und nach vorne strebend aufeinander zu, und somit schließt sich das vordere Ende des Rumpfes A.

Die hinteren Seitenteile von Rumpf A erstrecken sich, wie der Rumpf A selbst, nach oben und außen und bilden in der Fortsetzung Schwanz G, der, zusammen mit Kopf F, den Aeroplan im richtigen Gleichgewicht hält und gleichzeitig verhindert, dass der Aeroplan mit der Nase voraus nach unten schießt, falls entgegengesetzte Winde oder ähnliches auftreten.

Von den oberen Rändern der Seiten des Rumpfes A erstrecken sich die Flügel H, leicht nach oben und außen gebogen, wie es in den Abbildungen genau dargestellt ist, wobei jeder Flügel H mit seiner hinteren Kante auf der entsprechenden Seite am Anfang von Schwanz G endet, wie in Abbildung 2 deutlich zu erkennen. Jeder Flügel H besteht aus Segeltuch oder anderem geeigneten Gewebe, der an den Rippen H^2 befestigt ist, die vom vorderen Ende des Rumpfes A am oberen Rand sich strahlenförmig ausbreiten, wie Abbildung 2 deutlich zeigt; die äußeren Enden der Rippen H^2 sind dabei nach oben gebogen, wie bei H^3 ersichtlich (siehe Abbildung 1 und 3), um den äußeren Rand des Segeltuches H^1 ebenfalls nach oben gebogen zu halten.

Im Rahmengerüst B und dem des Rumpfes A ist ein Mast I befestigt und aufgerichtet und die verschiedenen Rippen H^2 der Flügel H sind durch nach oben und innen gerichtete Verspannungen J^2 miteinander verbunden und mit einer einzelnen Verspannung J^1 an der Mastspitze angebracht. Ähnliche Verspannungen J^2 erstrecken sich von den Rippen H^2 nach unten und nach innen. Sie verbinden sich mit der einzelnen Verspannung J^3, die an der Aufhängevorrichtung C angebracht ist. Somit sind die beiden Flügel H, H oben und unten ordentlich verspannt, um ihre Position in Relation zum Rumpf A des Aeroplans beizubehalten. Die vorderen Rippen H^2 der Flügel H, H stehen etwa im rechten Winkel zu Rumpf A an dessen vorderem Ende. Und diese vordersten Rippen H^2 sind verbunden durch die Verspannungen K, K^1 mit dem Bugspriet E, wie aus den Abbildungen klar ersichtlich. Die Verspannung L verbindet auch das Bugspriet E mit dem Mast I, um der ganzen Konstruktion die gewünschte Festigkeit zu verlei-

hen, so dass der Aeroplan starken Luftdrücken widerstehen kann, ohne Gefahr zu laufen, dass Bestandteile durcheinander geraten.

Indem man den Rumpf A in der geschilderten Weise konstruiert und ihn mit einem Kopf F, einem Schwanz G und den Flügeln H, H ausstattet, wird ein völliges Gleichgewicht des Aeroplans in der Luft beibehalten. Gleichzeitig wird dadurch der Aeroplan am Überschlagen oder an einem Kopfüber-Sturz gehindert, da die nach oben gebogen verlaufenden Seiten des Kopfes F genügend Luftwiderstand beim Niedergehen des Aeroplans bieten, um den Rumpf A auszurichten oder nach oben zu drücken, so dass der Rumpf A praktisch stets in horizontaler Position liegt.

Der Aeroplan ist in seiner Konstruktion sehr einfach und solide, und die verschiedenen Teile sind so fest miteinander verbunden und verstrebt, dass sie ein äußerst starkes und widerstandsfähiges Gefüge bilden.

Mit dieser Beschreibung meiner Erfindung, beanspruche ich als neu und ersuche durch Patenturkunde abzusichern: –

1. Ein Aeroplan, ausgerüstet mit einem trogähnlichen Rumpf, der in einem Kopf endet, bei dem die rückwärtigen Seitenteile (des Rumpfes*) nach oben und außen gerichtet sind, um einen Schwanz zu bilden.

2. Ein Aeroplan, ausgerüstet mit einem im Querschnitt V-ähnlichem Rumpf, dessen vorderes Ende in einem Kopf mündet, dessen unteres Ende nach oben und vorne gewölbt ist, und die Seiten des Kopfes Verlängerungen der Rumpfseiten bilden.

3. Ein Aeroplan, ausgerüstet mit einem im Querschnitt V-ähnlichem Rumpf, dessen vorderes Ende in einem Kopf mündet, dessen unteres Ende nach oben und vorne gewölbt ist, und die Seiten des Kopfes Verlängerungen der Rumpfseiten bilden, wobei die Kopfseiten und der Kopfboden an einem Punkt enden, der in einer horizontalen Ebene auf dem oberen Rand des besagten Rumpfes liegt.

4. Ein Aeroplan, ausgerüstet mit einem im Querschnitt V-ähnlichem Rumpf, dessen vorderes Ende in einem Kopf mündet, dessen unteres Ende nach oben und vorne gewölbt ist, und die Seiten des Kopfes Verlängerungen der Rumpfseiten bilden, wobei die Kopfseiten und der Kopfboden an einem Punkt enden, wo sie von einer horizontalen und vertikalen Ebene gekreuzt werden, die letztere der Länge nach durch den Boden des besagten Rumpfes führt, und die horizontale Ebene sich oben durch den Rumpf zieht.

*5. Ein Aeroplan, ausgerüstet mit einem im Querschnitt **V**-ähnlichem Rumpf, dessen vorderes Ende in einem Kopf mündet, dessen unteres Ende nach oben und vorne gewölbt ist, und die Seiten des Kopfes Verlängerungen der Rumpfseiten bilden, wobei die Seiten des Kopfes aufeinander zu gebogen sind und an einem Punkt enden, der identisch mit dem vorderen unteren Ende des Kopfes ist.*

*6. Ein Aeroplan, ausgerüstet mit einem im Querschnitt **V**-ähnlichem Rumpf, dessen vorderes Ende in einem Kopf mündet, dessen unteres Ende nach oben und vorne gewölbt ist, und die Seiten des Kopfes Verlängerungen der Rumpfseiten bilden, wobei die Seiten des Kopfes aufeinander zu gebogen sind und an einem Punkt enden, der identisch mit dem vorderen unteren Ende des Kopfes ist, und mit einem Bugspriet, das am besagten Rumpf befestigt ist und das das vordere Ende des besagten Kopfes stützt.*

7. Ein Aeroplan, ausgerüstet mit einem trogähnlichen Rumpf, der in einem Kopf endet, bei dem die rückwärtigen Seitenteile (des Rumpfes*) nach oben und außen gerichtet sind, um einen Schwanz zu bilden, sowie mit Flügeln, die am besagten Rumpf befestigt sind und von den oberen Kanten der Frontteile der Seiten des besagten Rumpfes seitlich hinaus und aufwärts reichen.

8. Ein Aeroplan, ausgerüstet mit einem trogähnlichen Rumpf, der in einem Kopf endet, bei dem die rückwärtigen Seitenteile (des Rumpfes*) nach oben und außen gerichtet sind, um einen Schwanz zu bilden, sowie mit Flügeln, die am besagten Rumpf befestigt sind und von den oberen Kanten der vorderen Seitenteile des besagten Rumpfes seitlich hinaus und *aufwärts reichen und zwischen dem besagten Kopf und dem besagten Schwanz liegen.*

9. Ein Aeroplan, ausgerüstet mit einem trogähnlichen Rumpf, der in einem Kopf endet, bei dem die rückwärtigen Seitenteile (des Rumpfes*) nach oben und außen gerichtet sind, um einen Schwanz zu bilden, sowie mit Flügeln, die am besagten Rumpf befestigt sind und von den oberen Kanten der vorderen Seitenteile des besagten Rumpfes seitlich hinaus und aufwärts reichen und zwischen dem besagten Kopf und dem besagten Schwanz liegen, mit einem Mast, der im besagten Rumpf aufgerichtet ist, und von dem besagten Mast aus Verspannungen verlaufen, die zu den besagten Flügeln an Punkten zwischen deren äußeren und inneren Enden reichen.

10. Ein Aeroplan, ausgerüstet mit einem trogähnlichen Rumpf, der in einem Kopf endet, bei dem die rückwärtigen Seitenteile (des Rumpfes*) nach oben und außen gerichtet sind, um einen Schwanz zu bilden, sowie mit Flügeln, die am besagten Rumpf befestigt sind und von den oberen Kanten der vorderen Seitenteile des besagten Rumpfes seitlich hinaus und aufwärts reichen, einem Mast, der im besagten Rumpf an einem Punkt so etwa hinter dem vorderen Ende aufgerichtet ist, und vom besagten Mast Verspannungen zu den besagten Flügeln führen.

11. Ein Aeroplan, ausgerüstet mit einem trogähnlichen Rumpf, der in einem Kopf endet, bei dem die rückwärtigen Seitenteile (des Rumpfes*) nach oben und außen gerichtet sind, um einen Schwanz zu bilden, sowie mit Flügeln, die am besagten Rumpf befestigt sind und von den oberen Kanten der vorderen Seitenteile des besagten Rumpfes seitlich hinaus und aufwärts reichen, einem Mast, der im besagten Rumpf aufgerichtet ist, einem Bugspriet, das aus dem besagten Rumpf herausragt und das das vordere Ende des besagten Kopfes stützt, und einer Bespannung, die vom besagten Mast zum besagten Bugspriet führt.

12. Ein Aeroplan, ausgerüstet mit einem trogähnlichen Rumpf, der in einem Kopf endet, bei dem die rückwärtigen Seitenteile (des Rumpfes*) nach oben und außen gerichtet sind, um einen Schwanz zu bilden, sowie mit Flügeln, die am besagten Rumpf befestigt sind und von den oberen Kanten der vorderen Seitenteile des besagten Rumpfes seitlich hinaus und aufwärts reichen, einem Mast, der aus dem besagten Rumpf an einem Punkt so etwa hinter dem vorderen Ende aufgerichtet ist, mit Verspannungen, die vom besagten Mast zu den besagten Flügeln führen, einem Bugspriet, das aus dem besagten Rumpf herausragt und das für das vordere Ende des besagten Kopfes genutzt wird, und mit Verspannungen, die vom besagten Bugspriet zu den Vorderkanten der besagten Flügel führen.

13. Ein Aeroplan, ausgerüstet mit einem im Querschnitt V-ähnlichem Rumpf, dessen vorderes Ende in einem Kopf mündet, dessen unteres Ende nach oben und vorne gewölbt ist, und die Seiten des Kopfes Verlängerungen der Rumpfseiten bilden, wobei die Seiten des Kopfes aufeinander zu gebogen sind und an einem Punkt enden, der identisch mit dem vorderen unteren Ende des Kopfes ist, und mit einem Bugspriet, das am besagten Rumpf befestigt ist und das das vordere Ende des besagten Kopfes stützt, und mit einer Hängevorrichtung, die unter dem besagten Rumpf nahe des Vorderteils hängt.

14. Ein Aeroplan, ausgerüstet mit einem trogähnlichen Rumpf, der in einem Kopf endet, bei dem die rückwärtigen Seitenteile (des Rumpfes*) nach oben und außen gerichtet sind, um einen Schwanz zu bilden, sowie mit Flügeln, die am besagten Rumpf befestigt sind und von den oberen Kanten der vorderen Seitenteile des besagten Rumpfes seitlich hinaus und aufwärts reichen, wobei jeder der Flügel aus Gewebematerial und Rippen besteht und vom vorderen Ende des Rumpfes aus sich strahlenförmig ausbreitet.

15. Ein Aeroplan, ausgerüstet mit einem trogähnlichen Rumpf, der in einem Kopf endet, bei dem die rückwärtigen Seitenteile (des Rumpfes*)

nach oben und außen gerichtet sind, um einen Schwanz zu bilden, sowie mit Flügeln, die am besagten Rumpf befestigt sind und von den oberen Kanten der vorderen Seitenteile des besagten Rumpfes seitlich hinaus und aufwärts reichen, wobei jeder der Flügel aus Gewebematerial und Rippen besteht und vom vorderen Ende des Rumpfes aus sich strahlenförmig ausbreitet, während die vorderen Rippen der Flügel fast im rechten Winkel zum besagten Rumpf hinausragen.

16. Ein Aeroplan, ausgerüstet mit einem trogähnlichen Rumpf, der in einem Kopf endet, bei dem die rückwärtigen Seitenteile (des Rumpfes*) nach oben und außen gerichtet sind, um einen Schwanz zu bilden, sowie mit Flügeln, die am besagten Rumpf befestigt sind und von den oberen Kanten der vorderen Seitenteile des besagten Rumpfes seitlich hinaus und aufwärts reichen, wobei jeder der Flügel aus Gewebematerial und Rippen besteht und vom vorderen Ende des Rumpfes aus sich strahlenförmig ausbreitet und an den äußeren Enden nach oben gewölbt ist.

17. Ein Aeroplan, ausgerüstet mit einem im Querschnitt V-ähnlichem Rumpf, dessen vorderes Ende in einem Kopf mündet, dessen unteres Ende nach oben und vorne gewölbt ist, und die Seiten des Kopfes Verlängerungen der Rumpfseiten bilden, wobei die Seiten des Kopfes aufeinander zu gebogen sind und an einem Punkt enden, der identisch mit dem vorderen unteren Ende des Kopfes ist, und mit einem Bugspriet, das am besagten Rumpf befestigt ist und das das vordere Ende des besagten Kopfes stützt, mit einem Mast, der im vorderen Teil des besagten Rumpfes aufgerichtet ist, mit einer Hängevorrichtung, die unter dem besagten Rumpf nahe des Vorderteils hängt, mit Verspannungen, die den besagten Mast mit den besagten Flügeln verbinden, und mit Verspannungen, die die Hängevorrichtung mit den besagten Flügeln verbinden.

18. Ein Aeroplan, ausgerüstet mit einem trogähnlichen Rumpf, der in einem Kopf endet, bei dem die rückwärtigen Seitenteile (des Rumpfes*) nach oben und außen gerichtet sind, um einen Schwanz zu bilden, mit Flü-

geln, die am besagten Rumpf befestigt sind und von den oberen Kanten der vorderen Seitenteile des besagten Rumpfes seitlich hinaus und aufwärts reichen, wobei jeder der Flügel aus Gewebematerial und Rippen besteht und vom vorderen Ende des Rumpfes aus sich strahlenförmig ausbreitet, mit einem Mast, der im vorderen Ende des besagten Rumpfes aufgerichtet ist, mit einem Bugspriet, das aus dem besagten Rumpf nach vorne herausragt und das das vordere Ende des besagten Kopfes stützt, mit einer Hängevorrichtung, die unter dem besagten Rumpf nahe des Vorderteils hängt, mit Verspannungen, die den besagten Mast mit den Rippen der besagten Flügel verbinden, und mit Verspannungen, die die Hängevorrichtung mit den besagten Rippen verbinden.

19. Ein Aeroplan, ausgerüstet mit einem trogähnlichen Rumpf, der in einem Kopf endet, bei dem die rückwärtigen Seitenteile (des Rumpfes*) nach oben und außen gerichtet sind, um einen Schwanz zu bilden, mit Flügeln, die am besagten Rumpf befestigt sind und von den oberen Kanten der vorderen Seitenteile des besagten Rumpfes seitlich hinaus und aufwärts reichen, wobei jeder der Flügel aus Gewebematerial und Rippen geformt ist und vom vorderen Ende des Rumpfes aus sich strahlenförmig ausbreitet, mit einem Mast, der im vorderen Ende des besagten Rumpfes aufgerichtet ist, mit einem Bugspriet, das aus dem besagten Rumpf nach vorne herausragt und das das vordere Ende des besagten Kopfes stützt, mit einer Hängevorrichtung, die unter dem besagten Rumpf nahe des Vorderteils hängt, mit Verspannungen, die den besagten Mast mit den Rippen der besagten Flügel verbinden, mit Verspannungen, die die Hängevorrichtung mit den besagten Rippen verbinden, und mit Verspannungen, die die vordersten Rippen mit dem Bugspriet verbinden.

20. Ein Aeroplan, ausgerüstet mit einem trogähnlichen Rumpf, der in einem Kopf endet, bei dem die rückwärtigen Seitenteile (des Rumpfes*) nach oben und außen gerichtet sind, um einen Schwanz zu bilden, mit Flügeln, die am besagten Rumpf befestigt sind und von den oberen Kanten der *vorderen Seitenteile des besagten Rumpfes seitlich hinaus und aufwärts reichen, wobei jeder der Flügel aus Gewebematerial und Rippen geformt ist und vom vorderen Ende des Rumpfes aus sich strahlenförmig ausbreitet, mit einem Mast, der im vorderen Ende des besagten Rumpfes aufgerichtet ist, mit einem Bugspriet, das aus dem besagten Rumpf nach vorne herausragt und das das vordere Ende des besagten Kopfes stützt, mit einer Hängevorrichtung, die unter dem besagten Rumpf nahe des Vorderteils hängt, mit Verspannungen, die den besagten Mast mit den Rippen der besagten Flügel verbinden, mit Verspannungen, die die besagte Hängevorrichtung mit den besagten Rippen verbinden, und mit einer Verspannung, die den besagten Mast mit dem Bugspriet verbindet.*

21. Ein Aeroplan, ausgerüstet mit einem trogähnlichen Rumpf, der am vorderen Ende in einem Kopf endet und dessen hinteres Teil mit einem Schwanz versehen ist.

22. Ein Aeroplan, ausgerüstet mit einem trogähnlichen Rumpf, der einen Kopf und einen Schwanz hat, und mit Flügeln, die am besagten Rumpf befestigt sind und seitlich vom besagten Rumpf aus hinaus und aufwärts streben.

23. Ein Aeroplan, ausgerüstet mit einem trogähnlichen Rumpf, der einen Kopf und einen Schwanz hat, und mit Flügeln, die am besagten Rumpf an Punkten, die zwischen dem besagten Kopf und besagten Schwanz liegen, befestigt sind und seitlich vom besagten Rumpf aus hinaus und aufwärts streben.

In Beurkundung dessen habe ich meine Unterschrift unter diese Patentbeschreibung in Anwesenheit von zwei unterzeichnenden Zeugen gesetzt.

GUSTAVE WHITEHEAD

Zeugen:
  S. Y. Beach,
  J. W. Thompson.

Klasse 77 d. Ausgegeben am 25. März 1910.

KAIS. KÖNIGL. PATENTAMT.

Österreichische
PATENTSCHRIFT N.º 41555.

GUSTAVE WHITEHEAD IN BRIDGEPORT
UND STANLEY YALE BEACH IN STRATFORD
(CONNECTICUT, V. ST. A.).
Drachenflieger.
Angemeldet am 9. März 1908. — Beginn der Patentdauer: 1. November 1909.

Gegenstand vorliegender Erfindung ist ein Drachenflieger mit V-förmiger, gewölbter und rückwärts zu einer Schwanzfläche ausgebildeter Tragfläche, deren seitliche am unteren Ende zusammenhängende Kanten sich in der Spitze der V-Form treffen, so daß ein Keilkörper aus starrem Rahmenwerk gebildet wird, der vorne einen spitzen Kopf, dessen Flächen sich in einer
5 schräg nach oben ansteigenden Kante treffen, trägt. Ein solcher Drachenflieger fliegt, ohne zu kippen oder sich mit seinem vorderen Teil abwärts zu neigen, im Gleichgewicht und kann bedeutende Gewichte tragen.

Eine Ausführungsform des Erfindungsgegenstandes ist in der Zeichnung veranschaulicht. Fig. 1 zeigt denselben in Perspektive, Fig. 2 in Draufsicht und Fig. 3 im Schnitt nach Linie $3-3$
10 der Fig. 2.

Der Körper A des Drachenfliegers wird von einem im Querschnitt ungefähr V-förmigen Keilkörper gebildet, der aus einem zweckmäßig an der Unterseite mit Segelleinwand A^2 od. dgl. überzogenen Rahmenwerk A^1 besteht. In dem Vorderteil des Körpers A ist ein Rahmenwerk B angeordnet, an welchem ein abwärts hängender Rahmen C befestigt ist, welcher den Luftschiffer
15 zweckmäßig mit einem Sitz D trägt. Der Rahmen B ist mit einem Bugspriet E ausgestattet, an welches ein an das vordere Ende des Körpers B sich anschließender Ring F^1 befestigt ist, der auf der Stange E zweckmäßig durch ein Seil F^2 festgehalten wird.

Der Kopf F wird von Flächen aus Segeltuch od. dgl. gebildet, welche an die Seitenflächen des Körpers A anschließen, jedoch nicht nur gegeneinander geneigt, sondern auch schräg nach
20 oben und vorne verlaufen und mit ihrer anschließender Spitze in Ring F^1 endigen. Der hintere Teil der Seitenflächen des Körpers A ist auf beiden Seiten mit Verlängerungen ausgestattet, welche den Schwanz G darstellen, der im Verein mit dem Kopf F den Drachenflieger im Gleichgewicht erhält und überdies verhindert, daß bei ungünstigem Wind der Drachenflieger den Kopf abwärts neigt, bezw. taucht.

25 Der Körper A ist in bekannter Weise mit einer oder mehreren Tragflächen in Form von Flügeln ausgestattet. Die Flügel H sind an dem oberen Rand der Seitenflächen des Körpers A vor den Flächen des Schwanzes G angeordnet und leicht nach oben und außen abgebogen (Fig. 2). Jeder Flügel H wird aus Segelleinwand od. dgl. gebildet, welche über von den beiden Vorderecken des Körpers A ausgehende Rippen H^2 gespannt ist, die mit ihren Enden H^3 aufgebogen
30 sind (Fig. 1 und 3).

In dem Vorderteil des Körpers A ist noch ein Mast I errichtet, welcher in dem Rahmenwerk von A und in dem Rahmen B festgehalten wird. Die Rippen H sind an der oberen Seite durch zweckmäßig in ihrer Mitte angreifende Streben J mit einem an der Spitze des Mastes I befestigten Arm J^1 und an der Unterseite durch Streben I^2 mit einem an dem Korb C des Drachen-
35 fliegers befestigten Arm I^3 verbunden, wodurch die Flügel H gegenüber dem Körper A versteift sind. Die beiden vordersten Rippen H^2 verlaufen ungefähr unter rechtem Winkel zu der Mittellinie des Körpers A und sind durch Arme K, K^1 mit der Stange E verbunden (Fig. 2). Die Stange E ist mit dem Mast I durch eine Strebe L (Fig. 1) verbunden.

Durch die Bauart des Körpers A und die Anordnung des Kopfes F, des Schwanzes G
40 und der Flügel H an dem Körper A wird der Drachenflieger beim Fliegen im vollständigen Gleichgewicht gehalten und gleichzeitig das Umkippen oder das Abwärtsneigen des Kopfes F verhindert, indem die geneigten Flächen desselben beim Herabsteigen des Drachenfliegers einen solchen Widerstand der Luft entgegensetzen, daß der Körper A jederzeit in horizontaler Lage aufgerichtet bleibt.

PATENT-ANSPRUCH:

45 Drachenflieger mit V-förmiger, gewölbter und nach rückwärts zu einer Schwanzfläche ausgebildeter Tragfläche, dadurch gekennzeichnet, daß die beiden Flächen in ihren unteren zusammenhängenden und in der Spitze des V aneinanderstoßenden Teilen einen Keilkörper aus starrem Rahmenwerk bilden, der vorne durch einen Kopf aus dreieckigen festen Seitenteilen abgeschlossen wird, die in einer schräg nach oben verlaufenden Kante aneinander stoßen.

Hiezu 1 Blatt Zeichnungen.

Druck von R. Spies & Co., Wien.

GUSTAVE WHITEHEAD in BRIDGEPORT und STANLEY YALE BEACH in STRATFORD (CONNECTICUT, V. ST. A.).

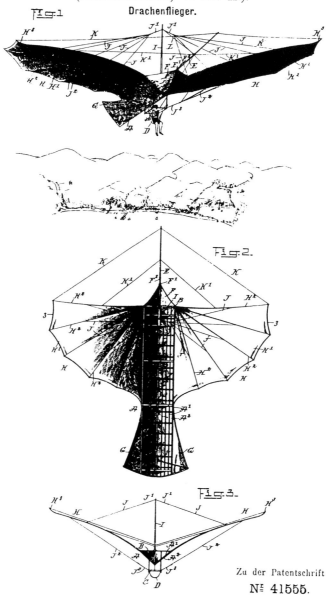

Fig. 1. Drachenflieger.

Fig. 2.

Fig. 3.

Zu der Patentschrift
N⁰ 41555.

Nach dem augenblicklichen Stand der Forschung stellt dieses Flugzeug das einzige dar, das sich Weißkopf patentieren lässt. Sonderbar erscheint dabei, dass sich diese Patentschriften nicht mit einem Motorflugzeug, sondern mit einem Segelflugzeug, mit einem Hängegleiter, befassen, wobei doch Weißkopf schon Jahre vorher Motorflüge durchgeführt hat. Diese Tatsache ist in den siebziger und achtziger Jahren in den USA für den bedeutenden Luftfahrthistoriker Gibbs-Smith ein wesentliches Argument dafür, an den Motorflügen Weißkopfs, jedenfalls vor 1905, zu zweifeln.

Im Jahre 1989 wird in Deutschland eine Patentschrift der Gebrüder Wright aus dem Jahre 1904 bekannt, in der es ebenfalls nicht um ein Motorflugzeug, sondern um ein Segelflugzeug geht. Die Wrights lassen sich somit nach ihren ersten Motorflügen im Jahre 1903 auch noch ein unmotorisiertes Flugzeug patentieren.

Es ist schade, dass man diese Patentschrift erst im Jahre 1989 gefunden hat, denn mittlerweile ist der amerikanische Flughistoriker Gibbs-Smith verstorben. Man hätte gerne seine Meinung dazu gewusst.

Aus heutiger Sicht lässt sich dieses Geschehen nur dadurch erklären, dass die ersten Flugpioniere ihr Ziel, sich mit einem Gerät nach dem Prinzip »schwerer als Luft« von der Erde zu erheben, nicht so sehr von einer Ausstattung mit Motor abhängig gemacht haben.

Seinen letzten Eindecker baut Gustav Weißkopf im Jahre 1908. Er stattet ihn mit einem Propeller und einem einfachen Benzinmotor aus. Das Flugzeug verfügt, wie auch alle früheren Eindecker, über faltbare Tragflächen. Im Flug erweist es sich als besonders stabil. Dies behauptet auch später Stanley Yale Beach.

Weshalb bleibt Gustav Weißkopf bisher stets dem Prinzip des Eindeckers treu?

Die Antwort auf diese Frage und somit die Begründung dieses Verhaltens liegt weit zurück.

Abb. 55
Gleiter mit Propeller und Benzinmotor – Tunxis Hill 1908

Gustav Weißkopf hat schon als Kind am Ufer des Mains die Singvögel, später als Seemann auf den Weltmeeren die großen Seevögel und in Südamerika das Verhalten der Kondore beobachtet und studiert. Er hat sich das Prinzip des Menschenflugs vom Vogelflug abgeschaut. Was lag da näher, als die Fluggeräte für den Menschen nach dem Vorbild der Vögel zu bauen? Mit einem Paar Flügel, die, werden sie nach dem Fluge nicht mehr gebraucht, zusammengefaltet oder eingeschlagen werden. In den Jahren 1902 und 03 hat er sich zwar auch mit Mehrdeckern befasst. Doch dieses Prinzip hat er bald wieder aufgegeben, weil es dem Vorbild der Natur nicht entspricht. Mit seinem Prinzip der Eindecker hat er im Grunde genommen bis heute recht behalten. Niemand käme heute noch auf den Gedanken, unsere Großraumflugzeuge als Mehrdecker zu konstruieren.

Langsam bringt es die Zeit mit sich, dass die Bevölkerung mehr und mehr Interesse für die Eroberung des Luftraums mit Flugzeugen zeigt. In vielen Ländern der Welt werden Fluggeräte der verschiedensten Variationen und Bilder von Ballonen, Luftschiffen und Flugmaschinen in Ausstellungen der Öffentlichkeit gezeigt. Über solch eine Ausstellung berichtet die wissenschaftliche Zeitschrift SCIENTIFIC AMERICAN im Jahre 1906.

In einer großartig aufgemachten Ausstellung des Aeroclub New York sind Fluggeräte im Original ausgestellt.

Santos-Dumont hat am 19. Oktober 1901 mit seinem Luftschiff Nr. 6 den Eiffelturm in Paris erfolgreich umfahren. Hier in der Ausstellung des Aeroclub New York wird zwar nicht sein Luftschiff Nr. 6, wohl aber sein Luftschiff Nr. 9 dargeboten. Von der Decke herab zeigt sich dem Besucher ein Hängegleiter von Otto Lilienthal, der schon vor der Jahrhundertwende in Berlin erfolgreiche Gleitflüge durchgeführt hat. Und Langleys dampfgetriebenes Aerodrom versetzt den Betrachter in ehrfurchtsvolles Staunen. Von Weißkopf ist keine Maschine ausgestellt.

Im Bericht des SCIENTIFIC AMERICAN über diese Ausstellung wird Weißkopf allerdings erwähnt:

…»*Ein einzelnes unscharfes Foto einer großen vogelähnlichen Maschine, die von Weißkopf 1901 konstruiert worden ist, war die einzige Fotografie eines motorgetriebenen Flugzeugs, das wirklich flog* (… in successful flight …) …«

Lange hat man bisher nach diesem Foto gesucht. Doch es ist bis heute nicht gefunden worden. Allerdings hat ein Besucher der Ausstellung im Jahre 1906 ein Amateurfoto aufgenommen, das den Ausstellungsraum des Aeroclub New York zeigt: An den Wänden hängen mehrere Bilder von verschiedenen Fluggeräten.

Vergrößert man diese Amateuraufnahme, so lassen sich über der Melone des abgebildeten Besuchers bekannte Aufnahmen von Weißkopfs Flugmaschine identifizieren. Deutlich ist Weißkopfs Nr. 21 in der Ansicht von oben zu erkennen (siehe S. 124).

Abb. 56
Ein Amateurfoto zeigt den Ausstellungsraum des »AEROCLUB NEW YORK«.

Abb. 57
Ausschnittvergrößerung

Nach Meinung der Weißkopf-Forscher hängt das gesuchte Foto neben den vier Aufnahmen rechts oben. (siehe Abb. 57, S. 174)

Mittlerweile schreibt man das Jahr 1908, und für die Öffentlichkeit ist das Fliegen noch immer ein Thema, über das man besser nicht spricht. Erst als Wilbur Wright mit seinem Flyer auf der Rennbahn von Hunaudières, etwa acht Kilometer südlich von Le Mans in Frankreich ab 8. August 1908 öffentliche Vorführungen veranstaltet und 1909 Könige, Herzöge und Minister Europas diesen Flugvorführungen beiwohnen, ist das Fliegen »richtig« erfunden. In Schlagzeilen berichtet nun die Weltpresse über die Flüge der Wrights, und ihr Flugzeug wird über alle Maßen gelobt.

Abb. 58
Flugvorführung der Wrights in Frankreich (1909)

Nun wird auch über den ersten Motorflug der Wrights aus dem Jahre 1903 berichtet, und die Wrights werden als erste Motorflieger der Welt genannt und gefeiert. Von Gustav Weißkopf und seinem ersten Motorflug der Welt am 14. August 1901, zwei Jahre, vier Monate und drei Tage vor dem ersten Zwölf-Sekunden-Sprung der Wrights, spricht kein Mensch.

Doch Weißkopf will den Anschluss nicht verpassen. Er und Stanley Yale Beach haben von den Flügen der Wrights mit ihren Doppeldeckern gehört. Der Geldgeber Beach hat in gewisser Weise Macht über Weißkopf oder zumindest großen Einfluß auf ihn. Und so wird ein Flugzeug gebaut, das ganz und gar nicht mit den bisherigen Konstruktionen Weißkopfs übereinstimmt. Weißkopfs Flugzeuge waren bis zu diesem Zeitpunkt – von wenigen Ausnahmen abgesehen, z. B. sein Dreidecker aus dem Jahre 1903 (siehe S. 132) – einem Vogel oder einer Fledermaus nachempfunden. Die-

Abb. 59
Der Weißkopf-Beach-Doppeldecker aus dem Jahre 1909

Scheitern trotz Erfolg   177

ses Weißkopf-Beach-Flugzeug ist ein Doppeldecker mit rechteckigen Flügelflächen. Auch haben die Flügel kein gewölbtes Profil. Weißkopf baut also zusammen mit seinen Helfern dieses Flugzeug und konstruiert dafür einen neuen Motor. Dieser wird in einen sogenannten »wind wagon« eingebaut und auf seine Leistungsfähigkeit geprüft. Gleichzeitig werden die Propeller in ihrer Funktion getestet. Der »wind wagon« ist dem Fahrgestell des Flugzeugs sehr ähnlich, wird aber für das Flugzeug selbst nicht verwendet, denn er ist zu schwer gebaut. Im Flugzeug werden von der Welle des Motors über eine Transmission die beiden Propeller angetrieben.

Als der Weißkopf-Beach-Doppeldecker bespannt ist und gestartet werden soll, fliegt er nicht. Er ist zu schwer.

Bereits im Januar 1910 kann Weißkopf wieder mit einem neuen Flugzeug aufwarten. Diese Maschine hat mit dem Vorgängermodell große Ähnlichkeit. Es handelt sich um einen Doppeldecker mit V-förmigem

Abb. 60
Doppeldecker mit V-förmigem Rumpf

Rumpf. Das Fahrwerk hat vier relativ kleine Räder. In Höhe des hinteren Räderpaares über dem Rumpf verleihen zwei kleinere gewölbte Flügel dem Heck Auftrieb. Seitlich sind am Heck zwei vertikale, schwenkbare Ebenen angebracht, mit denen die Seitensteuerung vorgenommen wird. Diese Ebenen werden mit Hilfe eines Lenkrads vom Piloten gesteuert. Zwischen den beiden Doppeldecker-Tragflächen besorgen zwei horizontale Ebenen die Höhensteuerung. Rumpf, Tragflächen, Seiten- und Höhenleitwerk sind mit feinem Tuch bespannt. Den Propeller treibt ein wassergekühlter Vierzylinder-Benzinmotor an. Im Unterschied zum Vorgängermodell hat dieser Doppeldecker nur einen Propeller. Es ist nicht bekannt, ob dieses Flugzeug geflogen ist. Wahrscheinlich nicht.

Seit Gustav Weißkopf Versuche mit motorgetriebenen Flugzeugen durchführt, das ist seit 1899, entwirft und baut er all seine Motoren selbst. Anfänglich sind es Dampfmotoren oder -maschinen, die er mit unterschiedlichen Materialien anheizt, später sind es Verbrennungsmotoren, die mit Benzin, Petroleum oder Diesel gespeist werden. Manche davon werden luftgekühlt, andere wassergekühlt. Er baut Motoren in so vielfältigen Variationen, dass man sich heute noch über diese genialen Taten wundern muss. Sein bemerkenswerter Geist konstruiert Ein-, Zwei-, Drei-, Vier-, Fünf-, Sechs- und Achtzylindermotoren für Flugzeuge und schließlich sogar ein 24-Zylinder-Unikum. Der Achtzylinder ist ein V-Motor mit einer Leistung von 250 PS. Weißkopf experimentiert mit horizontal liegenden Zylindern und entwickelt auch einen besonders leichten wassergekühlten

Abb. 61
Luftgekühlter Zweizylinder
(Bridgeport, 1902)

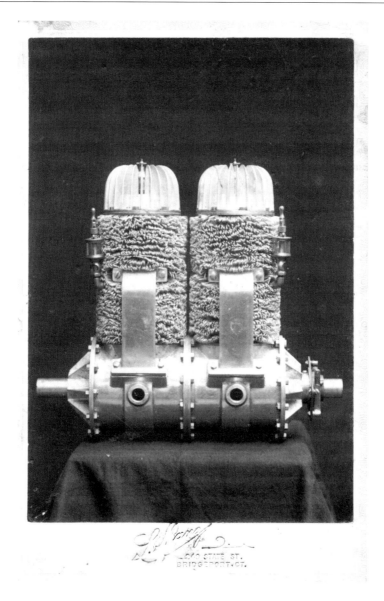

Abb. 62
Luftgekühlter Zweizylinder
Dieses Foto schickte Weißkopf seinen Verwandten in Deutschland.
Interessant ist sein handschriftlicher Vermerk auf der Rückseite.

180   Kapitel IV

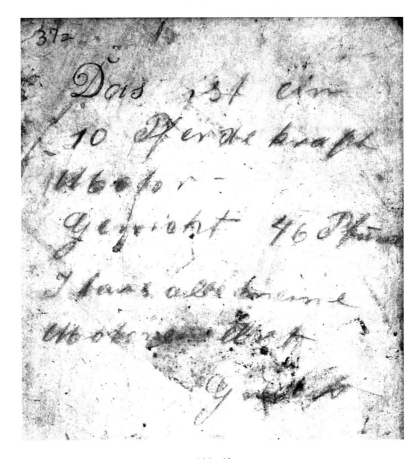

Abb. 63
Rückseite des Fotos:
»Das ist ein 10 Pferdekraft Motor – Gewicht 46 Pfund.
I(ch) baue alle meine Motoren selbst. Gustav«

Scheitern trotz Erfolg 181

Abb. 64
Gustav Weißkopf präsentiert seinen luftgekühlten Zweizylinder
(»2-Cylinder-Fuzzy«)
Das Foto wurde 1902 in Blackman's Studio,
Fairfield Avenue, Bridgeport, Connecticut, aufgenommen.

182 Kapitel IV

Abb. 65
Seitenansicht eines luftgekühlten Dreizylinders.
Die Zylinder sind mit Drahtspiralen umwickelt, um eine
optimale Luftkühlung zu erreichen.

Scheitern trotz Erfolg 183

Abb. 66
Die andere Seite
Wegen des fusseligen Aussehens wurden die Motoren »Fuzzy« genannt.
Beide Fotos wurden 1902 von L. Manz, State Street 249, Bridgeport, aufgenommen.

Motor. Insgesamt konstruiert und baut er über vierzig verschiedene Motortypen.

Weißkopf entwickelt und baut diese Motoren jedoch nicht nur für seinen Eigenbedarf. Um seine Motoren verkaufen zu können, gründet er ein Geschäft, die »Whitehead Motor Company«. Das Geschäft mit den Motoren geht gut. Zu einem späteren Zeitpunkt erinnert sich eine Tochter Weißkopfs an Tage, an denen der Vater per Post fünfzig schriftliche Bestellungen für Flugzeugmotoren bekommen hat. Wenn Weißkopf dieses Geschäft richtig anpackt, müsste er eigentlich damit ein reicher Mann werden. Er führt aber stets nur so viele Aufträge aus, wie er für seinen Lebensunterhalt und seine Leidenschaft braucht. Er ist kein Kaufmann.

Abb. 67
Werbeanzeige der Whitehead Motor Company

Oft decken die Einnahmen nicht einmal die Selbstkosten, weil er seine Auslagen nicht notiert und nachrechnet.

Charles Wittemann ist in den USA der erste Händler und Hersteller von zivilen Flugzeugen. Er erwirbt erstmals 1908 einen Weißkopf-Motor. In den folgenden Jahren werden verschiedene Weißkopf-Motoren in Katalo-

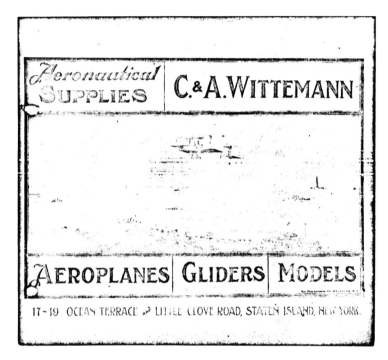

Abb. 68
Umschlag und Seitenausschnitt eines
Wittemann-Katalogs 1909

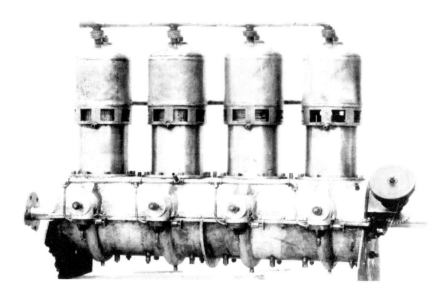

Abb. 69
Dieser Weißkopf-Vierzylinder-Benzinmotor wurde in Wittemann-Katalogen abgebildet. Wittemann selbst flog mit einem Weißkopf-Motor und andere flogen Wittemann-Flugzeuge, die mit Weißkopf-Motoren ausgestattet waren.

gen und Fachzeitschriften angeboten und mit Sicherheit in Flugzeuge anderer Hersteller eingebaut.

Auch ein Luftschiff ist mit einem Weißkopf-Motor ausgestattet.

Mr Baldwin aus San Francisco ist mit seinem Luftschiff im Jahre 1904 auf der Weltausstellung in St. Louis vertreten. Unter dem Titel »Von der Weltausstellung in St. Louis« berichtet die WIENER LUFTSCHIFFER ZEITUNG Nr. 11, 1904 auf Seite 251:

»... In einem angrenzenden Schuppen hat Herr Baldwin aus San Francisco seine Werkstatt aufgeschlagen. Das Gondelgerüst seines Ballonluftschiffs ist aus Holzstangen mit dreieckigem Querschnitt gebildet. Der Whitehead Motor aus Bridgeport, Conn., U.S.A., ist bereits eingebaut und es wird nun mehr an der Schraube gearbeitet, die an das Ende der langen

Scheitern trotz Erfolg 187

Welle angesetzt wird. Sein Ballon steht noch in der Kiste verpackt daneben, derselbe ist aus San Francisco.«

Es darf angenommen werden, dass dieser Artikel davon berichtet, wie eben Mr Baldwin hier auf der Weltausstellung in St. Louis im Jahre 1904 sein Luftschiff zusammenbaut, um möglicherweise im Anschluss daran zu fahren.

Abb. 70
Baldwins Luftschiff mit Weißkopf Motor
Dieses Foto aus dem Jahre 1904 stammt aus der
»Underwood & Underwood Fotosammlung«.

Die Abbildung aus dem Jahr 1904 zeigt dieses Luftschiff. Es ist jedoch nicht bekannt, ob das Foto in St. Louis anlässlich der Weltausstellung aufgenommen wurde.

Nicht nur Charles Wittemann vertreibt und verkauft Weißkopf-Motoren. Sie werden auch in Fachzeitschriften angeboten. Eine Anzeige im AERONAUTICS vom Juni 1910 preist Weißkopf-Motoren als bahnbrechende Erfindung an. In der Anzeige heißt es:

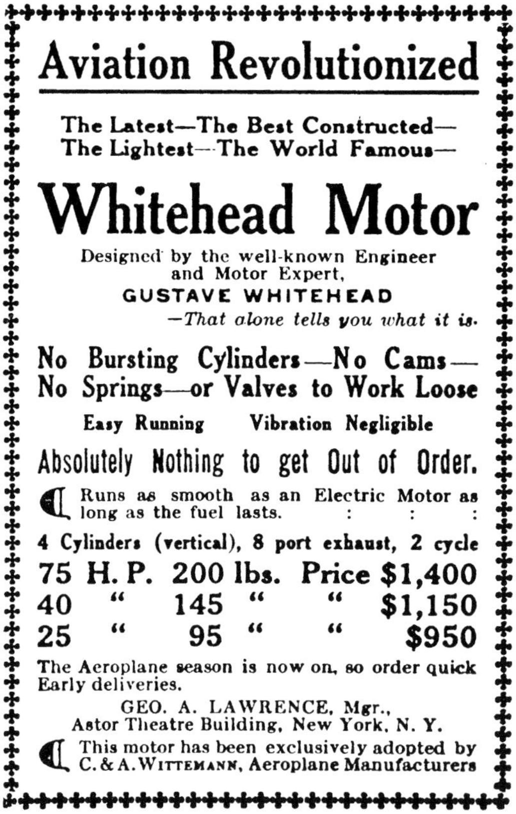

<pre>
++++++++++++++++++++++++++++++++
  Aviation Revolutionized
    The Latest—The Best Constructed—
    The Lightest—The World Famous—
          Whitehead Motor
         Designed by the well-known Engineer
                 and Motor Expert,
              GUSTAVE WHITEHEAD
             —That alone tells you what it is.
   No Bursting Cylinders—No Cams—
   No Springs—or Valves to Work Loose
       Easy Running   Vibration Negligible
   Absolutely Nothing to get Out of Order.
      Runs as smooth as an Electric Motor as
      long as the fuel lasts.   :   :   :
   4 Cylinders (vertical), 8 port exhaust, 2 cycle
   75 H. P. 200 lbs. Price $1,400
   40   "   145 "   " $1,150
   25   "   95 "   " $950
   The Aeroplane season is now on, so order quick
   Early deliveries.
              GEO. A. LAWRENCE, Mgr.,
         Astor Theatre Building, New York, N. Y.
       This motor has been exclusively adopted by
       C. & A. WITTEMANN, Aeroplane Manufacturers
++++++++++++++++++++++++++++++++
</pre>

*Bahnbrechend
für die Luftfahrt*

*Der Neueste –
Der Best-Konstruierte
Der Leichteste –
Der Weltberühmte*

Weißkopf-Motor

*Entworfen von dem
allseits bekannten
Ingenieur und
Motorexperten*

GUSTAV WEISSKOPF

*– Dies allein
sagt genügend aus –*

Abb. 71
Anzeige im AERONAUTICS vom Juni 1910

Scheitern trotz Erfolg 189

Eines von Weißkopfs letzten Versuchsprojekten ist im Jahre 1911 eine Flugmaschine, mit der man sich vertikal vom Boden erheben sollte, eine Art Hubschrauber. Für dieses Gerät konstruiert er eigens einen Vierzylinder-Boxermotor. Dieser Benzinmotor bringt zwar die sechzig Rotorblätter in Bewegung, jedoch erhebt sich die Flugmaschine nicht vom Boden. Für diese Konstruktion hat ihm Lee S. Barridge vom Aeroclub of America 5.000 Dollar geliehen, die dieser nach dem Misserfolg zurückverlangt. Der Helicopter lässt sich nicht verkaufen.

Im Jahre 1911 erhält Weißkopf von einem Flugpionier, der selbst an einem Hubschrauberprojekt arbeitet, den Auftrag für einen Motor. Weißkopf nimmt diesen Auftrag an, jedoch erfüllt er ihn nicht. Es bleibt fraglich, ob er den Motor nicht innerhalb der gesetzten Frist fertigstellen kann oder ob er dem Auftraggeber vielleicht den Motor überhaupt nicht liefern

Abb. 72
Weißkopfs Hubschrauber, Tunxis Hill, 1911

will. Jedenfalls wird er verklagt. Damit hat er mit Sicherheit nicht gerechnet. Er verliert den Prozess und wird gepfändet. All seine Arbeitsgeräte, Werkzeuge, Maschinen und Motoren, alle Fertigteile und Konstruktionsunterlagen, die er so mühevoll angesammelt hat, werden ihm entzogen. Nach seinem finanziellen Ruin im Jahre 1902, von dem er sich unter mühevollem Einsatz erholt hat, erlebt er nun zum zweiten Male eine Niederlage, die ihn noch schwerer trifft: Ihm ist die Grundlage für seine weitere Tätigkeit als Luftfahrtpionier genommen.

Der erste Weltkrieg beginnt. Und als Gustav Weißkopf erfährt, dass seine Erfindung, das Motorflugzeug, zu militärischen Zwecken eingesetzt wird, und dass Motorflugzeuge mit Bomben an Bord ihre todbringende Ladung auch über Deutschland abwerfen, zeigt er die Trauer der Resignation. Er distanziert sich vom Flugzeugbau und zieht sich in sein Häuschen in Fairfield zurück.

Aber sein Erfindergeist lässt ihm keine Ruhe. Er konstruiert jetzt Motoren für Schnellboote, entwirft eine Sicherheitsbremsvorrichtung für Eisenbahnzüge und plant eine Beton-Straßenbaumaschine. All diese Erfindungen bescheren ihm keine finanziellen Erfolge. Den Lebensunterhalt für sich und seine Familie verdient er sich nun als Arbeiter in einer Fabrik in Bridgeport. Nebenbei repariert er mit einer unbeschreiblichen Akribie für Bekannte und Leute in der Umgebung Fahrräder, Nähmaschinen und Jagdgewehre.

In seinen Träumen sieht er einen Himmel, der mit seinen Erfindungen übersät ist; er sieht tausende von Motorflugzeugen durch die Luft fliegen. Mit innerer Gerührtheit erfährt er noch von Charles Lindbergh, der mit seiner Spirit of St. Louis am 20./21. Mai 1927 den Atlantik von Amerika nach Europa überquert und in Paris triumphal empfangen wird.

Am Nachmittag des 10. Oktober 1927 versucht er aus einem alten Auto den Motor auszubauen. Die Arbeit erfordert seine ganze Kraft. Er über-

Abb. 73
Eine Aufnahme der Fabrikarbeiter (Bridgeport, ca. 1915)
Gustav Weißkopf steht als vierter von links in der oberen Reihe.

anstrengt sich und will ins Haus zurück. Er geht gerade die Treppe hinauf, da bricht er zusammen. Herzanfall. Gustav Weißkopf ist tot.

Seiner Familie hinterlässt er das selbsterrichtete, schuldenfreie Haus und etwas Bargeld. Auf dem Lakeview Cementery, dem Friedhof von Bridgeport wird er beigesetzt. Sein Grab ist das 42. in Reihe 23. Um ihn trauern seine Witwe, die drei Töchter Rose, Nellie und Lillian und der Sohn Charles.

Im Jahre 1944 verlässt die Witwe den Norden mit seinen kalten Wintern. Der Verkauf des Hauses ermöglicht ihr eine Umsiedlung in das sonnige Florida.

Gustav Weißkopf selbst hat nie nach Anerkennung gestrebt. Er hätte aber den Ruhm verdient, den andere Luftfahrtpioniere ernteten, denn seine Erfindungen waren genial.

KAPITEL V

INTERESSE FÜR DIE PIONIERTATEN: DIE GUSTAV-WEISSKOPF-FORSCHUNG

Sieben Jahre nach dem Tode Gustav Weißkopfs setzen die ersten Bestrebungen ein, ihm nachträglich seine verdiente Anerkennung zu verschaffen. Die amerikanische Schriftstellerin Stella Randolph wird als erste auf sein Schicksal aufmerksam. Wer ist diese Frau?

Abb. 74
Stella Randolph

Sie wird am 29. Juli 1895 auf einer Farm in der Nähe von Green Valley, Illinois, als das jüngste von sechs Kindern der Eheleute Kate A. und Albert F. Randolph geboren. Die Kinder besuchen die Dorfschule, die in einem Gebäude untergebracht ist, das der Großvater und die Nachbarn für ihre Kinder erbaut haben, nachdem die Familie 1856 dorthin gezogen war. Die Kinder müssen täglich zweieinhalb Kilometer zur Schule laufen. Als Stella acht Jahre alt ist, verstirbt ihr Vater.

Sie und ihre Geschwister besuchen die Delavan High School. Diese liegt dreizehn Kilometer entfernt. Mit sechzehn Jahren absolviert sie die High School. Nun studiert sie an der James Millikin University in Dekatur, Illinois, das Lehramt. Sie befasst sich aber auch mit englischer Sprache und Mathematik. Meist studiert sie nachts, weil sie tagsüber arbeitet, um Ausbildungskosten und Lebensunterhalt zu finanzieren. Während sie mit 18 Jahren schon als Lehrerin in verschiedenen Schulen tätig ist, führt sie das Studium der englischen Sprache fort.

Im Jahre 1922 wird ihr von der George-Washington-Universität in Washington D. C. der akademische Titel B. A. und 1923 der Titel M. A. verliehen.[1]

---

1   *B. A. = Bachelor of Arts M. A. = Master of Arts*
    Beides sind in den USA akademische Titel der Fachrichtung Geisteswissenschaft und entsprechen in Deutschland etwa dem Magister der Philosophie.

In dieser Zeit arbeitet sie für die »American Child Health Association«. Als diese Organisation nach New York übersiedelt, zieht sie mit, setzt aber nun mit ihrem Studium aus.

Später leitet sie in der Türkei die Handelsabteilung der amerikanischen Frauenhochschule in Istanbul und arbeitet für die Irische Gesandtschaft in Washington. Diese Arbeit ist wieder von abendlichen Studien an der Universität begleitet. In Cleveland gründet und leitet sie eine Gesundheitsberatungsstelle für Vorschulkinder. Neben dieser Arbeit schreibt sie Publikationen für die amerikanische Kindergesundheitsvereinigung und beginnt damit ihre Tätigkeit als freischaffende Schriftstellerin. Besessen von einem äußerst starken Bestreben nach Wissen und Bildung, ist auch ihre Zeit in Cleveland von abendlichen und nächtlichen Studien an der Universität begleitet.

Es ist im Jahre 1934, als sie in alten Zeitungen nach Material für eine Veröffentlichung zum Kindergesundheitswesen nachblättert. Dabei bekommt sie zufällig einen Zeitungsartikel in die Hände. So wird sie auf das Schicksal des Flugpioniers Gustav Weißkopf aufmerksam.

Jede Minute ihrer Freizeit, sie ist weiterhin voll beruflich tätig, und jeden Cent, den sie erübrigen kann, steckt sie für die Dauer von drei Jahren in die Weißkopf-Arbeit. Noch leben viele Menschen, die den verstorbenen Gustav Weißkopf gekannt, mit ihm gearbeitet oder ihm bei seinen Flügen zugesehen haben. Stella Randolph kann viele Augenzeugen ausfindig machen, wenn dies auch oft mit großen Umständen verbunden ist. Die Zeugenaussagen dieser Personen lässt sie meist in Anwesenheit eines Notars unter Eid abgeben, unterschreiben und beglaubigen. Diese eidesstattlichen Erklärungen liegen heute noch in schriftlicher Form vor; sie sind für die Weißkopf-Forschung wichtige Dokumente. In den Jahren 1934 bis 1936 geben unter anderem folgende Personen, deren Namen in diesem Buch schon an anderer Stelle genannt sind, solch eidesstattliche Versicherungen ab:

Albert B. C. Horn, Louis Darvarich, Martin Devine, Cecil A. Steeves, James Dickie, Alexander Gluck, Michael Werer, John S. Lesco, John A. Ciglar, Joe Ratzenberger, Thomas Schweikert und Anton Pruckner.

Stella Randolph kann in dieser Zeit auch fruchtbare Gespräche mit Frau Louise Tuba Whitehead, der Witwe von Gustav Weißkopf, führen.

Überall sammelt die Schriftstellerin Material für ein Buch.

Auch den äußerst bedeutsamen Zeitungsartikel »FLYING« aus dem SUNDAY HERALD vom 18. August 1901 macht sie ausfindig.

Als Ergebnis dieser mühsamen, aufopferungsvollen Arbeit kann sie im Jahre 1937 das Buch LOST FLIGHTS OF GUSTAVE WHITEHEAD (VERGESSENE FLÜGE VON GUSTAV WEISSKOPF) veröffentlichen. Das Buch ist im Verlag Places, Washington, erschienen und stellt die erste Veröffentlichung über den vergessenen Flugpionier (nicht nur im englischsprachigen Raum, sondern überhaupt) dar.

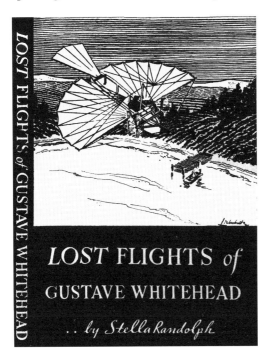

Abb. 75
Stella Randolph:
LOST FLIGHTS OF
GUSTAVE WHITEHEAD
(Verlag Places,
Washington, 1937)

Nach dem Tode der Mutter im Jahre 1940 kehrt Stella Randolph wieder nach Washington zurück. Ihr ist die Stelle der ersten Direktorin für Gesundheitserziehung am Montgomery-Bezirksgesundheitsamt übertragen worden. Neben den vielen Aufgaben ihres Berufs arbeitet sie jetzt verstärkt auf publizistischem Gebiet: Sie veröffentlicht Tätigkeitsberichte, bringt Broschüren heraus, bereitet Pressenachrichten für regionale und überregionale Zeitungen vor und verfasst für den Rundfunk Sendungen, Parodien und »Spots« für die Gesundheitsorganisation. Außerdem erstellt sie für verschiedene Gruppen Gesundheitsprogramme und erarbeitet Lehrmaterial für das Personal des Gesundheitsamts.

Im Jahre 1945 wird ihr die Stelle als Direktorin der Gesundheitserziehung bei der Amerikanischen Krebsforschungsgesellschaft übertragen. Wie lange sie diese Tätigkeit ausführt, ist nicht bekannt. Jedenfalls verrichtet sie danach noch zehn Jahre bis zum Zeitpunkt ihrer Versetzung in den Ruhestand im Armee-Ministerium für den Generalstabsarzt der USA Schreib- und Forschungsarbeiten.

Während all dieser Jahre ist sie neben ihrer Berufstätigkeit weiterhin als freie Schriftstellerin tätig, soweit Zeit und Gesundheit dies ermöglichen. Mit Gustav Weißkopf und seinen Pioniertaten wird sie später noch einmal konfrontiert.

Sie stirbt am 20. März 1989 in den USA.

In den USA bringt die Zeitschrift POPULAR AVIATION im Januar 1935 einen Artikel über den vergessenen Pionier.

Auch in Deutschland beginnt man, auf Gustav Weißkopf aufmerksam zu werden.

Von Franz Ludwig Neher erscheint im Jahre 1939 im Verlag Bruckmann, München, FLIEGEN - DAS GROSSE FLIEGERBUCH.

Während Neher, der schon Jahre zuvor zum Thema des Fliegens und über Flugzeuge in seinem Buch DAS WUNDER DES FLIEGENS geschrieben hat, Gustav Weißkopf dort nicht erwähnt, stellt er ihn jetzt in die Reihe der bedeutendsten Flugpioniere.

Die Stadt Leutershausen erfährt zum ersten Mal von ihrem großen Sohn im Jahre 1935. Das Reichsluftfahrtministerium ist in dieser Zeit von der Deutschen Botschaft in Washington gebeten worden, Nachforschungen über Weißkopf anzustellen. Aus diesem Grunde schreibt das Reichsluftfahrtministerium Berlin das damalige Bürgermeisteramt Leutershausen an und bittet um Auskunft. Das Schreiben trägt das Aktenzeichen »ZA 2b Nr. 1871/35.«

Die Tatsache, dass ein Deutscher der erste Motorflieger der Welt ist, ist dem politischen Konzept des Dritten Reiches willkommen. Die Weißkopf-Nachforschungen gehen jedoch sehr stockend voran. Erst Jahre später berichtet in ganz Deutschland die damals zentral gelenkte Presse über Weißkopf; beispielsweise

der SCHWÄBISCHE MERKUR am 6. Mai 1941,

die FRÄNKISCHE LANDESZEITUNG am 4. Juli 1941,

der ANHALTER ANZEIGER am 4. Februar 1942,

die SCHWÄBISCHE SONNTAGSPOST am 29. Nov. 1942

und die STUTTGARTER NACHRICHTEN am 5. Juli 1943.

Auch die nationalsozialistische Literatur weiß von Weißkopf zu berichten. Herbert Müllenbach schreibt während des Dritten Reichs ein Buch mit dem Titel EROBERUNG DER LUFt. Dieses Buch erscheint

Abb. 76
Herbert Müllenbach:
EROBERUNG DER LUFT
(Zentralverlag der NSDAP,
München, o. J.)

Die Gustav-Weißkopf-Forschung 199

als Band 23 der Reihe SOLDATEN – KAMERADEN und wird vom Zentralverlag der NSDAP in München herausgegeben.

Während Müllenbach in seiner 2. Auflage noch sehr vorsichtig über Weißkopf schreibt, erstaunt, was er in späteren Auflagen zu berichten weiß.

Aus der 2. Auflage (11.–20. Tausend), Seiten 68 und 69:

»... Vor ganz kurzer Zeit ist allerdings der Name eines aus Höchst nach Amerika ausgewanderten Deutschen namens Gustav Weißkopf aufgetaucht, der schon mindestens zwei Jahre vor den Wrights über dem Long Island Sund meilenlange erfolgreiche Motorflüge durchgeführt haben soll. Er soll über zwanzig Flugzeuge gebaut und bereits 1902 eine Strecke von etwa 12 Kilometer zurückgelegt haben! ...«

Aus der 4. Auflage (31.–40. Tausend), Seiten 62 bis 66:

»... Vor etwa drei Jahren ist aber der Verfasser dieses Büchleins auf eine n e u e S p u r gestoßen, die ihn so sehr fesselte, dass er ihr nachging. Nach einer eingehenden kritischen Sichtung des nicht ganz lückenlosen, aber im Endergebnis doch b e w e i s k r ä f t i g e n Materials steht nunmehr fest, dass bereits vor dem ersten Flug der Brüder Wright andere Flüge durchgeführt wurden, und zwar durch einen nach Amerika ausgewanderten Deutschen namens Gustav W e i ß k o p f . ...

... Die Geschichtsschreibung hat oft Irrtümer und Unterlassungen gutzumachen. Der Ruhm, den die Wrights für ihren ersten Flug ernteten, hätte normalerweise einem Deutschen zukommen müssen. Welches auch die Gründe für einen derartigen Kapitalirrtum der Geschichte sein mögen, es ist die Pflicht der Nachwelt, ihn wiedergutzumachen. Der Verfasser dieses Büchleins hat es sich daher zur Aufgabe gemacht, den um sein Verdienst und seinen Ruhm gekommenen Gustav Weißkopf endgültig der Vergessenheit zu entreißen, um ihm die Stellung zu geben, die er in der Geschichte der Luftfahrt als erster Motorflieger der Menschheit beanspruchen darf. (Fußnote: Der Verfasser bereitet zur Zeit ein ausführliches Buch über den

»Fall Weißkopf« vor.) ... Gustav Albin Weißkopf war am 1. Januar 1874 in Leutershausen (Mittelfranken) geboren. Schon als Schüler hatte er allerlei Flugträume im Kopf, weshalb ihn seine Freunde und Kameraden den »Flieger« nannten. Mit dreizehn Jahren verlor er beide Eltern, machte dann eine Schlosserlehre durch, ging anschließend auf Wanderschaft, wurde Seemann und landete im Jahre 1895 in den Vereinigten Staaten, die er nie wieder verließ. Bereits im Jahre 1899 soll er in Pittsburg mit einem selbstgebauten Dampf-Flugzeug einen kurzen Flug ausgeführt haben, der mit Bruch endete. Doch ist dieses Gerücht nicht ganz verbürgt. V e r b ü r g t   d u r c h   e i d l i c h e   u n d   e i d e s s t a t t l i c h e   A u s s a g e n   v o n   A u g e n z e u g e n sind dagegen vier Flüge Weißkopfs, die er am 14. August 1901 in Bridgeport ausführte und von denen der längste über eine Strecke von 800 Meter führte. Verbürgt ist auch ein Flug, bei dem er am 17. Januar 1902 – ebenfalls in Bridgeport – rund drei Kilometer zurücklegte! Das sind keine »Sprünge«, ist kein zufälliges »Hopsen« mehr, sondern gekonntes und willkürliches Fliegen!

Wenn diese Zeilen vielleicht hier und da auf Widerspruch stoßen und man den Flügen Weißkopfs die späteren Strecken-, Höhen- und Dauerflüge der Wrights entgegenhalten will, die der Verfasser sehr genau kennt und anerkennt, so sei gesagt, dass der Vergleich zwischen Weißkopf und den Wrights ja kein leistungsmäßiger, sondern ein historisch-prioritätsmäßiger sein soll und dass die beherrschende Frage ja nicht lautet: »Wer hat in den Anfängen der Fliegerei am besten geflogen?« – sondern: »Wer hat als erster geflogen?« Die fliegerischen Leistungen der Wrights an sich bleiben hierdurch unberührt – sie gehören der Geschichte an.

Der erste Motorflieger aber war ein Deutscher!«

Im Text der 4. Auflage schreibt Müllenbach, dass er vor drei Jahren auf Weißkopf gestoßen ist. Leider ist aber sowohl in der 2. als auch in der 4. Auflage keine Jahresangabe vermerkt, so dass das Geschehen nicht genau datiert werden kann. Auch verfügt die Weißkopf-Forschung nicht über eine Ausgabe der 3. Auflage dieses Buches.

In einer Fußnote vermerkt Müllenbach, dass er ein ausführliches Buch über den Fall Weißkopf vorbereite. Die Weißkopf-Forschung in Deutschland stellt dazu in den neunziger Jahren Recherchen an und nimmt Kontakt mit Müllenbachs Erben auf. Man verspricht sich davon, auf Materialsammlungen, Aufzeichnungen, vielleicht sogar auf ein mehr oder weniger umfangreiches Manuskript zu diesem Vorhaben zu stoßen. Man erfährt jedoch, dass Herbert Müllenbach am 27. Oktober 1942 in Stalingrad gefallen ist und dass keine Unterlagen vorhanden sind.

In der Fachzeitung RUNDSCHAU DEUTSCHER TECHNIK veröffentlicht am 13. August 1942 – zum 51. Jahrestag des ersten Motorflugs – der deutsche Schriftsteller Helmuth M. Böttcher aus Eisenach einen ganzseitigen Artikel über Weißkopf und seine Pioniertaten:

Abb. 77
Helmuth M. Böttcher

13. August 1942   Nr. 15/16   Seite 6   *Rundschau Deutscher Technik*

Nicht Amerikaner, sondern ein Deutscher der erste Motorflieger

In jedem Lexikon steht es gedruckt: „Orville und Wilbur Wright, amerikanische Flugtechniker, beschäftigten sich seit 1900 mit Gleitsegelflügen. Am 17. Dezember 1903 gelang Wilbur Wright der erste Motorflug der Welt." Wessen Wissensdurst mit dieser Auskunft noch nicht gestillt sein sollte, der kann in anderen Büchern noch sehr viel mehr über diese Großtat des Menschengeistes zu lesen finden. Aber es stimmt dennoch nicht. Das heißt: Mit den Flügen der Wrights hat es schon seine Richtigkeit. Der erste Motorflieger jedoch war Gustav Weißkopf, ein armer deutscher Schlosser aus dem Örtchen Leutershausen in Mittelfranken.

Schon als Junge war er von der Manie, das Flugzeug erfinden zu müssen, besessen. Seine Mitschüler nannten ihn spottend den „Flieger", die Polizei verhinderte seine Vogelbeobachtungen als „Tierquälerei", als Dreizehnjähriger machte er den ersten — natürlich mißlückten — Flugversuch vom Dach des großelterlichen Hauses in Ansbach. Danach folgen Wanderjahre. Dabei hatte er eine Begegnung mit Otto Lilienthal, die richtungweisend und bestimmend für seine Zukunft wurde. Später wurde er Seemann und als Matrose. Nun konnte er seiner Leidenschaft, den Vogelflug zu studieren, durch die Beobachtung von Möwen und Albatrossen, diesen Königen unter den Fliegern, ungestört frönen. In Brasilien, wo er schließlich wieder festen Fuß faßte, baute er sein erstes Gleitflugzeug. Dann wanderte er weiter nach den Vereinigten Staaten. Lange Zeit zieht er ruhelos von Ort zu Ort. 1899 oder 1900 finden wir ihn in Pittsburg. Hier konstruiert er eine Dampfmaschine, die leicht genug scheint, um ein Flugzeug den mechanischen Antrieb zu geben. Aber beim ersten Großversuch stürzt Weißkopf zusammen mit seinem Freunde Darvarich, der er als Heizer mitnimmt, ab. Das Flugzeug zerschellt, Darvarich kommt ins Krankenhaus, Weißkopf bleibt unverletzt. Er verbessert seine Dampfmaschine in den Nachtstunden — tagsüber muß er Geld verdienen —, findet neue Legierungen für Kessel, die höhere Drücke vertragen, erschreckt die Nachbarn, wenn bei den Versuchen, die Kessel platzen, und muß vor der Polizei, die nächtliche Ruhestörer nicht leiden mag, ausreißen.

So kommt er nach Bridgeport. Zunächst findet hier Stellung als Kutscher. Was er erspart, legt er in neuen Flugmodellen an. Den Bau diese Dampfmaschinen auszurüsten, hat er aufgegeben. Jetzt versucht es mit selbstgebauten Motortypen, die er mit Azetylen-Gasgemisch antreibt. Seine Versuche werden bekannt. Ein gewisser Custead, der sich als Erfinder eines neuen Luftballontyps ausgibt und eine Gesellschaft mit 100 000 Dollar Kapital hinter sich hat, sucht Anschluß an ihn. Diese Jahre um die Wende des neuen Jahrhunderts sind ja voll von Bemühungen um die Lösung des Problems. Lilienthal hatte den Anstoß gegeben. Zu Dutzenden zählen nach seinem Tode seine Nacheiferer, die seine Tat vollenden wollen. Auch die Brüder Wright klopfen mehrmals bei Weißkopf an und lernen. Ein im Jahre 1938 von der nordamerikanischen Regierung eingesetzter Ausschuß zum Studium der Entwicklung der Fliegerei in den Vereinigten Staaten stellt es ausdrücklich fest. Es ist ja eben die Zeit, über die schon im Lexikon zu lesen steht, daß die Wrights mit ihren Versuchen begannen. Vielleicht wurden sie gar erst durch Weißkopf dazu angeregt.

Dann, am 19. August 1901, bringt der New York Herald einen Aufsatz mit der unerhörten Überschrift: „Erfinder lösen gemeinsam das Problem der Luftschiffahrt. Gustave Whitehead reist eine halbe Meile in Flugmaschine. Antrieb vermittels Azetylen-Gemisches. Gewichtsersparnis am Motor 75 %."

Das Datum ist ebenso wichtig wie die Quelle. Denn bis zum Fluge, den den Brüdern Wright bei Norfolk am Albemarle-Sund gelingen wird, sind es noch fast genau 2½ Jahre! Am gleichen 19. 8. erzählt der Boston Transcript in einem Aufsatz von diesem ersten Motorflug eines Menschen. Noch ausführlicheres kann Richard Howell im „Bridgeport Sunday-Herald" vom 18. August 1901 berichten. Er hat den Flug persönlich miterlebt und weiß darum viele Einzelheiten. Er illustriert sogar seine Zeitung mit einem Bild, das ein seltsames Gewirr phantastisch miteinander gekoppelter Luftballons zeigt, die, mit ebenso phantastischen Antrieben versehen, offenbar die Zukunftslösung des Problems darstellen sollen, wie sich in des Texaners Custead von der Aussicht auf 100 000 Dollar erleuchtetem Erfindergehirn darstellt.

Das ist wohl auch der Grund, aus dem Weißkopf diesen hinauswirft und ihm gleich hinterher einen gewissen Hermann Linde folgen läßt, der ihm Geld geliehen hat und nun hinter seinem Rücken versucht, das Geheimnis der Erfindung auszukundschaften.

Weißkopf hungert sich inzwischen wieder durch. Er baut nochmals um, verwertet beim ersten Fluge gemachte Erfahrungen, und ein halbes Jahr später, am 17. Januar 1902, ist er wieder startbereit. Diesmal fliegt er über das winterliche Eis des Long-Island-Sundes von Bridgeport nach Lordship Manor, er steigt auf 70 Fuß Höhe, kurvt und legt im Hin- und Rückflug 12,6 km zurück. Beim Landen wird die Maschine ins offene Wasser getrieben und geht verloren.

Der Bericht über den Flug findet sich erst am 1. April 1902 in der Erfinderzeitschrift „American Inventor" denn diesmal stecken 100 000 Dollar hinter Weißkopf, die Reporterfedern zu beflügeln. Der Erfinder selber ist durch den Verlust des Flugzeugs wirtschaftlich ruiniert. Der Luftschifferfolg des Brasilianers Santos-Dumont, der am 9. September 1901 der Eiffelturm umfuhr und damit einen Preis von 100 000 Franken gewonnen hat, ist zugleich den „untrüglichen Beweis" erbracht, daß nur auf dem Wege des Leichter-als-die-Luft Apparates, nicht Ballons, die Eroberung der Luft aussichtsreich erscheint. Was interessiert da noch ein Weißkopf?

Modell einer Dampfmaschine, gebaut von Weißkopf

Wahrscheinlich wurde diese Bauart bei dem Flug in Pittsburg 1899 benutzt.

Alle noch so verzweifelten Bemühungen des Erfinders, sich gegen diese Auffassung durchzusetzen, scheitern. Den Brüdern Wright, der Erfolg am 17. Dezember 1903 und damit der Beweis gelingt, daß auch die Lilienthalsche Idee vom Vogelflug mit Schwerer-als-die-Luft-Apparaten recht haben kann.

Weißkopfs Erfindung triumphiert. Er selber allerdings ist bereits wieder vergessen. Außerdem ist er ja Deutscher! Soll man sich an einen Deutschen erinnern, wenn man an einen Amerikaner denken darf?

Als Gustav Weißkopf stirbt, hinterläßt er seiner Familie ein „Vermögen" von ganzen 8 Dollar. Kann man die Tragödie seines Lebens plastischer zeichnen als durch diesen Hinweis auf seine Armut? Es ist hohe Zeit, Gustav Weißkopf in unserer Erinnerung ein Denkmal zu setzen [*)].

Hellmuth M. Böttcher,
Eisenach

[*) Vgl. die demnächst im Zedtwitz-Verlag erscheinende Biographie des Verfassers „Gustav Weißkopf".]

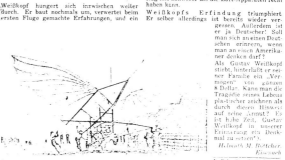

Eines der von Weißkopf gebauten Flugzeuge   *Bilder Archiv*

Abb. 78

Seite 6 aus RUNDSCHAU DEUTSCHER TECHNIK
vom 13. August 1942

NICHT AMERIKANER, SONDERN EIN DEUTSCHER DER ERSTE MOTORFLIEGER

In jedem Lexikon steht es gedruckt: »Orville und Wilbur Wright, amerikanische Flugtechniker, beschäftigen sich seit 1900 mit Gleitsegelflügen. Am 17. Dezember 1903 gelang Wilbur Wright der erste Motorflug der Welt.« Wessen Wissensdurst mit dieser Auskunft noch nicht gestillt sein sollte, der kann in anderen Büchern noch sehr viel mehr über diese Großtat des Menschengeistes zu lesen finden. Aber es stimmt dennoch nicht. Das heißt: Mit den Flügen der Wrights hat es schon seine Richtigkeit. Der erste Motorflieger jedoch war Gustav Weißkopf, ein armer deutscher Schlosser aus dem Örtchen Leutershausen in Mittelfranken.

Schon als Junge war er von der Manie, das Flugzeug erfinden zu müssen, besessen. Seine Mitschüler nannten ihn spottend den »Flieger«, die Polizei verhinderte seine Vogelbeobachtungen als »Tierquälerei«, als Dreizehnjähriger machte er den ersten - natürlich mißglückten - Flugversuch vom Dach des großelterlichen Hauses in Ansbach. Danach folgten Wanderjahre. Dabei hatte er eine Begegnung mit Otto L i l i e n t h a l , die richtungsweisend und bestimmend für seine Zukunft wurde. Später wurde er Matrose. Nun konnte er seine Leidenschaft, den Vogelflug zu studieren, durch die Beobachtung von Möven und Albatrossen, diesen Königen unter den Fliegern, ungestört frönen. In Brasilien, wo er schließlich wieder ersten Fuß faßte, baute er sein erstes Gleitflugzeug. Dann wanderte er weiter nach den Vereinigten Staaten. Lange Zeit zieht er ruhelos von Ort zu Ort. 1899 oder 1900 finden wir ihn in Pittsburgh. Hier konstruiert er eine Dampfmaschine, die leicht genug scheint, um dem Flugzeug den mechanischen Antrieb zu geben. Aber beim ersten Großversuch stürzt Weißkopf zusammen mit seinem Freunde Darvarich, den er als Heizer mitnimmt, ab. Das Flugzeug zerschellt. Darvarich kommt ins Krankenhaus, Weißkopf bleibt unverletzt. Er verbessert seine Dampfmaschine in den Nachtstunden – tagsüber muss er Geld verdienen – erfindet neue Legie-

rungen für Kessel, die höhere Drücke vertragen, erschreckt die Nachbarn, wenn bei den Versuchen die Kessel platzen, und muß vor der Polizei, die nächtliche Ruhestörer nicht leiden mag, ausrücken.

So kommt er nach Bridgeport. Zunächst findet er hier Stellung als Kutscher. Was er ersparen kann, legt er in neuen Flugmodellen an. Den Plan, diese mit Dampfmaschinen auszurüsten, hat er aufgegeben. Jetzt versucht er es mit selbstgebauten Motortypen, die er mit Azetylen-Gasgemisch antreibt. Seine Versuche werden bekannt. Ein gewisser Custead, der sich als Erfinder eines neuen Luftballontyps ausgibt und eine Gesellschaft mit 100.000 Dollar Kapital hinter sich hat, sucht Anschluß an ihn. Diese Jahre um die Wende des neuen Jahrhunderts sind ja voll von Bemühungen um die Lösung des Problems. Lilienthal hatte den Anstoß gegeben. Zu Dutzenden zählen nach seinem Tode seine Nachfolger, die seine Tat vollenden wollen. Auch die Brüder Wright klopfen mehrmals bei Weißkopf an und lernen von ihm. Ein im Jahre 1938 von der nordamerikanischen Regierung eingesetzter Ausschuß zum Studium der Entwicklung der Fliegerei in den Vereinigten Staaten stellt das ausdrücklich fest. Es ist ja eben die Zeit, über die schon im Lexikon zu lesen steht, dass die Wrights mit ihren Versuchen begannen. Vielleicht wurden sie gar erst durch Weißkopf dazu angeregt.

Dann, am 19. August 1901, bringt der New York Herald einen Aufsatz mit der unerhörten Überschrift: »Erfinder lösen gemeinsam das Problem der Luftschiffahrt. Gustave Whitehead reist eine halbe Meile in Flugmaschine. Antrieb vermittels Azetylen-Gemisches. Gewichtsersparnis am Motor 75 %«.

Das Datum ist ebenso wichtig wie die Quelle. Denn bis zum Fluge, der den Brüdern Wright bei Norfolk am Albemarle-Sund glücken wird, sind es noch fast genau $2^1/_2$ Jahre! Am gleichen 19. 8. erzählt auch Boston Transcript in einem Aufsatz von diesem ersten Motorflug eines Menschen. Noch ausführlicheres kann Richard Howell im BRIDGEPORT SUNDAY-

HERALD *vom 18. August 1901 berichten. Er hat den Flug persönlich miterlebt und weiß darum viele Einzelheiten. Er illustriert sogar seine Zeitung mit einem Bild, das ein seltsames Gewirr phantastisch miteinander gekoppelter Luftballons zeigt, die, mit ebenso phantastischen Antrieben versehen, offenbar die Zukunftslösung des Problems darstellen sollen, wie sie sich in des Texaners Custead von der Aussicht auf 100.000 Dollar erleuchtetem Erfindergehirn darstellt.*

Das ist wohl auch der Grund, aus dem Weißkopf diesen hinauswirft und ihm gleich hinterher einen gewissen Hermann Linde folgen läßt, der ihm Geld geliehen hat und nun hinter seinem Rücken versucht, das Geheimnis der Erfindung auszukundschaften.

Weißkopf hungert sich inzwischen weiter durch. Er baut nochmals um, verwertet beim ersten Fluge gemachte Erfahrungen, und ein halbes Jahr später, am 17. Januar 1902, ist er wieder startbereit. Diesmal fliegt er über das winterliche Eis des Long-Island-Sundes von Bridgeport nach Lordship Manor, er steigt auf 70 Fuß Höhe, kurvt und legt im Hin- und Rückflug 12,6 km zurück. Beim Landen wird die Maschine ins offene Wasser getrieben und geht verloren.

Der Bericht über den Flug findet sich erst am 1. April 1902 in der Erfinderzeitschrift AMERICAN INVENTOR, *denn diesmal stehen keine 100.000 Dollar hinter Weißkopf, um die Reporterfedern zu beflügeln. Der Erfinder selber ist durch den Verlust des Flugzeugs wirtschaftlich ruiniert. Der Luftschiffererfolg des Brasilianers Santos-Dumont, der am 9. September 1901 den Eifelturm umfuhr und damit einen Preis von 100.000 Franken gewonnen hat, hat zugleich den »untrüglichen Beweis« erbracht, daß nur auf dem Wege des Leichter-als-Luft-Apparates, also des Ballons, die Eroberung der Luft aussichtsreich erscheint. Was interessiert da noch ein Weißkopf?*

Alle noch so verzweifelten Bemühungen des Erfinders, sich gegen diese Auffassung durchzusetzen, scheitern. Bis dann seinen Schülern, den

Brüdern Wright, der Erfolg am 17. Dezember 1903 und damit der Beweis gelingt, daß auch die Lilienthalsche Idee vom Vogelflug mit Schwerer-als-die-Luft-Apparaten recht haben kann.

W e i ß k o p f s   E r f i n d u n g   triumphiert. Er selber allerdings ist bereits wieder vergessen. Außerdem ist er ja Deutscher! Soll man sich an einen Deutschen erinnern, wenn man an einen Amerikaner denken darf?

Als Gustav Weißkopf stirbt, hinterläßt er seiner Familie ein »Vermögen« von ganzen 8 Dollar. Kann man die Tragödie seines Lebens plastischer zeichnen als durch diesen Hinweis auf seine Armut? Es ist hohe Zeit, Gustav Weißkopf in unserer Erinnerung ein Denkmal zu setzen.

Helmuth M. Böttcher,
Eisenach

In einer Fußnote unter diesem Bericht wird angekündigt, dass demnächst von Helmuth M. Böttcher, dem Verfasser dieses Artikels, ein Buch mit dem Titel »Gustav Weißkopf« im Zsolnay-Verlag erscheinen wird. Im Jahre 1942 erscheint tatsächlich ein Buch von Helmuth M. Böttcher, allerdings in einem anderen Verlag. Dieses Buch trägt zwar den Titel

Gustav Weißkopf
DIE GESCHICHTE DES ERSTEN MOTORFLIEGERS
EIN DEUTSCHES SCHICKSAL,

doch handelt es sich hierbei nicht um ein Sachbuch, sondern um eine romanhafte Erzählung. Böttcher beschreibt die Lebensgeschichte Weißkopfs mit allen Erfolgen und Enttäuschungen in einer solch netten Art, dass derjenige, der dieses Buch in die Hände bekommt und darin zu lesen beginnt, nur ungern diese Lektüre unterbricht oder weglegt.

Die Gustav-Weißkopf-Forschung

Böttchers Buch aus dem Jahre 1942 erscheint im Bischoff Verlag, Berlin, Wien, Leipzig als gebundene Ausgabe und später als Taschenbuch.

Im Jahre 1955 erscheint Böttchers zweiter Roman unter dem Titel DER FLIEGER VON BRIDGEPORT im Greifen Verlag, Rudolstadt.

Abb. 79
Die beiden Ausgaben des Buches sind inhaltlich identisch.

Abb. 80
Böttchers zweiter Roman
DER FLIEGER VON
BRIDGEPORT

Im Jahre 1944 verkauft die Witwe Weißkopfs, Frau Louise Tuba Whitehead, in den USA das von ihrem verstorbenen Mann selbst erbaute Haus in Fairfield. Sie zieht um. Nach Florida. Sie ahnt in keinster Weise, welch wertvolle Dokumente und Beweisstücke in diesem Hause zurückbleiben. Sie überlässt alles, das Haus mit dem gesamten Inventar, der neuen Besitzerin. Diese räumt in ihrem neu erworbenen Haus mit der Nummer 184 zunächst einmal gründlich auf und wirft alles weg. Manches Möbelstück behält sie. Doch die Papiere, Pläne und andere Schriftstücke wirft sie in Unkenntnis der Bedeutung dieser Unterlagen einfach weg. Mit den alten Motoren und sonstigen Geräten weiß sie auch nichts anzufangen. Sie ist froh, dass der Trödler diese Sachen abholt.

Zu dieser Zeit tobt in aller Welt Krieg und Kriegsgeschrei. Und dieser Krieg schlägt tiefe Wunden in viele Familien. In aller Welt folgen die Männer dem Aufruf, die Vaterländer zu verteidigen. Und in aller Welt bangen Frauen und Mütter um das Leben der Männer und Söhne. Doch der Krieg findet nicht nur an der Front statt. In vielen Ländern der Erde bangen Zivilpersonen, alte Menschen, Frauen und Kinder, um ihr eigenes Leben, wenn feindliche Flugzeuge Bombenangriffe auf die Städte im Landesinneren fliegen. In dieser Zeit hat kein Mensch Interesse daran, nach dem Erfinder des Motorflugzeugs zu fragen.

Am 18. April 1945 greifen acht Republic P-47 Thunderbolds des 525. Kampfgeschwaders der 86. Kampfgruppe der US-Luftwaffe die Geburtsstadt des Flugpioniers Gustav Weißkopf, das mittelfränkische Altmühlstädtchen Leutershausen, an. Achtzehn Jahre nach seinem Tode. Viele Gebäude werden getroffen, beschädigt und zerstört. Auch das Geburtshaus von Gustav Weißkopf wird in Trümmer gelegt.

Motorflugzeuge zerstören das Geburtshaus des Mannes, der das Motorflugzeug erfunden hat. –

Ironie des Schicksals?

Die SMITHONIAN INSTITUTION in Washington gilt in den USA als oberste wissenschaftliche Autorität. Sie untersteht direkt dem amerikanischen Präsidenten. Diese Institution verfügt seit etwa 1909 über die umfangreichste Sammlung an Fluggeräten. Heute kann dort in Ausstellungen die Geschichte der Luft- und Raumfahrt vom Wright-Flyer (1903) bis hin zum Space-Shuttle (1990) betrachtet, besichtigt und erlebt werden. Die Entscheidung, welcher Flugpionier als erster Motorflieger der Welt anzuerkennen sei, wird von der Smithonian Institution bis in die vierziger Jahre hinausgeschoben.

Seit dem Tode des Bruders Wilbur im Jahre 1912 bemüht sich Orville Wright darum, dass er und sein Bruder als erste Motorflieger der Welt anerkannt werden. Weshalb er so verbissen um diese Anerkennung ringt, kann wohl nur damit erklärt werden, dass er sich einen Platz in der Geschichte sichern will. Kennt man allerdings den wahren Verlauf der Geschichte, so steht dieser Platz nicht den Wrights zu, sondern Gustav Weißkopf. Und den wahren Verlauf der Geschichte kennt Orville Wright ganz genau.

Als die Smithonian Institution gegen Ende der zwanziger Jahre die Anerkennung der Wrights ablehnt, entschließt sich Orville den »Flyer I« aus dem Jahre 1903 dem Londoner MUSEUM OF SCIENCE als Leihgabe zu überlassen.

Die breite Masse spricht jetzt von den Gebrüdern Wright als erste Motorflieger. Und in den Vereinigten Staaten bemüht sich der Kongress mit Nachdruck um Klarheit. Die Smithonian Institution trifft im Jahre 1942 die Entscheidung: Die Gebrüder Wright werden nun doch als erste Motorflieger der Welt anerkannt.

Diese Entscheidung ist aber keine historische, sondern eher eine politische, wie sich später herausstellen wird; eine politische Entscheidung, die man heute lieber als patriotischen Fehler belächeln möchte und auch sollte, wäre mit ihr nicht etwas weit Beunruhigenderes geschehen, nämlich die Opferung historischer Sachlichkeit zugunsten tagesaktueller Nützlichkeit für das nationale Selbstwertgefühl. Von Politikern mag so etwas sogar erwartet, ja gefordert werden können, von einer wissenschaftlichen Institution hingegen um keinen Preis. Um das alles aus heutiger Sicht beurteilen zu können, muss man zwei Gegebenheiten bedenken:

Erstens muss man wissen, dass die Vorfahren der Wrights zwar nicht im Jahre 1620 mit der »Mayflower« als Pilgrim Fathers in die Neue Welt gekommen sind, doch aber bereits im Jahre 1636. Die Wrights dürfen somit als »Amerikaner der ersten Stunde« bezeichnet werden.

Gustav Weißkopf hingegen, hat zwar mit Gustave Whitehead seinen Namen anglisiert, hat aber nie die amerikanische Staatsbürgerschaft angestrebt. Er ist Deutscher geblieben.

Zweitens sollte man beachten, dass sich in der Zeit der Entscheidung die Vereinigten Staaten mit Deutschland im Kriege befinden. Dies kann einer Anerkennung des Deutschen Weißkopf als erster Motorflieger nicht dienlich sein.

Die Smithonian Institution erkennt also 39 Jahre nach dem ersten Flug der Wrights diese als erste Motorflieger der Welt an. Und Orville Wright erklärt sich bereit, sein Flugzeug von London in die USA bringen zu lassen. Wegen der Kämpfe des Zweiten Weltkriegs verzögert sich jedoch der gefahrlose Transport des Flugzeugs über den Atlantik bis 1948. Orville Wright erlebt dies nicht mehr; er stirbt am 30. Januar 1948 in Dayton. Seine Erben schließen am 23. November 1948 mit der Smithonian Institution einen Vertrag ab. Darin wird unter anderem vereinbart, dass die Wright-Erben dem Institut das Original des »FLYER I« zum Preis von einem Dollar

... »*the sum of One ($ 1.00) Dollar in cash* ...«

überlassen.

Dieses Geschäft wird an verschiedene Bedingungen geknüpft. Zwei davon sollen hier genannt werden:

Erstens: Die Wright-Erben legen genau Form und Inhalt des Textes fest, der beim ausgestellten Flugzeug auf einer Tafel den Besucher informieren soll:

The Original Wright Brother's Aeroplane
The World's First Power-Driven Heavier-than-Air Machine
in Which Man Made Free, Controlled, and Sustained Flight
Invented and Built by Wilbur and Orville Wright
Flown by Them at Kitty Hawk, North Carolina
December 17, 1903
By Original Scientific Research the Wright Brothers Discovered
the Principles of Human Flight
As Inventors, Builders and Flyers
They Further Developed the Aeroplane
Taught man to Fly and Opened the Era of Aviation
Deposited by the Estate of Orville Wright.

Übersetzung:

Die Original-Gebrüder-Wright-Flugmaschine,
der Welt erste motorgetriebene Schwerer-als-Luft-Maschine,
in der der Mensch freien, gelenkten und stetigen Flug machte;
erfunden und gebaut von Wilbur und Orville Wright,
von ihnen geflogen in Kitty Hawk, Nord-Carolina, am
17. Dezember 1903.
Durch eigenständige wissenschaftliche Forschung entdeckten
die Gebrüder Wright die Grundlagen des Menschenflugs;
als Erfinder, Erbauer und Flieger
haben sie das Flugzeug weiterentwickelt,
lehrten dem Menschen das Fliegen und öffneten die Ära der Luftfahrt.
Vom Nachlass des Orville Wright zur Verfügung gestellt.

Aus diesem Text geht eindeutig hervor, dass es sich um das Original des »Flyer I« handelt, mit dem die Gebrüder Wright am 17. Dezember 1903 ihren ersten Flug durchgeführt haben.

Zweitens:

»Neither the Smithonian Institution or its successors nor any museum or other agency, bureau or facilities, administered for the United States of America by the Smithonian Institution or its successors, shall publish or permit to be displayed a statement or label in connection with or in respect of any aircraft model or design of earlier date than the Wright Aeroplane of 1903, claiming in effect that such aircraft was capable of carrying a man under its own power in controlled flight.«

Übersetzung:

»Weder die Smithsonian Institution oder deren Nachfolger, noch jegliches von der Smithsonian Institution oder deren Nachfolger für die Vereinigten Staaten von Amerika verwaltete/s Museum oder Agentur, Amt oder Abteilung, darf öffentlich bekannt machen oder eine Erklärung oder eine Aufschrift in Verbindung mit oder in Bezug zu einem Flugzeug-Typ oder -Entwurf mit einem früheren Datum als dem des Wright-Flugzeuges von 1903 mit der Behauptung versehen, dass dieses Flugzeug in der Lage war, einen Menschen unter eigener Kraft im kontrolliertem Flug zu tragen.«

Ferner wird noch in die Bedingungen mit aufgenommen, dass, im Falle eines Verstoßes der Smithonian Institution gegen die Vereinbarungen, das besagte Flugzeug sofort an die Wright-Erben zurückfallen werde.

Am 17. Dezember 1948, exakt fünfundvierzig Jahre nach dem ersten Flug der Wrights, wird der »Flyer I« dem Institut übergeben. Seitdem hängt er in der Abteilung für Luft- und Raumfahrt. Und mit Stolz, mit Nationalstolz, wird seitdem jedem Besucher dieses Flugzeug gezeigt.

Nach der Entscheidung der Smithonian Institution von 1942 geschieht hier etwas, das drei Jahre nach Kriegsende vollends unverständlich sein muss, zumal das Institut damit rechnen konnte und musste, auf peinliche

Weise belehrt zu werden, und das auf dem eigenen Kontinent und am schärfsten im eigenen Land.

Was hat die Smithonian Institution mit diesem Vertrag getan?

Professor Weißenborn von der University of St. Michael's College, Toronto, schreibt hierzu:

»An der Bedeutung dieses Wortlauts kann kein Zweifel bestehen. Als das „Smithonian" seinen guten Ruf als das sachverständigste aller technischen Institute der Welt für ein Flugzeug hingab, verurteilte es Weißkopf zur Namenlosigkeit. Schließlich war er ja nur ein einfacher deutscher Einwanderer und kein gebürtiger Sohn Amerikas, ohne Rücksicht auf die Liebe zu seiner neuen Heimat.«

Weißenborn meint also, die Smithonian Institution habe für ein Flugzeug ihre Autorität hingegeben, die höchste sachverständige Kapazität auf technischem Gebiete zu sein.

William O'Dwyer geht in seinem Buch HISTORY BY CONTRACT (siehe S. 224) noch weiter. Helmar Spannenberger kommentiert dies in seinem Film DER BELÄCHELTE PIONIER mit folgendem Wortlaut:

»... ein neues Buch, HISTORY BY CONTRACT, in dem er die Vereinigten Staaten und die Smithonian Institution der vertraglichen Geschichtsmanipulation beschuldigt, und nicht einmal zu Unrecht ...«

Abgesehen von diesen Vertragsbedingungen erhebt sich ferner die Frage, welches Flugzeug hier übergeben worden ist. Der Wortlaut des Vertrags spricht eindeutig und unmissverständlich vom Original des »FLYER I« aus dem Jahre 1903. Dieser ist allerdings nach dem vierten Flug am 17. Dezember 1903 von einer Windbö erfasst und völlig zerstört worden.

In ihrem Buch GESCHICHTE DER LUFTFAHRT (Würzburg, 1975), dem anerkannten Fachbuch dieser technischen Entwicklung, schreiben Streit/Taylor auf Seite 54:

»... Nach ihren ersten erfolgreichen Flügen am 17. Dezember 1903 in den Kill Devil Hills bei Kitty Hawk kehrten Wilbur und Orville Wright recht zufrieden nach Dayton heim, obwohl ihr kostbarer »Flyer I« nach dem vierten Flug durch eine Windbö vollkommen zerstört worden war. Die Welt erfuhr zunächst nicht viel von den »Wright Brothers«. In den Zeitungen erschienen nur unvollkommene Berichte. Man betrachtete die Versuche als Fehlschläge wie alle anderen vorhergegangenen.

In Dayton entwarfen die Brüder den »Flyer II« mit neuem Motor. Er wurde im Mai 1904 vollendet ...«

Und der Amerikaner Harry Combs schreibt in seinem Fachbuch über die Gebrüder Wright KILL DEVIL HILL, der Titel der deutschen Ausgabe lautet BRÜDER DES WINDS, auf Seite 190:

»... und während wir noch herumstanden und über den letzten Flug sprachen, wurde der Flieger von einer Windbö gepackt und er begann sich zu überschlagen. Wir wollten das Schlimmste noch verhindern, und Will, der am nächsten stand, lief nach vorn, um die Flugzeugnase herunterzudrücken. Aber es war zu spät. Mister Daniels und ich griffen nach den Flügelholmen, aber auch ohne Erfolg. Weil Mister Daniels nicht rechtzeitig losließ, wurde er von dem sich überschlagenden Flugzeug mitgerissen. Daß er unverletzt davonkam, war ein Wunder, denn er hatte sich in die Antriebskette des Motors verwickelt.

Daniels selbst sprach später von diesem Augenblick mit einem Anflug von grimmiger Heiterkeit als seinem „ersten und – Gott stehe mir bei – letzten Flug. Ich war in den Seilen und Drähten gefangen, als die Maschine über den Strand in Richtung Meer geweht wurde, wobei sie immer wieder auf dem Boden hart aufschlug. Ich war zu Tode erschrocken; als das Wrack eine halbe Sekunde lang liegenblieb, habe ich fast alle Drähte und Streben zerrissen, um mich zu befreien."

Weitere Flüge waren jetzt in diesem Jahr nicht mehr möglich. Wie Orville die Maschine beschrieb, waren alle Motorstützen abgebrochen, die Kettenführung schlimm verbogen, eine Menge Streben und fast alle Flügelrippen an den Hinterkanten gebrochen, ...«

In diesem Buch wird nicht erwähnt, dass der »Flyer I« repariert worden ist, oder dass mit ihm zu einem späteren Zeitpunkt weitere Flüge unternommen worden wären. Jedoch wird auf Seite 201 berichtet, dass die Gebrüder fleißig an ihrem »Flyer II« arbeiteten, der stärker, schwerer und schneller sein und mehr Auftrieb haben sollte als der »Kitty Hawk Flyer«. Haben die Wright-Erben wirklich das

»... *Originalflugzeug der Gebrüder Wright ...*
... erfunden und gebaut von Wilbur und Orville Wright ...
... von ihnen geflogen bei Kitty Hawk ...
... am 17. Dezember 1903 ...«

der Smithonian Institution übergeben?

Auf diese Frage finden sich in der einschlägigen Fachliteratur nur spärliche Hinweise. Es soll jedoch fairerweise angenommen werden, dass vor der Übergabe die Wrackteile zum Flugzeug zusammengebaut wurden, wobei verbogene Teile gerichtet, gebrochene repariert und restauriert, vielleicht auch durch neue ersetzt worden sind.

In den Wirren der Zeit des Zweiten Weltkriegs kommen in der Geburtsstadt Weißkopfs wahrscheinlich während des Bombenangriffs der Amerikaner am 14. April 1945 die Schriftstücke des Reichsluftfahrtministeriums abhanden. Ein Schreiben (siehe S. 198) kommt durch Zufall im Jahre 1994 ans Tageslicht; andere sind bis heute nicht mehr auffindbar.

In der Bevölkerung ruht während des Zweiten Weltkriegs und in den ersten Jahren der Nachkriegszeit das Gespräch über Gustav Weißkopf weitgehend. Vor allem in Deutschland haben die Leute größere Sorgen, als über den ersten Motorflieger der Welt zu diskutieren.

Erst sechs Jahre nach Kriegsende weiß die Presse wieder von Gustav Weißkopf zu berichten:

In Artikeln der LUDWIGSBURGER KREISZEITUNG vom 14. August 1951 (50 Jahre nach Weißkopfs erfolgreichen ersten Motorflug) und der FRÄNKISCHEN LANDESZEITUNG vom 14. August 1952 wird an Weißkopfs Pionierleistung erinnert und er als erster Motorflieger der Welt genannt, ebenso 1953 in »Die Eroberung des Luftreichs« von Peter Supf.

Etwa eine Autostunde nördlich von New York liegt das alte Crauford-Anwesen: Beach-Side Avenue 110, Greens-Farm, Connecticut. Dieses Haus gehört in den sechziger Jahren der alten Dame Mrs Alice Watson Armitage. Ihr Bruder ist Arthur K. Lyon Watson. Er ist von Geburt an körperbehindert und hat bereits um die Jahrhundertwende ein großartiges Hobby: die Fotografie.

William O'Dwyer ist mit der alten Dame bekannt. Aus beruflichen Gründen kennt er nämlich ihren Sohn.

Es ist im Jahre 1963, als sie versuchen, das alte Haus zu renovieren. Dabei stellen sie fest, dass die Wetterfahne auf dem Kamin nicht ganz den Vorstellungen von Mrs Watson entspricht. Deshalb bittet sie Bill, in ihren alten Fotoalben, die auf dem Dachboden liegen, nachzusehen. Als Bill O'Dwyer in diesen alten Alben blättert und nach einem Foto der Wetterfahne sucht, macht er eine großartige Entdeckung: Auf einigen Seiten findet er Fotos von einem Flugzeug, und unter diesen Fotos steht:

»*Whitehead's Effort – January 1910*«

Diese Fotos faszinieren ihn, sie fesseln ihn, sie lassen ihn nicht mehr los. Ihn beschäftigt jetzt nur noch eine Frage:

Wer war dieser Whitehead, der hier im Januar 1910 eine Tat, eine Leistung mit einem Flugzeug vollbracht hat?

Manch anderer hätte wohl über diese Aufnahmen in einem alten Fotoalbum hinweggeblättert; nicht aber Bill O'Dwyer.

Was ist es, was den 43-Jährigen so sehr fesselt?

Die Gustav-Weißkopf-Forschung

Werfen wir dazu einen Blick in sein Leben!

William O'Dwyer wird am 13. Februar 1921 in Bridgeport als Sohn des ehemaligen Bürgermeisters und Posthalters William M. O'Dwyer und seiner Frau Sylvia Poole O'Dwyer, einer Krankenschwester aus Fairfield, Connecticut, geboren. Väterlicherseits stammen die Großeltern aus Tipperary in Irland. Mütterlicherseits sind die Großeltern teils englisch und teils amerikanisch-indianisch (Delawaren).

Er besucht die kirchliche Grundschule St. Thomas und die Roger Ludlowe High School in Fairfield. Die Mutter ist es, die ihm von Lindberghs Landung in Paris erzählt und von seinem Flug über den Ozean. Sie weckt in dem Jungen als erste das Interesse für das Fliegen. Bridgeport, die Stadt an der Küste von Connecticut, ist das Zuhause der Familie. Und über die Stadt gehen die Luftverkehrswege von Boston nach New York und die Luftschiffrouten nach Lakehurst, New Jersey, hinweg. Dadurch wird in ihm schon früh

Abb. 81
William O'Dwyer

der Wunsch geweckt, der in dem Traum gipfelt, Pilot zu werden. Seinen ersten Flugversuch unternimmt er von der Scheune aus mit einem Regenschirm, der sich dabei umstülpt, so dass er mit dem Knie halb im Inneren des Mundes landet. Nachdem er im Jahre 1937 Frank Hawks getroffen hat, der mit Chamberlain ungefähr um die gleiche Zeit in seiner Curtiss Condor geflogen ist, beginnt er, sein Geld zusammenzusparen, was ihm im Laufe der Zeit ermöglicht, Flugstunden zu nehmen. Das Geld kommt nicht leicht zusammen. Es ist um die Zeit, als man versucht, sich von der Weltwirtschaftskrise und den Nachwirkungen der finanziellen Zusammenbrüche zu erholen. Seinen ersten Alleinflug unternimmt er mit 19 Jahren. Nach dem Abschluss der High School im Jahre 1939 nimmt er eine Stelle bei Vought-Sikorsky an und verdient die »riesige« Summe von 20 Dollar in der Woche, indem er als Monteur OS2U Kingfishers, SB2U Demons und F4U Corsairs zusammenbaut. Er verlässt die Firma Sikorsky im Oktober 1942, um Zivilpilot und Fluglehrer zu werden. Nun besucht er das St. Mary's College in Maryland und fliegt in Waynessboro, Pennsylvania.

Am 28. August 1943 heiratet er Doris K. Lucas.

William O'Dwyer schließt sich nun einer zivilen Flugschule der USAF in Camden, South Carolina, an. Seine Militärzeit leistet er ebenfalls bei der USAF ab. Nach dem Besuch etlicher Flugkurse wird er an die Luftwaffenbasis Long Beach, Kalifornien, versetzt, von wo aus er Bomber und Transportflugzeuge nach Hawaii, Canton Island, den Fidschi-Inseln und nach australischen Flughäfen bringt. Im Anschluss daran wird er nach Nashville und später nach Memphis versetzt. Von hier aus müssen die vom Kriegseinsatz in Europa zurückgekehrten, abgenützten Bomber zum Luftwaffenstützpunkt nach Kingman zur Reparatur gebracht werden. Das Überführen dieser Maschinen ist nicht immer einfach, sind sie doch vom militärischen Einsatz her oft stark gezeichnet. Die restliche Zeit seines aktiven Dienstes während des Krieges verbringt er damit, eine Vielzahl von unterschiedlichen Typen mehrmotoriger neuer Flugzeuge nach Panama, nach Jamaika und an verschiedene Stützpunkte in den USA auszuliefern. Im Mai 1946 wird er als »Flying Warrant Officer« ehrenvoll aus dem Dienst der Army entlassen.

Nun arbeitete er am Postamt von Fairfield, Connecticut.

Doch schon im Jahre 1947 verpflichtet er sich als Leutnant der USAF-Reserve. Bis 1962 wird er an verschiedene Luftwaffenstützpunkte im Osten der USA als Techniker berufen, darunter die Air-Force-Bases West Point, Mitchell Field, Westover, Floyd Bennett und Hanscom.

William O'Dwyer sieht also im Jahre 1963 in einem alten Fotoalbum die Aufnahmen vom einem Flugzeug aus dem Jahre 1910. Wen wundert es da, dass er diese Bilder nicht überblättert, dass ihn bei diesem seinem Beruf als Pilot und Techniker diese Bilder faszinieren!

Nach einiger Zeit des Studiums dieser Bilder bringt er das Fotoalbum zur Verlagsstelle der BRIDGEPORT POST, welche sich mit der »Connecticut Aeronautical Historical Association« (CAHA) in Verbindung setzt. Bald wird festgestellt, dass in den USA bisher Weißkopfs Arbeit niemals amtlich erforscht worden ist. Deshalb wird O'Dwyer von seiner Luftwaffeneinheit beauftragt, als Offizier des Projekts »Find it« weitere Nachforschungen über Weißkopf anzustellen und voranzutreiben.

Für diese Arbeit wird eigens im Rahmen der CAHA das »Gustave Whitehead Research Commitee« ins Leben gerufen. O'Dwyer übernimmt in diesem Komitee gerne den Vorsitz, denn er weiß, dass man die Aufmerksamkeit der Öffentlichkeit am besten auf die Sache lenken kann, wenn das Vorhaben unter seinem Titel eines Reserveoffiziers der Luftwaffe und unter der Schirmherrschaft seiner Staffel steht.

Und nun beginnt die eigentliche Gustav-Weißkopf-Forschung.

Nach einigem Suchen ergeben sich glückliche Umstände: O'Dwyer trifft mit etlichen Leuten zusammen, die Weißkopf gekannt, gesehen oder mit ihm gearbeitet haben. Außerdem gelingt es ihm, ehemalige Nachbarn Weißkopfs ausfindig zu machen. Er nimmt nun auch Kontakt mit Stella Randolph auf und fragt sie, ob sie sich dem »Gustave Whitehead Research Commitee« anschließen würde, um die Forschungsarbeit über Gustav Weißkopf mit zu tragen.

Wiederum sammelt sie, diesmal zusammen mit den Mitgliedern des Forschungskommitees, drei Jahre lang Material, und sie wird gebeten, nochmals über Gustav Weißkopf zu schreiben. Das Ergebnis ist ihr Buch BEFORE THE WRIGHTS FLEW, erschienen im Verlag Putnams' Sons, New York 1966.

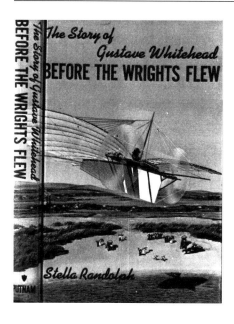

Abb. 82
Stella Randolph:
BEFORE THE WRIGHTS FLEW
(Verlag Putnam's Sons,
New York, 1966)

Wenn heute alle Welt drauf und dran ist, Gustav Weißkopf als den ersten Motorflieger der Welt anzuerkennen, so ist dies zweifelsfrei auch mit das Verdienst von William O' Dwyer.

In den sechziger Jahren interviewt er viele Zeitgenossen Weißkopfs. Und er lässt, wie Stella Randolph dreißig Jahre vorher, die Zeugenaussagen dieser Personen unter Anwesenheit eines Notars unter Eid abgeben, unterschreiben und beglaubigen.

Von den vielen Aussagen der Augenzeugen sollen hier nur zwei angeführt werden:

Mr Frank Lanye ist in den sechziger Jahren sehr erstaunt, als ihm seine Frau mitteilt, dass der Major William O'Dwyer angerufen hat und sich mit ihm über Gustav Weißkopf unterhalten möchte. Er meint: *»Mit technischen Angelegenheiten, die Flugzeuge betreffen, bin ich nicht vertraut. Ich war auch mit Weißkopf nicht bekannt und weiß überhaupt nichts von seinem Flugzeug. Alles, was ich tat, war, dass ich ihm beim Fliegen zuge-*

schaut habe.« Mr Lanye erinnert sich auch des Zeitpunkts (1901) recht genau, denn er bringt diese Beobachtung mit dem Datum seiner Entlassung aus der Navy kurz nach dem Untergang des Schlachtschiffs »Maine« in Verbindung. Er habe damals nicht in Bridgeport gewohnt, sondern sei nur gekommen, um Freunde zu besuchen, mit denen er zum Strand von Fairfield gegangen sei, um Weißkopf fliegen zu sehen, meint er. Er erinnert sich an den weitesten Flug, den er gesehen hat, und gibt die Strecke mit einer viertel Meile an. An diesem Tag seien noch andere Flüge durchgeführt worden, er wisse aber nicht, wie viele dies waren.

Am 1. Januar 1974 legt William O'Dwyer im Auftrag der Stadt Leutershausen am Grabe Gustav Weißkopfs (siehe Kap. VII) zum 100. Geburtstag des Flugpioniers einen Kranz nieder. Die örtliche Presse bringt darüber einen kurzen Bericht mit einem Bild. Stephen Koteles sieht dies in der Zeitung und informiert in einem Telefongespräch William O'Dwyer, dass seine Eltern Gustav Weißkopf haben fliegen sehen. Der Vater sei zwar nicht mehr am Leben, aber die Mutter. Zunächst wird ein Interview vereinbart, später eine eidesstattliche Zeugenaussage aufgenommen.

Die 94-jährige Mrs Elizabeth Koteles ist zum Zeitpunkt des Interviews geistig hell und musste als jung verheiratete Frau im Jahre 1901 mit 22 Jahren wohl alt genug gewesen sein, um das, was sie gesehen hat, zu verstehen und im Gedächtnis zu behalten. Sie erinnert sich an das Ehepaar Weißkopf ganz genau, denn sie sind damals Nachbarn gewesen:

»Herr und Frau Weißkopf waren nette Leute. Sie waren sehr nette Leute. In unserem Geschäft waren sie Kunden. Sie ließen nie anschreiben, sie bezahlten immer bar. Weißkopfs Hinterhof in der Pine Street grenzte an unseren Hof. Weißkopf baute dort Flugzeuge und Maschinen. Eines Tages, als Weißkopf sein Flugzeug fertig hatte, fragte mich mein Mann, ob wir nicht zum Tunxis Hill hinaufgehen wollten, um Weißkopf beim Flug seiner Maschine zuzusehen. Die genaue Stelle dieses Experiments war im Villa Park im Gebiet Gipsy Springs. Es handelte sich um eine ebene Wiese. Wir

standen am Rande der Landstraße und schauten über die Steinmauer. Gleich hinter der Mauer stand das Flugzeug, und Weißkopf war schon eingestiegen. Zwei weitere Männer waren als Helfer tätig. Ich weiß aber nicht deren Namen. In einer Höhe von etwa fünf Fuß flog das Flugzeug etwa 200 Fuß weit und setzte dann sanft und unbeschädigt auf. Ich erinnere mich noch genau an diesen kurzen Flug, denn mein Mann und ich waren enttäuscht; eigentlich hatten wir mehr erwartet.«

Ein weiterer äußerst wichtiger Augenzeuge, der Mann, der bei Weißkopfs Flug am 14. August 1901 dabei war, und den der Berichterstatter des SUNDAY HERALD »Andrew Cellie« nennt, ist nie gefunden worden, obwohl man ihn in den dreißiger und in den sechziger Jahren permanent sucht. Bill O'Dwyer erfährt, dass ein Mann namens »Anthony Suelli« in Fairfield, Tunxis Hill, neben Gustav Weißkopf gewohnt hat. Er ist verstorben, ehe er von O'Dwyer interviewt werden kann. Suelli ist Mechaniker gewesen und hat mit Weißkopf im Flugzeugbau eng zusammengearbeitet. Die Nachbarn wissen zu berichten, dass Mr Suelli ihnen häufig erzählt hat, wie Weißkopf geflogen ist. Es ist sehr bedauerlich, dass dieser Mann nicht früher gefunden werden konnte, denn er hätte mit Sicherheit etliches zur Geschichte Gustav Weißkopfs beitragen können. Es darf angenommen werden, dass der Reporter des HERALD am 14. August 1901 den Namen nur in gesprochener Form erfahren hat und dadurch der Irrtum in der Schreibweise entstanden ist.

Seit dem Jahre 1966 bemüht sich William O'Dwyer, der Smithsonian Institution laufend Forschungsmaterial zu präsentieren, in der Absicht, dass diese von ihrem Standpunkt, den ersten Motorflug den Wrights zuzusprechen, möglicherweise abweicht. Jedoch der alte Standpunkt wird in der Öffentlichkeit ernsthaft und hartnäckig weiterhin vertreten. Dies leuchtet ja ein, da die Institution an den Vertrag mit den Wright-Erben gebunden ist; schließlich möchte man den »Original-Flyer I« nicht verlieren.

Für den Kenner der wahren historischen Tatsachen jedoch ist es unverständlich, dass diese Meinung beibehalten wird.

Erfreulich hingegen ist, dass Nachschlagewerke, allen voran der weltbekannte BROCKHAUS (sowohl im zwölfbändigen Lexikon, als auch in der zwanzigbändigen Enzyklopädie), Gustav Weißkopf als den Mann nennen, der den ersten Motorflug der Welt durchgeführt hat, und zwar unter »E« wie Erfindungen, Entdeckungen und unter »W« wie Weißkopf:

> **Weißkopf**, Gustav, Flugpionier, * Leutershausen (Franken) 1.1.1873, † Fairfield (Conn.) 10.10.1927, wanderte 1895 nach den Verein. Staaten aus, wo er sich *Gustave Whitehead* nannte, und arbeitete in Bridgeport (Conn.) als Schlosser und Mechaniker. Mit einem selbstgebauten, den Gleitern O . L I L I - E N T H A L S nachgebauten Eindecker, angetrieben durch einen selbstkonstruierten Azetylen-Motor, flog er am 14.8.1901 etwa 2700 m weit in 10–15 m Höhe. Dies war der erste Motorflug. W. gab später seine Versuche aus Geldmangel auf; sie gerieten schnell in Vergessenheit.

Während sich seit dem Jahre 1963 in den Vereinigten Staaten hauptsächlich der Major der USAF, William O'Dwyer intensiv mit der Weißkopf-Forschung beschäftigt, beginnt in der Bundesrepublik Deutschland die Forschungsarbeit erst im Jahre 1973. In Leutershausen/Mittelfranken, der Geburtsstadt des Flugpioniers, wird die

Flughistorische Forschungsgemeinschaft Gustav Weißkopf
(FFGW)
Bahnhofstraße 20, 91578 Leutershausen)

gegründet. Sie hat sich zur Aufgabe gemacht, Forschung auf diesem Gebiete zu betreiben. Ferner gelten ihre Interessen und Absichten der Bekanntmachung und Verbreitung des Namens »Gustav Weißkopf« und seiner Pioniertaten, vor allem seiner Leistung, am 14. August 1901 den ersten erfolgreichen Motorflug der Welt durchgeführt zu haben. Seit dieser Zeit berichten in unregelmäßigen Abständen immer wieder Presse, Funk und Fernsehen über den Flugpionier. Auch auf Messen und Ausstellungen ist in neuerer Zeit die FFGW mit einem Stand vertreten und sorgt so für weiteres Bekanntwerden des Pioniers. Flughistorische Vereine und Interessengruppen aus Ländern aller Kontinente fragen laufend an und wünschen Auskünfte und Informationsmaterial über Weißkopf. Die FFGW hält stets Kontakt zu Bill O'Dwyer, so dass sich die Forschungsarbeiten in den USA und in Deutschland gegenseitig unterstützen und ergänzen.

Im Jahre 1978 veröffentlichen William O'Dwyer und Stella Randolph zusammen ein umfangreiches Buch über Weißkopf.

Abb. 83
O'Dwyer & Randolph:
HISTORY BY CONTRACT
(Verlag Fritz Majer & Sohn,
Leutershausen, 1978)

Mit diesem Buch treten die Autoren den Beweis an, dass Gustav Weißkopf der erste Motorflieger der Welt war. Sie führen dazu einen nahezu lückenlosen Indizienbeweis und erheben gegen die amerikanischen Flughistoriker und vor allem gegen die Smithonian Institution den Vorwurf der »vertraglichen Geschichtsmanipulation«, wie dies Spannenberger (siehe S. 213) bezeichnet, weil sich diese nach wie vor an den Wright-Vertrag von 1948 gebunden sehen. Schon mit dem Titel HISTORY BY CONTRACT drücken die Verfasser aus, dass Geschichtsschreibung nicht durch Vertragsabschluss geschehen kann. Das Buch ist in englischer Sprache geschrieben und ist selbst für einen sprachkundigen Leser wegen der technischen Fachausdrücke manchmal nicht leicht zu verstehen; es ist ja eigentlich auch nicht für das deutsche Publikum gedacht, man hat wohl mehr die amerikanische Leserschaft als Zielgruppe im Auge gehabt.

In den Jahren 1981/82 widmet sich Helmar Spannenberger vom Südfunk Stuttgart intensiv der geschichtlichen Person Gustav Weißkopf. Er sammelt Material für seinen Film

DER BELÄCHELTE PIONIER
Film von Helmar Spannenberger
Produktion des Südfunks Stuttgart, 1982

Seine Recherchen stellt er sowohl in Leutershausen bei der FFGW an, besucht aber auch zusammen mit Bill O'Dwyer in den Vereinigten Staaten einschlägige Archive und historische Plätze. Er dreht in den Staaten North Carolina, Washington, New York, Florida und Connecticut, um nur einige zu nennen. Der Film wurde bisher einige Male im Fernsehen gezeigt.

Das besondere Verdienst Spannenbergers liegt darin, dass er, obwohl alle Zeitungen von 1900 bis 1915 bereits durchgesehen waren, die Ausgaben des BRIDGEPORT SUNDAY HERALD nochmals durchforscht und dabei auf einen bis dahin unbekannten Artikel von Gustav Weißkopf stößt, und zwar in der Zeitung vom 26. Januar 1902 (siehe S. 100 ff.).

Die Diskussion um den ersten Motorflieger der Welt findet allmählich auch beim amerikanischen Fernsehen Interessenten. Deshalb widmet sich die Fernsehsendung

60 MINUTES

am 27. Dezember 1987 diesem Thema. Zum ersten Mal erfährt die breite Öffentlichkeit in den USA von dem bisher totgeschwiegenen Gustav Weißkopf. Der Titel dieser Sendung lässt nun den Eindruck entstehen, dass hier 60 Minuten lang über Weißkopf berichtet würde. Dies stimmt aber so nicht. Im Verlaufe der Sendung werden nämlich mehrere aktuelle Themen gezeigt und abgehandelt. Der Abschnitt über Gustav Weißkopf hat den Titel WRIGHT IS WRONG? und dauert etwa eine Viertelstunde. Dabei werden u. a. Filmaufnahmen von Kitty Hawk (North Carolina), Bridgeport (Connecticut) und Leutershausen gezeigt; ebenso viele Fotos und Zeitungsausschnitte, die auch in diesem Buch abgebildet sind. In dieser Sendung wird auch der pensionierte Offizier der amerikanischen Luftwaffe und Weißkopf-Forscher in den Vereinigten Staaten, William O'Dwyer, von Harry Reasoner, einem Redakteur, vor allem zu Weißkopfs erstem Motorflug vom 14. August 1901 interviewt und er hebt hierbei deutlich hervor, dass Weißkopf vor den Wrights geflogen ist. Die Sendung ist bei den amerikanischen Zuschauern sehr beliebt. Sie wird von der Ost- bis zur Westküste und in Kanada ausgestrahlt und hat stets eine sehr hohe Einschaltquote. Es darf daher fast damit gerechnet werden, dass halb Amerika diese Sendung gesehen hat.

In Deutschland erstellt zu Beginn der 90er Jahre die Filmgesellschaft Ettengruber & Prasch im Auftrag des Bayerischen Rundfunks unter der Redaktion von Benigna von Keyserlingk den TV–Film

»ICH FLOG VOR DEN WRIGHTS«
Der Flugpionier Gustav Weißkopf

Der Film basiert im Wesentlichen auf den Recherchen von Stella Randolph. Neben vielen bekannten Fotos wird diese Dokumentation auch durch historische Schwarzweißaufnahmen sowie durch Farbsequenzen, die im Norden der Vereinigten Staaten gedreht werden, illustriert.

Der Film wird erstmals am 4. Oktober 1995 in 3SAT in der Reihe »Historische Nacherzählung« ausgestrahlt. Mittlerweile haben ihn auch andere Sender im Programm.

Auch in Presse und Rundfunk wird in Deutschland immer wieder von Gustav Weißkopf und seiner Pionierleistung berichtet.

Damit erfährt die breite Öffentlichkeit mehr und mehr, was für Insider schon lange unzweifelhaft feststeht:

Gustav Weißkopf hat Motorflüge schon vor den Wrights durchgeführt.

KAPITEL VI

DER NACHBAU DES ORIGINALS

Das Modell

In den sechziger Jahren arbeitet in den Flugzeugwerken Henschel ein gelernter Flugzeugbauer namens Waldemar Leinert. Er wohnt im mittelfränkischen Heilsbronn und hat von Weißkopfs Flugzeugen erfahren. Nun hat er sich vorgenommen, einige von Weißkopfs Flugzeugen als maßstabgetreue Modelle nachzubauen. Dazu lässt er sich alle verfügbaren Unterlagen aus den USA zusenden und zeichnet zunächst Pläne von Weißkopfs Nr. 21. Im Anschluss daran fertigt er ein maßstabgetreues Modell der Nr. 21, das er erstmalig im Jahre 1966 der Öffentlichkeit in Leutershausen präsentiert.

Im Auftrag von Direktor Fritz John Jacobsen, dem Gründer des Deutschen Luftfahrt-Archivs in Nürnberg soll Waldemar Leinert auch die Flugtauglichkeit der Nr. 21 erproben. Aus diesem Grunde fertigt er Modelle in insgesamt acht verschiedenen Maßstäben. Die Spannweiten der Modelle liegen zwischen 1,10 und 2,20 Metern; manche sind mit Verbrennungsmotoren (0,8–1,1 cm^3) ausgestattet. Im August 1968 bringt Leinert seine Modelle nach Leutershausen und lässt sie außerhalb der Stadt fliegen. Dabei legt ein Modell einen fünf Minuten andauernden Flug zurück.

Seite 231:
Abb. 84
Leinert hat einen Rumpf für die Nr. 21 hergestellt

Abb. 85
Ein Modell von Weißkopfs Nr. 21 im Fluge am 1. August 1968

Der Nachbau des Originals

Der Nachbau der Flugzelle[1] 1 : 1 in den USA

Einige hartnäckige Anhänger der Wrights wollen bis heute Weißkopfs Leistung, Motorflüge vor den Wrights durchgeführt zu haben, nicht anerkennen. Sie führen an, dass sein Flugzeug Nr. 21 fluguntauglich gewesen sei. Es sei unmöglich gewesen, mit einer derartigen Konstruktion vom Boden abzuheben und damit zu fliegen.

Um hiergegen einen Beweis zu liefern, haben die »Flughistorische Forschungsgemeinschaft Gustav Weißkopf« (FFGW) und William O'Dwyer angeregt, ein Eins-zu-eins-Modell des Flugzeugs Nr. 21 nachzubauen. Das amerikanische Team nennt diesen Nachbau »Experimental«. Die Weißkopf-Forscher in Deutschland hingegen bezeichnen ihn, um Verwechslungen zu vermeiden, als »Nr. 21A«.

Im Frühjahr des Jahres 1985 nimmt William O'Dwyer in den Vereinigten Staaten mit führenden Ingenieuren der NASA und des amerikanischen Flugzeugbaus Kontakt auf. Sie erklären sich bereit, an diesem Projekt mitzuarbeiten. Die Verwirklichung wird jedoch auch einiges kosten. Deshalb wird nun ein Geldgeber gesucht.

Bereits im Sommer 1985 ist ein Sponsor gefunden. Ein amerikanischer Geschäftsmann, Mr Kaye Williams, stellt in großzügiger Weise den Betrag von $ 10.000 für diese Unternehmung zur Verfügung.

Nachdem nun die Finanzierung des Projekts gesichert scheint, können noch im Herbst des gleichen Jahres die Vorbereitungen beginnen: Zunächst werden geeignete historische Fotos ausgesucht. Man nimmt diese als Vorlage, um exakte Pläne fertigen zu können. Dabei erweist sich ein Foto der Draufsicht u. a. als sehr hilfreich (siehe S. 124).

Bereits zu Beginn des Jahres 1986 kann mit dem Nachbau begonnen werden.

---

1   *Flugzelle: Rumpf mit Fahrgestell, jedoch ohne Antriebsaggregat.*

Der Nachbau des Originals 233

Als Werkstatt steht eine Reparatur- und Wartungshalle am Igor-Sikorsky-Flughafen in Stratford, Connecticut, zur Verfügung. Diese Halle muss nun zunächst mit anderen Werkzeugen und Maschinen ausgestattet werden. Die Werkzeuge, mit denen heutige Flugzeuge gewartet und repariert werden, können für diese Arbeit nicht eingesetzt werden; man braucht jetzt vor allem Holzwerkzeuge und -werkmittel: Sägen, Hobel, Raspeln, Zwingen, Schraubenzieher, Hämmer, Beißzangen, Nägel, Schrauben und Holzleim.

Nach etwa zehn Monaten ist der Nachbau der Flugzelle fertiggestellt. Die ersten Tests können vorgenommen werden. Das Flugzeug wird auf einen flachen Pkw-Anhänger gestellt und locker angeleint. Ein Pkw zieht das Gerät und bald beginnen sich die Tragflächen durch den Fahrtwind zu spannen, und das Flugzeug hebt wie ein Drachen ab. Wird nun die Fahr-

Abb. 86
Der Nachbau von Weißkopfs Nr. 21 in den USA: »21A«

geschwindigkeit verringert, so setzt das Flugzeug wieder sachte auf dem Hänger auf. Solche Fesselflugversuche werden nun unter verschiedenen Bedingungen durchgeführt. Anfangs testet man die leere Flugzelle ohne Pilot und ohne Motoren, später wird Ballast in die Flugzelle gebracht.

Die amerikanischen Flugzeugbauer sind mit diesen Testergebnissen sehr zufrieden. Sie haben jedoch noch lange nicht das gesetzte Ziel erreicht: Ein eigener Antrieb soll in die Flugzelle eingebaut werden. Und dann soll ein Pilot das Flugzeug fliegen. Doch bis zu diesem Zeitpunkt müssen noch viele Tests durchgeführt werden. Man geht sehr behutsam vor; denn man will nicht riskieren, dass das Flugzeug zu Bruch geht oder gar jemand verletzt wird.

Abb. 87
Die »21A« im Fesselflugversuch

Der Nachbau des Originals 235

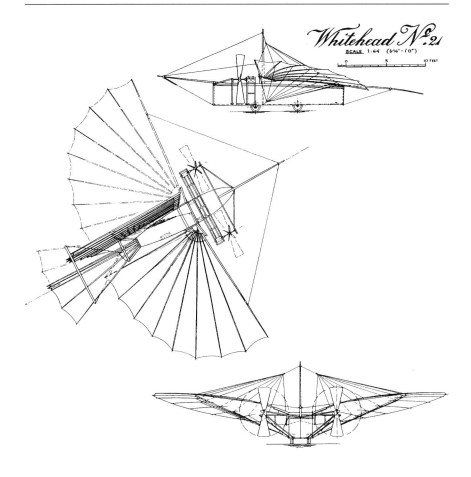

Abb. 88
Planzeichnung aus den USA: Weißkopfs Nr. 21

Zunächst bleibt man bei den Versuchen im Fesselflug. Nach dem Einbau von zwei neuzeitlichen Motoren, wie sie in Ultra-light-Flugzeugen verwendet werden, wird Ballast in das Flugzeug gebracht, der dem Gewicht des vorgesehenen Piloten entspricht. Die Motoren werden über eine Fernbedienung gesteuert. Und wieder zieht ein Pkw den Hänger mit dem Flugzeug. Wieder spannen sich zunächst die Tragflächen durch den Fahrtwind und bei 37,5 Meilen pro Stunde[1] hebt das Flugzeug ab. Zwar hat der Pkw auch diese Geschwindigkeit, jedoch hat das Flugzeug seine Abhebegeschwindigkeit durch eigenen Antrieb erreicht.

Nun kann man die Phase der Tests im Fesselflug beenden. Es folgen Rollversuche ohne und später mit dem Piloten, jeweils bis zu einer Geschwindigkeit von 37,5 Meilen pro Stunde.

Bald wird der echte Testflug mit einem Piloten erfolgen.

Am Morgen des 7. Dezember 1986 ist es soweit. Wieder wird die 21 A aus der Werkstatt geholt. Sie wird auf die Startbahn gebracht. Andy Kosch, der Pilot, steigt ins »Cockpit«, setzt seinen Sturzhelm auf und startet die Motoren. Es geht los. Die Männer stehen neben dem Flugzeug und fiebern. Sie denken an Orville Wright, der im Jahre 1937 bei einem Interview über Weißkopfs Flugzeug Nr. 21 spottet: »... was Gustav Weißkopf betrifft, so genügt schon die Konstruktion allein, um zu widerlegen, dass die Maschine geflogen ist ...«

An diese fachkundigen Worte des Flugpioniers Orville Wright, der bis zu seinem Lebensende und darüber hinaus für sich in Anspruch nimmt, von aller Welt ernst genommen zu werden, müssen die Männer denken, die sich in den Morgenstunden des 7. Dezember 1986 auf dem Gelände des Igor Sikorsky Airport in Stratford, Connecticut, treffen.

Sie denken aber auch an die Morgenstunden des 14. August 1901, als Gustav Weißkopf vor rund 85 Jahren das getan hat, was nun der Pilot Andy

---

1   *37,5 Meilen/Stunde = 60 km/h.*

Der Nachbau des Originals   237

Kosch nachmacht. Und sie denken an die Gefühle der Erwartung, die in Gustav Weißkopf am Morgen des 14. August 1901 fiebern, wie er aufgeregt und begeistert zugleich ist, wie die Spannung mit jeder Sekunde steigt.

Heute, am 7. Dezember 1986, ergeht es ihnen genauso. Den sonst so nüchternen Technikern, Ingenieuren und Flugzeugbauern: Sie sind aufgeregt und begeistert zugleich, und die Spannung steigt mit jeder Sekunde.

Nach weniger als einhundert Metern auf der Startbahn hebt die Maschine ab. In einer Höhe von etwa drei Metern legt sie eine Strecke von ungefähr dreißig Metern zurück und setzt wieder unbeschädigt auf. Die Männer sind fasziniert. Sie klatschen sich selbst Beifall, springen auf der Stelle und klopfen sich gegenseitig auf die Schultern. Es ist bewiesen: Die Konstruktion von Weißkopfs Nr. 21 war flugfähig! Anschließend und an den folgen-

Abb. 89
Die 21A hebt ab

den Tagen werden noch mehrere Flüge durchgeführt; der längste geht über eine Strecke von 70 Metern.

Als bei einem Versuchsflug ein übereifriger Reporter auf der Startbahn dem rollenden Flugzeug zu nahe kommt, wird dieser vom Flugzeug erfasst und verletzt. Sein Schlüsselbein ist gebrochen. Daraufhin werden im Dezember 1987 die Versuchsflüge in den Vereinigten Staaten durch ein behördliches Verbot abgebrochen.

Der Nachbau des Original-Motors

Nach den erfolgreichen Flügen des Nachbaus von Gustav Weißkopfs Nr. 21 steht im Vordergrund der weiteren Ziele der FFGW der Nachbau von Gustav Weißkopfs erfolgreichen Flugmotoren.

Bei den Motoren der Nr. 21 handelt es sich um Gasexpansionsmaschinen ohne innere Verbrennung. Die chemische Reaktion zur Druckerzeugung findet außerhalb, d. h. im Rumpf der Flugzelle statt.

Weißkopfs Nr. 21 war bekanntlich mit drei Motoren ausgestattet, die nach diesem Expansionsprinzip arbeiteten:

Der erste kann als »einstufiger Zweizylindermotor« bezeichnet werden. Er war am Boden des Rumpfes eingebaut und hatte die Aufgabe, das vordere Räderpaar des Fahrgestells anzutreiben, während das hintere Räderpaar frei lief. Mit Hilfe dieses Motor konnte Weißkopf sein Flugzeug von seiner Werkstatt bzw. von seinem Hof zum Startplatz fahren. Der Motor wurde auch dazu benutzt, das Flugzeug beim Start zu beschleunigen.

Die anderen beiden Motoren waren in Höhe der Tragflächen quer eingebaut und hatten die Aufgabe, die zwei Propeller in gegenläufiger Richtung anzutreiben. Da sie mechanisch nicht miteinander gekoppelt waren, bezeichnet man dieses Aggregat als »zweistufigen Verbundmotor« oder als »Zweifachexpansionsmaschine«.

Wenn es nun um die Verwirklichung des Nachbaus dieser Motoren geht, müssen auch hier zunächst entsprechende Pläne gefertigt werden.

Der amerikanische Flugzeugingenieur Wesley Gordeuk hat im Jahre 1986 am Nachbau der Flugzelle mitgearbeitet. Seit 1987 arbeitet er nun an dem Projekt, exakte Pläne des Motors zu zeichnen. Diese Arbeit gestaltet sich äußerst problematisch, da man von Weißkopf keine detaillierten Konstruktionspläne kennt. Weißkopf hat wahrscheinlich überhaupt keine Pläne gezeichnet. Er war kein Technischer Zeichner. Mit Sicherheit hatte er all seine Pläne im Kopf. Jedoch kann man in den USA den Plan des Motors, wie schon ein Jahr vorher den Plan zum Nachbau der Flugzelle, nach vorliegenden Bilddokumenten rekonstruieren. Im Februar 1988 liegen die Konstruktionszeichnungen der Propellermotoren vor. Wesley Gordeuk hat sich bei seiner Arbeit auf Pläne eines Technikers aus dem Jahre 1971 stützen können.

Allerdings wird die Verwirklichung des Nachbaus des Motoren Probleme mit sich bringen; denn die Kosten werden die 200.000 DM-Grenze weit überschreiten.

Im Jahre 1989 gelingt es der FFGW, für den Nachbau der Motoren den Firmeninhaber Dipl.-Ing. Hans Kühl zu begeistern. Zwar ist die Finanzierung des Projekts noch nicht gesichert – Sponsoren werden noch gesucht – aber doch arbeitet nun schon seit einiger Zeit die Firma

HANS KÜHL
ENTWICKLUNG UND GERÄTEBAU GMBH
73278 SCHLIERBACH

unter Leitung ihres Inhabers unentgeltlich an der Erforschung zur Verwirklichung dieses Motors. Kühl ist seit mehr als vierzig Jahren in der Entwicklung von Maschinen und Motoren ein Experte. Für den Nachbau des Motors hat er nun schon wichtige Vorarbeiten geleistet, Studien und Berechnungen angestellt und Modelle entworfen. Seine bisherigen Untersuchungen haben ergeben, dass die zu bauenden Motoren Weißkopfs Nr. 21 in die Luft bringen werden.

Dank der Unterstützung und Ermöglichung von Dipl.-Ing. Kühl fertigt im Wintersemester 1989/90 Frank Thalmann an der Fachhochschule für Technik, Esslingen, eine Diplomarbeit mit dem Titel:

KONSTRUKTIONSANALYSE
EINES FLUGMOTORS OHNE INNERE VERBRENNUNG
AUS DEM JAHRE 1901.

Thalmann schreibt in den Vorbemerkungen seiner Diplomarbeit auf Seite 2:

»*Diese Diplomarbeit ist die Grundlage für den Nachbau der ersten Flugmotoren der Geschichte.*

Es handelt sich hierbei um insgesamt drei Gasexpansionsmotoren, zwei Motoren für den Antrieb der beiden Luftschrauben, die auch als zweistufiger Verbundmotor bezeichnet werden können und einen einstufigen Motor mit kürzerem Kurbeltrieb für den Antrieb der beiden Vorderräder. Eingebaut in den Flugapparat Nr. 21 glückte damit Gustav Weißkopf in Fairfield/USA am 14. August 1901 ein Flug über 850 Meter Länge.

Trotz der nur spärlichen Unterlagen, die er hinterließ, ist es gelungen, den Motor in seinem Aufbau und seiner Funktion nachzuempfinden.

Die Hauptabmessungen des Motors wurden mittels des vorhandenen Fotomaterials und aus den bereits vor zwei Jahren angefertigten, jedoch heute in ihrer Genauigkeit etwas angezweifelten Konstruktionszeichnungen aus den USA [10], ermittelt.

Die von Weißkopf verwendete Ventilsteuerung konnte in ihrer Funktion (und Herkunft) analysiert werden, wobei es sich herausstellte, daß diese für Expansionsmotoren weniger geeignet ist. Dies ist ein Grund für den relativ hohen Luft- bzw. Gasverbrauch, der bei dem Fahrwerkmotor bei ca. 8.800 l/min liegt.

Weißkopfs Leistungsangaben von 10 PS je Motor konnten bestätigt werden, wozu ein Anschlußdruck von 7,5 bar abs notwendig ist. Prinzipiell sind bei dem Fahrwerkmotor auch höhere Leistungen denkbar, jedoch muss dann mit höheren Druckverlusten gerechnet werden.

Der größte Unsicherheitsfaktor bei einem Nachbau von Weißkopfs komplettem Flugapparat stellt die Energieversorgung bzw. die Druckerzeugung und das Antriebsmedium dar. Mehrere Theorien zur Energieerzeugung werden aufgezeigt, es sind jedoch hierüber zu wenige Angaben vorhanden, um einem 100%igen Originalitätsanspruch gerecht zu werden.

Es wurden sämtliche notwendigen Konstruktionsunterlagen für den Nachbau eines druckluftbetriebenen Demonstrationsmodells im Maßstab 1 : 1 angefertigt, wobei ein Kompromiß zwischen bestmöglicher Originaltreue und Funktionsfähigkeit des als Demonstrationsmodell gedachten Nachbaus gewählt werden mußten.«

(Die als [10] angegebene Anmerkung bezieht sich auf die Quellenangabe »Konstruktionszeichnungen der Propellermotoren von Wesley Gordeuk, Februar 1988 und Herb Kelley, Januar 1971«).

Frank Thalmann legt also seinen Überlegungen zur Planung der Rekonstruktion des Motors Bilddokumente zugrunde. Außerdem orientiert er sich an Berichten aus Fachzeitschriften um 1901. Über die Motoren im Flugapparat Nr. 21 schreibt Thalmann in seiner Arbeit auf Seite 12:

»Bei den Motoren der Nr. 21 handelt es sich um Gasexpansionsmaschinen ohne innere Verbrennung. Die Verbrennung zur Druckerzeugung findet außerhalb, d. h. im Rumpf der Flugzelle statt.

Die Fachzeitschrift Illustrirte Aeronautische Mittheilungen [4], eine der wenigen deutschsprachigen Zeitschriften, die dieses Thema damals aufgriff, schrieb im Jahre 1901 über den Flugapparat Nr. 21:

„... die nachfolgende Beschreibung seiner dort vor einigen Monaten vollendeten Flugmaschine ... Die Vorderräder werden von einer zehnpferdekräftigen Maschine angetrieben, während die Hinterräder frei

Der Nachbau des Originals

laufen ... In der Höhe der Tragflächen steht quer im Körper eine Zweifachexpansionsmaschine von 20 Pferdestärken, welche zwei Propellerschrauben in entgegengesetzter Richtung mit 700 Touren in der Minute bewegt ...«

Dieser und zahlreiche weitere Berichte, sowie Fotografien waren die Grundlage für die Konstruktion ...

(Die als [4] angegebene Anmerkung bezieht sich auf die Quellenangabe »ILLUSTRIRTE AERONAUTISCHE MITTHEILUNGEN. Deutsche Zeitschrift für Luftschiffahrt, Trübner, Straßburg, Fünfter Jahrgang 1901).«

Der Rumpf von Weißkopfs Nr. 21 besteht aus einer Holzrippenkonstruktion, die mit Tuch bespannt ist. Dadurch wird uns heute ermöglicht, bei der Betrachtung der historischen Fotos einen vorsichtigen Blick ins Innere des Rumpfes zu werfen. Auf diesen Bildern ist jedoch nirgends ein innenliegender Motor, der die Vorderräder des Fahrgestells antreiben soll, zu erkennen. Jedoch zeigen einige dieser Bilder einen Motor vor dem Flugzeug.

Thalmann nimmt an, dass es sich dabei

»um den ausgebauten Motor des Fahrwerks handeln könne. Bei genauerer Betrachtung des Motors ist auch ein Kettenritzel in der Mitte der Kurbelwelle zu sehen, welches notwendig wäre, wenn der Motor auf dem Boden der Flugzelle eingebaut würde und die Vorderräder antreiben sollte.«

Dieses Ritzel ist auf dem Bild »Ausschnittvergrößerung: Motor« besonders deutlich zu erkennen (siehe S. 57).

244   Kapitel VI

Und so hat Frank Thalmann die Lage des Motors zum Antrieb der Vorderräder ermittelt:

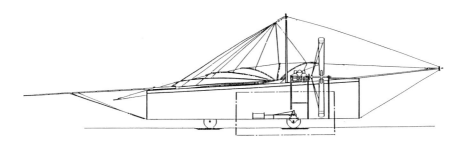

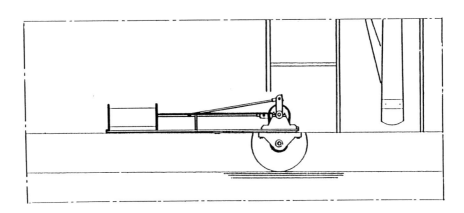

Abb. 90
Die Flugzelle Nr. 21 und
eine mögliche Anordnung des Vorderradantriebs

Was auf den o.g. Fotos auch nicht erkannt werden kann, ist der Generator, Gaserzeuger oder Druckentwickler.

Weißkopf macht über Aufbau und Funktionsweise dieses Geräts zu wenig Angaben, so dass wir heute diese Konstruktion kaum originalgetreu nachbauen und arbeiten lassen können. Uns bleibt heute nur, den Zeitungsberichten vom 18. und 19. August 1901 die dort gemachten Angaben zu entnehmen. Alles weitere müssen wir mit chemischem und technischem Sachverstand selbst ergänzen. Wir wissen, dass im Jahre 1901 der Energieerzeuger im Rumpf untergebracht ist. Und wir wissen, dass Weißkopf Kalziumkarbid (CaC_2) mit Wasser (H_2O) in einem geschlossenem Behälter, einem sogenannten Entwickler, reagieren lässt. Dabei entsteht Acetylen (C_2H_2). Dieses Gas wird nun in einen zweiten geschlossenen Behälter geleitet, wo es mit einem chemischen Präparat in Berührung kommt, dessen Zusammensetzung allein nur Weißkopf kennt. Dieses chemische Präparat hat Weißkopf immer als sein Geheimnis bewahrt. Durch dieses Chemikalien-Gas-Gemisch entsteht ein sehr starker gleichmäßiger Druck. Leitet man diesen Druck zu Beginn des Starts auf den Antriebsmotor der Räder, so wird hier in kurzer Zeit beschleunigt, weil der volle Druck zur Verfügung steht. Beim Erreichen einer gewissen Geschwindigkeit rollt das Flugzeug nicht mehr ruhig über die Wiese, es holpert. Weil nun über die Räder keine höhere Geschwindigkeit mehr erreicht werden kann, leitet der Pilot den Druck mit einem Hebelgriff auf die Zweifachexpansionsmaschine, die die beiden Propeller antreibt. Nun kann weiter beschleunigt werden.

Ist die Abhebegeschwindigkeit erreicht, so wird wieder mit einem Hebelgriff der untenliegende Motor abgestellt. Und nun erhalten die Motoren für die Propeller zusätzlichen Druck und das Flugzeug hebt ab.

Mit dieser Diplomarbeit hat Frank Thalmann den wissenschaftlichen Nachweis für die Funktionsfähigkeit der von Gustav Weißkopf entwickelten Motoren erbracht.

246 Kapitel VI

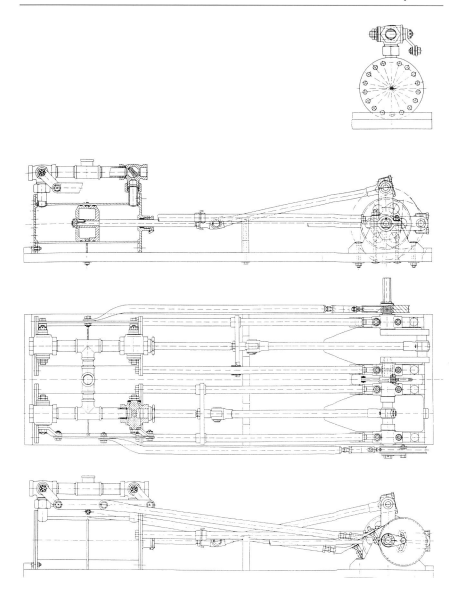

Abb. 91
Ausschnitte der von Thalmann gezeichneten Pläne

Nach diesen umfangreichen und präzisen theoretischen Ermittlungen über Aufbau und Funktion der Weißkopf-Motoren beschließt Dipl.-Ing. Hans Kühl den Nachbau zu verwirklichen. Da sich bis zu diesem Zeitpunkt kein Sponsor für das Projekt gefunden hat, Hans Kühl aber von der genialen Erfindung Weißkopfs begeistert und gefesselt ist, zögert er nicht, den Nachbau der Motoren selbst zu übernehmen. Er beauftragt Frank Thalmann, der mittlerweile bei ihm als Diplomingenieur angestellt ist, zuerst den Fahrwerksmotor zu bauen. Der Bau der Zweifachexpansionsmaschine für den Antrieb der beiden Propeller soll später erfolgen.

Zusammen mit dem Mechaniker Andreas Hoyler macht sich Thalmann an die Arbeit. Zunächst gilt es, das Material zu besorgen.

Es wäre sehr einfach, im ausgehenden 20. Jahrhundert mit den jetzt zur Verfügung stehenden Stahl- und Leichtmetall-Legierungen in kurzer Zeit den Motor zu fertigen; doch für den Nachbau sollen nur Materialien verwendet werden, die um 1900 allgemein – und somit auch Gustav Weißkopf – zur Verfügung gestanden haben. Würde man moderne Materialien verwenden, könnte man den Motor nicht als Original-Nachbau bezeichnen; denn heutige Materialien haben nicht nur andere Gewichte, sie zeigen auch verbesserte Eigenschaften in Schmierung, Gleitfähigkeit, Abdichtung und Festigkeit. Auch in den Fertigungsmethoden hält sich Thalmann an die zur Verfügung stehenden Möglichkeiten der Jahrhundertwende.

Besonders aufwendig erweist sich der Nachbau der Ventilsteuerung. In mühevoller Handarbeit müssen aus Bronze-Rohlingen die Teile gefeilt und geschliffen werden. Für die Steuerung hat Weißkopf Teile von Wasserhähnen und -schiebern verwendet. Solche Teile, die um die Jahrhundertwende beim Wasserleitungsbau Verwendung gefunden haben, kann Thalmann noch in Beständen von städtischen Werken und alten Schlossereien ausfindig machen.

Nahezu ein Jahr baut Thalmann mit seinem Mechaniker an diesem Motor. Und als die Arbeiten abgeschlossen sind, erfolgt der erste Probelauf.

Für den Probelauf des Original-Nachbaus verwendet Frank Thalmann Druckluft aus einem neuzeitlichen Kompressor. Je länger der Motor läuft, umso mehr Klarheit bekommt man darüber, dass als Antriebsmittel auch Wasserdampf, flüssige Luft oder Druckgas eingesetzt werden könnten.

Im Jahre 1901 hat Weißkopf diesen Motor mit Azetylengas betrieben. Kalziumkarbid, das es zur damaligen Zeit überall zu kaufen gegeben hat, und Wasser reagieren chemisch zu Acetylen.

CaC_2 + $2 H_2O$ ➔ C_2H_2 + $Ca(OH)_2$
Kalziumcarbid + Wasser ➔ Azetylen + Kalklauge

Das auf diese Weise erzeugte Azetylengas hat Weißkopf entweder mit Luft oder mit einem anderen Oxidationsmittel verbrannt. Welche Chemikalie Weißkopf hier verwendet hat, wissen wir nicht. Es darf jedoch angenommen werden, dass hier ein Oxidationsmittel eingesetzt worden ist, das überall erhältlich war. Solch eine Chemikalie war um 1900 z.B. Wasserstoffperoxid (H_2O_2).

C_2H_2 + $5 H_2O_2$ ➔ $2 CO_2$ + $6 H_2O$
Azetylen + Wasserstoffperoxid ➔ Kohlendioxid + Wasser

Die Temperatur der Abgase hat Weißkopf wahrscheinlich durch Zusatz von Wasser gesenkt. Mit dieser Methode hatte er ein Gemisch aus überhitztem Dampf und Kohlendioxid zum Antrieb des Motors erzeugen können.

Der Nachbau des Originals 249

Abb. 92
Der Motor läuft mit Druckluft. – Der fertige Original-Nachbau wird vorgestellt.
[v. l. n. r.: Dipl.-Ing. Hans Kühl, Matthias Lechner (FFGW),
Dipl.-Ing. Frank Thalmann, Hermann Betscher (FFGW)
und Dieter Gundel, Erster Bürgermeister der Stadt Leutershausen]

Abb. 93
»Original-Motor«
geplant und nachgebaut von Frank Thalmann

Weißkopfs Nr. 21 war mit drei Motoren dieser Art ausgestattet. Zwei waren gekoppelt; sie dienten dem Antrieb der beiden Propeller. Der dritte Motor übertrug seine Kraft auf das vordere Räderpaar des Fahrgestells.
Die Abbildung zeigt diesen dritten Motor. Im Vordergrund ist in der Mitte ein Ritzel zu erkennen. Mittels einer Kette wird von hier aus die Motorkraft auf das Räderpaar der Vorderachse übertragen. (vgl. Abb. 21, S. 57)

Der Nachbau des Flugzeugs in Deutschland: Die Nr. 21B

Ingenieuer Fritz Bruder aus Ansbach ist Gründungsmitglied des dortigen Aeroclubs und hat Erfahrungen im Flugzeugbau. Auch kennt er die Geschichte Weißkopfs. Als Fritz Bruder im Jahre 1987 ein Fliegertreffen in Oskosh/Wisconsin/USA besucht, stößt er dort unter mehr als 12.000 ausgestellten Flugzeug-Oldtimern völlig unerwartet und unvorbereitet auf den amerikanischen Nachbau der Nr. 21, auf die 21A. Auch kommt er mit Andy Kosch in Kontakt, der im amerikanischen Team beim Nachbau mitgearbeitet und das Flugzeug als Pilot gesteuert hat.

Am 14. August 1991 wird in Deutschland der 90. Jahrestag des Erstflugs von Gustav Weißkopf gefeiert. Dazu wird der amerikanische Nachbau nach Deutschland gebracht und unter anderem auch auf den Flughäfen Nürnberg und Frankfurt am Main ausgestellt. Da die 21A wieder in die USA zurückgegeben werden muss, sucht die FFGW (Flughistorische Forschungsgemeinschaft Gustav Weißkopf) nach einer Möglichkeit, selbst einen Nachbau zu erstellen.

Ingenieur Fritz Bruder erklärt sich bereit, diese Aufgabe zu übernehmen. Die Erfahrungen und Erkenntnisse des Teams aus den USA stehen ihm dabei zur Verfügung. Im September 1991 beginnt der Bau in den Kellerräumen seines Hauses in Ansbach. Nach der 21A in den USA soll nun eine 21B in Deutschland entstehen.

Nach einer Bauzeit von knapp einem Jahr ist der Rohbau fertiggestellt und wird erstmals komplett vor dem Haus montiert. Für die weiteren Arbeiten werden die Teile in die Turnhalle der Stadt Leutershausen gebracht. Hier soll die endgültige Montage erfolgen.

Die angelieferten Teile werden zusammengebaut. Und jetzt nimmt Schneidermeister Reidl exakt Maß für das Nähen der Bespannung. Den für Tragflächen und Leitwerk erforderlichen Stoff, eine in Japan von Firma

Abb. 94
Fritz Bruder und die 21B in der Turnhalle der Stadt Leutershausen

Kanebo gewebte Seide, hat man aus den USA geliefert bekommen. Im Frühjahr 1993 sind die Näharbeiten beendet.

Fritz Bruder hat während der Bauphase in den Kellerräumen seines Hauses und in der Turnhalle der Stadt Leutershausen viele fleißige Helfer, die allesamt Mitglieder des Aeroclubs Ansbach bzw. der FFGW sind. Besonders hilfreich war hierbei Erich Auerochs, der die Anfertigung sämtlicher Metallteile übernommen hat.

Nach ca. zwei Jahren sind von allen Mitarbeitern und Helfern weit insgesamt mehr als tausend (kostenlose) Arbeitsstunden investiert. Und nun ist der Original-Nachbau der Flugzelle in Deutschland, die 21B abgeschlossen.

Im Herbst 1993 wird die Flugzelle zum Bundeswehrflughafen nach Manching gebracht, wo nun eine längere Testphase erfolgt. Beauftragter

Der Nachbau des Originals

Abb. 95
Der in Deutschland erstellte Flugzelle 21B

Flugerprobungsleiter ist Horst Philipp, Testpilot der Bundesluftwaffe. Ein Team von Technikern und Ingenieuren steht ihm zur Verfügung.

Noch im Oktober 1993 wird mit dem Bau eines Schleppwagens begonnen, der mit einer Messanlage ausgerüstet wird. Zunächst will man die Festigkeit der Flugzelle und die aerodynamischen Daten ermitteln. Im Dezember 1993 können die ersten Fahrversuche mit diesem Schleppwagen aufgenommen werden. Die Flugzelle ist über Messbolzen mit dem Schleppwagen fest verbunden. Neben der Festigkeitsprüfung werden auch Auftrieb und Widerstand bei zunehmender Geschwindigkeit bis 50 Stundenkilometer gemessen.

Nun folgt eine Reihe von Erprobungen zur Ermittlung wichtiger Daten. Wie in den Vereinigten Staaten, so geht man auch hier sehr behutsam vor. Nach unzähligen Einzelschlepps, wobei nach jedem Test eine exakte

Abb. 96
Die 21B im Schleppwagentest
Fachleute nennen dies einen »Test im fahrbaren Windkanal«.

Untersuchung und Überprüfung der Flugzelle auf Materialstabilität und Haltbarkeit der Verbindungen erfolgt, wird die 21B lose auf dem Schleppwagen befestigt, so dass sie ca. 30 Zentimeter in die Luft steigen kann. Am 19. April 1996 hebt der auf dem Schleppwagen lose gefesselte Nachbau zum ersten Mal ab.

Im Zeitraum von Juli bis November 1996 werden weitere Tests vorgenommen. Zunächst erhält die Flugzelle ein Fahrgestell mit leicht laufenden Rädern und sie erhält ein 50 Meter langes Seil, das an die Anhängerkupplung des ziehenden PKW montiert wird. In die Flugzelle ist Horst Philipp, der Pilot, eingestiegen. Er wird die Reaktion der Flugzelle auf die Steuerung erproben. Das Gewicht der noch nicht eingebauten Motoren wird durch Sandsäcke simuliert. Das Zugfahrzeug startet. In einigen Autos sitzen die Forscher und Ingenieure, Flugzeugbauer und Techniker, die mit der Sache befasst sind, um den Schleppflug zu begleiten. Und sie beobachten begeistert wie die Flugzelle mit dem Piloten stabil im Fahrtwind liegt und wie sie sich einwandfrei steuern lässt. Wieder werden viele solcher Schleppflüge durchgeführt. Der weiteste geht über eine Distanz von 1.130 Metern. Und auch hier werden Geschwindigkeiten bis 50 Stundenkilometer gefahren, während die Flugzelle mit dem Piloten hervorragende ruhige Eigenschaften zeigt.

Ab Dezember 1996 erfolgt die Erprobung der Motoren. Zum Einsatz kommen dieselben Motoren wie in den Vereinigten Staaten. Diese Testphase dauert bis zum Sommer 1997. Jetzt sind die Motoren in die Flugzelle eingebaut und erste Rollversuche mit Eigenantrieb können unternommen werden.

Am 12. September 1997 ist dann endlich der von allen Beteiligten lang ersehnte Zeitpunkt gekommen: Die 21B wird aus dem Hangar auf das Rollfeld geschoben und in Startposition gebracht. Der Pilot Horst Philipp steigt ins Cockpit und setzt seinen Sturzhelm auf. Etwa ein Liter Benzin wird in jeden der beiden Kraftstofftanks gefüllt und jetzt werden die Motoren gestartet. Er beschleunigt bis auf etwa 50 Stundenkilometer und zieht am Steuerknüppel. Das Flugzeug hebt ab. In einer Höhe von ca. 2 Metern über Grund zieht es dahin. Nach 229 Metern Flugstrecke setzt es wieder sachte auf der Rollbahn auf.

Bei diesem und bei allen weiteren Flügen, die noch erfolgen, wird versucht, aus Sicherheitsgründen die Flughöhe von zwei Meter nicht zu überschreiten. Bis November werden 15 Flüge durchgeführt. Die längste Flugstrecke beträgt 428 Meter.

Nach einer Bauzeit von zwei Jahren und nach einer Erprobungsphase von vier Jahren ist das Projekt nahezu abgeschlossen. Vier Jahre Tests sind eine lange Zeit. Man sollte jedoch bedenken, dass man – wie oben bereits erwähnt – sehr behutsam vorgeht und dass man bei den Versuchen stets auf ruhiges und trockenes Wetter angewiesen ist.

Abb. 97
Die 21B bei einem Testflug am 4. Oktober 1997
in einer Flughöhe von ca. zwei Metern

Am 18. Februar 1998 wird das Flugzeug 21B der Öffentlichkeit vorgestellt. Eine große Anzahl von Persönlichkeiten des öffentlichen Lebens sind eingeladen, und Presse, Funk und Fernsehen sind anwesend, als die 21B in der Halle Nr. 247 der Wehrtechnischen Dienststelle 61 (WTD 61) auf dem Flughafen Manching präsentiert wird. Auch das Wetter spielt mit. Nach vielen technischen und historischen Erklärungen wird die 21B auf die Startbahn geschoben und startklar gemacht. Wie schon so oft steigt Pilot Horst Philipp ein, beschleunigt und hebt ab. Die Zuschauer sind verblüfft, gerührt, gespannt und auch ein bisschen ängstlich. Sie sehen heute diese Konstruktion aus Sperrholz, Bambus und Seide zum ersten Mal in der Luft. 90 Sekunden lang hält der Pilot die Maschine etwa zwei Meter über der Rollbahn und legt dabei knapp 1.000 Meter zurück. Dann setzt er in gewohnter Weise sachte auf.

Über dieses Ereignis, stattgefunden am 18. Februar 1998, berichten noch am gleichen Tag Radio- und Fernsehsender. Das 3. Programm des Bayerischen Fernsehens sendet in seiner Nachrichtensendung sogar ein Life-Interview mit Hermann Betscher, dem Vorsitzenden der FFGW. Am folgenden Tag und auch noch später berichten Zeitungen, Magazine und Fachzeitschriften über dieses Ereignis. Mehr als 200 Presseveröffentlichungen können die Weißkopf-Forscher aus Leutershausen sammeln.

Diese Medienpräsentation vom 18. Februar 1998 stellt einen gewaltigen Meilenstein in der Weißkopf-Forschung dar:

Die Öffentlichkeit hat es erfahren:

Nun liegt der Beweis vor, dass Gustav Weißkopfs Flugzeug Nr. 21 die Voraussetzungen besaß, kontrollierte Flüge bereits im Jahre 1901 durchzuführen, zwei Jahre, vier Monate und drei Tage vor den Sekundensprüngen der Wrights.

Das Projekt 21B hätte nicht durchgeführt werden können, hätten nicht viele Personen, Firmen und Institutionen dabei geholfen und ihre Unterstützung gewährt (siehe Anhang S. 300/301).

KAPITEL VII

ANERKENNUNGEN

Nachdem William O'Dwyer im Jahre 1963 in den Vereinigten Staaten die Gustav-Weißkopf-Forschung begonnen hat, sammelt er laufend Material, vor allem Beweisstücke. Im Jahre 1964 legt er seine Sammlung der Stadtverwaltung von Fairfield, dem Bürgermeister von Bridgeport und dem Gouverneur des Staates Connecticut vor. Daraufhin wird von den Städten Bridgeport und Fairfield und vom Gouverneur des Staates Connecticut der 15. August 1964 zum »Gustav-Weißkopf-Tag« erklärt. In den Proklamationen werden die Bürger aufgerufen, sich den Ehrungen des großen Flugpioniers anzuschließen. Der Gouverneur von Connecticut erklärt in seinem Statement, dass am Samstag, dem 15. August 1964, die Connecticut Aeronautisch-historische Vereinigung (CAHA) einen Gedenkstein auf dem bisher nicht gekennzeichneten Grab im Lakeview Cemetery, dem Friedhof von Bridgeport, enthüllen wird, wo Gustav Weißkopf seit 37 Jahren bestattet liegt.

Abb. 98
Grabstätte in Lakeview Cementery, dem Friedhof von Bridgeport

Anerkennungen 261

Die Inschrift des Grabsteins lautet in deutscher Übersetzung:

GUSTAV WEISSKOPF

1. JANUAR 1874   10. OKTOBER 1927

VATER DER LUFTFAHRT IN CONNECTICUT

AM 15. AUGUST 1964 WURDE DIESER GRABSTEIN VON DER CONNECTICUT AERONAUTISCH-HISTORISCHEN VEREINIGUNG IN WÜRDIGUNG DES EINSATZES UND GENIALITÄT VON GUSTAV WEISSKOPF, FLUGPIONIER, ERFINDER, KONSTRUKTEUR UND ERBAUER VIELER FRÜHER LUFTFAHRZEUGE UND MOTOREN ERRICHTET. WEISSKOPF BAUTE DAS ERSTE FLUGZEUG IN CONNECTICUT. ALS SCHÜLER DES DEUTSCHEN LUFTFAHRTPIONIERS OTTO LILIENTHAL ERHOB ER DEN ANSPRUCH, MIT SEINEN FLUGZEUGEN NR. 21 UND 22 BEI FAIRFIELD, BRIDGEPORT UND LORDSHIP 1901 UND 1902 GEFLOGEN ZU SEIN.

- - - - - - - - -

Bis zu diesem Zeitpunkt ist das Grab in Reihe 23 lediglich mit einer Bronze-Nummer »42« gekennzeichnet. Mit dem Grabstein erhält Weißkopf öffentliche Anerkennung. Seither gilt er in Connecticut als Vater der motorisierten Luftfahrt. Seither wird immer wieder der 14. August als »Gustav-Weißkopf-Tag« feierlich begangen.

Town of Fairfield
CONNECTICUT
OFFICE OF THE FIRST SELECTMAN

P-R-O-C-L-A-M-A-T-I-O-N

WHEREAS: Gustave Whitehead was an aircraft designer and builder, truly the Father of Aviation in Connecticut, who constructed many airplanes, gliders, and engines. He claimed to have flown his own aircraft, now known as Number 21, as early as 1901 with subsequent short hops and flights. However, though attested to and recorded, lack of certain evidence prevents official recognition as of this date. His engines, which he designed and built, powered the aircraft of another well recognized aviation pioneer, Charles Witteman, between 1906 and 1909. These are no small accomplishments, yet his creative mind did not stop at aviation alone. He was first to conceive many lesser contrivances which were brilliant for the era in which he lived. Despite his tremendous contributions to aviation, Gustave Whitehead died an unrecognized, unheralded pauper and it is inconceivable that the body of a man of his genius could have lain in an unmarked grave, known only as Number 42, for these past 37 years; and

WHEREAS: The Memorial Marking Committee of CAHA, recognizing the intrepid spirit and mechanical genius of this man, has chosen to honor him on 15 August 1964, at Lakeview Cemetery, Bridgeport, Connecticut - 15 August 1901 being the day he announced his first claimed flight; and

NOW, THEREFORE, I, John J. Sullivan, First Selectman of the Town of Fairfield, Connecticut, do hereby proclaim August 15, 1964 as

GUSTAVE WHITEHEAD DAY

in Fairfield and urge the citizens of our town to pay homage to this great man.

In witness whereof, I have hereunto set my hand and caused the seal of the Town of Fairfield to be affixed this seventh day of August, 1964.

John J. Sullivan
First Selectman

Abb. 99
Proklamation der Stadt Fairfield

Stadt Fairfield,
Connecticut
Amt des Ersten Stadtrats
P r o k l a m a t i o n

Gustav Weißkopf hat Flugzeuge entworfen und gebaut. Er darf wahrlich als VATER DER LUFTFAHRT in Connecticut bezeichnet werden. Er konstruierte viele Flugzeuge, Gleiter und Motoren. Er sagte selbst, dass er sein eigenes Flugzeug, das jetzt unter der Bezeichnung »Nr. 21« bekannt ist, schon 1901 mit aufeinanderfolgenden kurzen Strecken und Flügen in die Luft gebracht hatte. Allerdings hindert ein gewisser Mangel an Beweisen immer noch die öffentliche Anerkennung dieses Zeitpunkts, obgleich dieser bezeugt und dokumentarisch belegt ist. Seine Motoren, die er entworfen und gebaut hatte, trieben zwischen 1906 und 1909 das Flugzeug eines anderen allseits bekannten Luftfahrtpioniers, Charles Wittemann, an. All diese Leistungen sind ja wirklich nicht gering, aber sein Erfindergeist begrenzte sich nicht allein auf das Gebiet der Luftfahrt. Er war der erste, der viele kleinere Erfindungen erdachte, die für den Zeitraum, in dem er gelebt hat, großartig waren. Ungeachtet seiner enormen Beiträge zur Luftfahrt, starb Gustav Weißkopf nicht gebührend gewürdigt und ohne Anerkennung in Armut; und es ist unfassbar, dass der Leichnam eines Mannes dieses Geistes in einem namenlosen Grab, das lediglich unter der Nummer 42 bekannt war, in den letzten 37 Jahren gelegen haben kann.

Der »Ausschuss der CAHA zur Festlegung von Gedenktagen« hat deshalb beschlossen, in Anerkennung seines unerschrockenen Geistes und seiner Genialität auf dem Gebiet der Mechanik, diesen Mann am 15. August 1964 auf dem Lakeview-Friedhof in Bridgeport, Connecticut zu ehren – der 15. August 1901 war der Tag, an dem er den von ihm beanspruchten Erstflug bekanntgab und

AUF GRUND DESSEN, ich, John J. Sullivan, erster Stadtrat der Stadt Fairfield, Connecticut, hiermit den 15. August 1964 als

GUSTAV-WEISSKOPF-TAG

in Fairfield proklamiere und die Bevölkerung unserer Stadt aufrufe, diesem großen Manne zu huldigen.

Urkundlich dessen habe ich am siebten August 1964 meine Unterschrift darunter gesetzt sowie das Siegel der Stadt Fairfield anbringen lassen.

John J. Sullivan,
Erster Stadtrat

Abb. 100
Proklamation der Stadt Bridgeport

BRIDGEPORT, CONNECTICUT
PROKLAMATION
GUSTAV-WEISSKOPF-TAG
15. AUGUST 1964

― ― ― ― ― ― ― ― ―

Die Stadt Bridgeport ist stolz, einem Bürger Anerkennung zu verschaffen, der lange Zeit ignoriert wurde, der aber vieles zur Promotion der Stellung der Vereinigten Staaten auf dem Gebiet der Luftfahrt leistete.

Gustav Weißkopf war ab 1900 Bürger von Bridgeport; und er baute in Bridgeport Flugmotoren[1], von denen man sagt, dass sie flugfähig waren. Herr Weißkopf stellte für sich den Anspruch, dass er das erste Flugzeug gebaut hatte, das zu stetigem Flug fähig war.

Hauptmann William J. O'Dwyer von der 9315. Luftwaffen-Reservestaffel stand an der Spitze derer, die dem Gouverneur des Staates Connecticut, John N. Dempsey, und dem Bürgermeister der Stadt Bridgeport, Samuel J. Tedesco, die wichtige Rolle, welche Gustav Weißkopf in der Entwicklung der Luftfahrt in unserer Stadt, unserem Staat und unserer Nation spielte, näherbrachte.

AUF GRUNDN DESSEN ich, SAMUEL J. TEDESCO, Bürgermeister der Stadt Bridgeport, Connecticut, mit Stolz Samstag, den 15. August 1964 zum

GUSTAV-WEISSKOPF-TAG

in Bridgeport erkläre, und alle Bürger aufrufe, mitzumachen, diesem bedeutenden Mann Tribut zu zollen.

Urkundlich dessen habe ich am elften August 1964 meine Unterschrift darunter gesetzt sowie das Siegel der Stadt Bridgeport anbringen lassen.

Samuel J. Tedesco,
Bürgermeister

---

1 *Hier wurde irrtümlich im Original von »Flugmotoren« geschrieben; richtig muss es »Flugmaschinen« heißen.*

By His Excellency JOHN DEMPSEY, Governor: an

Official Statement

GUSTAVE WHITEHEAD DAY
AUGUST 15, 1964

The Connecticut Aeronautical Historical Association is bringing highly deserved recognition to a pioneer in the field of aviation who has been wholly forgotten by the public, even in the State of Connecticut where his highly important work was carried out.

As early as 1901, Gustave Whitehead of Bridgeport was building aircraft and aircraft engines.

Apparently it never will be possible to settle the controversy over the question of whether Gustave Whitehead's plane actually made a flight, as he claimed. There is, however, no doubt that his inventive genius contributed much to the aviation industry which now occupies so prominent a place in Connecticut's economy.

On Saturday, August 15th, the Connecticut Aeronautical Historical Association will dedicate a monument at the previously unmarked grave in Lakeview Cemetery, Bridgeport, where Gustave Whitehead was buried after he died in obscurity 37 years ago.

In further recognition of Connecticut's forgotten genius, I am pleased to designate August 15th as GUSTAVE WHITEHEAD DAY, and to urge that all honor be accorded to him as The Father of Aviation in Connecticut.

Governor

Abb. 101
Öffentliche Erklärung des Staates Connecticut

Bundesstaat Connecticut

Der Gouverneur, seine Exzellenz JOHN DEMPSEY, erlässt eine

Öffentliche Erklärung

GUSTAV-WEISSKOPF-TAG
15. August 1964

Die »Connecticut Aeronautisch-Historische Vereinigung« erinnert mit großem Respekt an einen Pionier auf dem Gebiet der Luftfahrt, der in der Öffentlichkeit völlig vergessen wurde, selbst im Staate Connecticut, wo er seine höchst bedeutende Arbeit ausführte.

Bereits im Jahre 1901 hatte Gustav Weißkopf aus Bridgeport Flugzeuge und Flugzeugmotoren gebaut.

Offensichtlich wird es nie möglich sein, die Streitfrage zu klären, ob Gustav Weißkopfs Flugzeug tatsächlich geflogen ist, wie er selbst behauptet hat. Es herrscht jedoch kein Zweifel, dass sein genialer Erfindergeist vieles zur Luftfahrtindustrie beigetragen hat, die heute eine so bedeutende Stelle in der Wirtschaft Connecticuts einnimmt.

Am Samstag, dem 15. August, wird die »Connecticut Aeronautisch-Historische Vereinigung« einen Grabstein am bisher namenlosen Grab im Lakeview Friedhof in Bridgeport einweihen, wo Gustav Weißkopf bestattet wurde, nachdem, er von allen vergessen, vor 37 Jahren gestorben war.

In weiterer Anerkennung um Connecticuts vergessenem Genie ist es mir eine Freude, den 15. August als GUSTAV-WEISSKOPF-TAG zu designieren und rufe dazu auf, ihm alle Ehre als Vater der Luftfahrt in Connecticut zuteil werden zu lassen.

John Dempsey
Gouverneur

Neben militärischen Ehrenabteilungen und zahlreichen Besuchern sind bei dieser Feier die drei Töchter Weißkopfs, Rose, Nellie und Lillian, außerdem sein ehemaliger Mitarbeiter Anton Pruckner (81 Jahre), der Geschäftspartner im Motorenhandel, Charles Wittemann (83 Jahre) und Clarence Chamberlain, anwesend. Die Töchter Weißkopfs sind gekommen, um die Ehrung für ihren Vater mitzuerleben, die ihm nun von der Nation zuteil wird, die er geliebt und zur neuen Heimat für sich und seine Nachkommen erwählt hat. Als sich der 81-jährige Anton Pruckner über das Grab beugt und die Inschrift auf dem Stein liest, sagt er, wobei ihn Wittemann hört: »*Hier magst Du nun in Frieden ruhn, Gus.*« Und an den Sprecher der Flughistorischen Vereinigung richtet er die Worte: »*Es ist schon eine großartige Sache, was Ihr für meinen alten Freund getan habt. Er hätte schon vor langer Zeit Anerkennung finden müssen!*«

Das Zustandebringen der Feier am Grab bezeichnet O'Dwyer selbst als einen Höhepunkt seiner Weißkopf-Arbeit. Sinngemäß drückt er in diesem Zusammenhang aus, dass nun vor allem die Töchter Weißkopfs ihren Vater nicht mehr als Schwindler und gescheiterte Existenz ansehen müssen.

Als weiteren Höhepunkt seiner Weißkopf-Arbeit nennt er die Ausstellung der Ergebnisse seiner Forschungen bei der Luft- und Raumfahrtabteilung der Smithonian Institution. Im Januar 1966 wird er zu dieser Ausstellung vom Leiter der Abteilung »Air and Space« eingeladen. Dieser Aufforderung kommt er gerne nach, denn er sieht darin einen wichtigen Durchbruch, »*dessen Bedeutung erst kommende Generationen in voller Tragweite erkennen werden*«. O'Dwyer beweist hier, dass die meisten Historiker in den USA und auch in Übersee »*sich in einem großen Irrtum befinden*«, so spricht er selbst darüber.

Im Sommer 1966 halten sich William O'Dwyer und Stella Randolph für längere Zeit in Deutschland auf. Sie wohnen in Leutershausen, der Geburtsstadt des Luftfahrtpioniers, besuchen von hier aus die Nachbarstädte und unternehmen Ausflüge in Bayern.

In der Zeit vom 22. bis 24. Juli 1966 veranstaltet der Aeroclub Ansbach die Gustav-Weißkopf-Gedächtnis-Flugtage. An diesen Feierlichkeiten nehmen William O'Dwyer und Stella Randolph teil.

Der 14. August 1966, der 65. Jahrestag des ersten Motorflugs, wird für die beiden amerikanischen Staatsbürger Stella Randolph und William O'Dwyer zum besonderen Tag:

Unter Anwesenheit von Presse, Funk und Fernsehen verleiht die Stadt Leutershausen auf Initiative des damals amtierenden Bürgermeisters Heinz Wellhöffer den Weißkopf-Forschern William O'Dwyer und Stella Randolph die Ehrenbürgerwürde. Die Stadt Leutershausen versteht diesen Schritt als Anerkennung für die langjährigen Bemühungen beider um die Sammlung unwiderlegbarer Beweise für die Pioniertaten Gustav Weißkopfs. Obwohl beide selbst US-amerikanische Staatsbürger sind, betonen sie doch immer wieder, dass die Wiege des ersten Motorfliegers der Welt nicht in den USA, sondern in Deutschland gestanden hat und dass er zeit seines Lebens nie die amerikanische Staatsbürgerschaft angestrebt hat, er ist Deutscher geblieben.

Die Verleihung der Ehrenbürgerwürde an ausländische Staatsbürger stellt in der Bundesrepublik eine Seltenheit dar. Sie kann von der Stadt nicht ohne weiteres ausgesprochen werden. Sie bedarf der Genehmigung durch die Landesregierung.

Am 23. Juli 1966 findet in Petersdorf bei Ansbach eine Feier des AERO-CLUB ANSBACH statt. Eine neuerrichtete Flugzeughalle wird ihrer Bestimmung übergeben, und sie wird auf den Namen GUSTAV-WEISSKOPF-HALLE getauft.

Schon im Juli 1958 ist ein Segelflugzeug auf den Namen »Gustav Weißkopf« getauft worden. Anlässlich der Gustav-Weißkopf-Gedächtnis-Flugtage erhält nun ein Motorflugzeug den Namen des Flugpioniers. Seither scheut man sich nicht mehr, Flugzeuge oder Hubschrauber nach Gustav Weißkopf zu benennen.

Abb. 102 und 103
Verleihung der Ehrenbürgerwürde an Stella Randolph und William O'Dwyer
durch Ersten Bürgermeister Heinz Wellhöffer

Abb. 104 und 105
Die »Gustav-Weißkopf-Halle« in Petersdorf bei Ansbach
Motorflugzeug: Auf den Namen »Gustav Weißkopf« getauft

Als in der Nachkriegszeit in der Stadt Nürnberg die Siedlung am Marienberg in der Nähe des Flughafens entsteht, entschließt sich der Stadtrat, die dortigen Straßen und Wege nach bekannten Flugpionieren und Fliegern zu benennen. Seitdem gibt es dort neben einer Otto-Lilienthal-Straße und mehreren nach historischen Persönlichkeiten des Fliegens bezeichneten Straßen zwischen dem Karl-Jatho-Weg und dem Hermann-Köhl-Weg den Gustav-Weißkopf-Weg. Damit setzt auch die fränkische Metropole dem Flugpionier aus Franken ein bleibendes Denkmal.

In der im Jahre 1965 entstehenden Neubausiedlung der Stadt Leutershausen benennt der Stadtrat die Straßen und Wege nach bekannten Persönlichkeiten der eigenen Stadt. Eine davon wird Gustav Weißkopf gewidmet.

Die Stadt Königsbrunn bei Augsburg benennt im Jahre 1991 die Erschließungsstraßen im Gewerbegebiet Süd auf Vorschlag des damaligen Ersten Bürgermeisters Adam Metzner nach Pionieren des Luftfahrtwesens. Dem Einsatz Metzners ist es zu verdanken, dass wir heute dort neben einer Zeppelin-, Lindbergh-, Eckener- und Lilienthalstraße auch eine Weißkopfstraße vorfinden.

Abb. 106
»Gustav-Weißkopf-Weg« in Nürnberg

Abb. 107
»Gustav-Weißkopf-Straße« in Leutershausen

Abb. 108
»Weißkopfstraße« in Königsbrunn

Gustav Weißkopf wurde im Jahre 1874 in Leutershausen geboren. 100 Jahre später erinnert seine Geburtsstadt mit der Herausgabe einer Gedächtnismedaille in Silber an die Leistungen des Flugpioniers. Die Medaille wird mit 500 Exemplaren aufgelegt. Die ersten beiden verbleiben bei der Stadt Leutershausen, die dritte wird William O'Dwyer verliehen, die vierte Stella Randolph und die fünfte erhält der damalige Außenminister der USA, Henry Kissinger. Seine Mutter ist in Leutershausen geboren und aufgewachsen. Kissinger und seine Eltern haben nach dem Zweiten Weltkrieg auch Leutershausen besucht und Freundschaften mit ehemaligen Nachbarn erneuert.

Abb. 109
Die Gustav-Weißkopf-Medaille der Stadt Leutershausen
erschien zum 100. Jahrestag der Geburt des Flugpioniers.

In den siebziger Jahren erlebt die Bundesrepublik Deutschland eine Welle der Volksmärsche und Volkswandertage. In vielen Orten werden eigens Wandervereine gegründet, auch in Leutershausen. Die »Rangau-Wanderfreunde«, so nennt sich der Verein, veranstalten am 17. August

1975 in Leutershausen ihren »1. Internationalen Volkswandertag« unter dem Motto »Gustav-Weißkopf-Gedächtnismarsch«.

Abb. 110
Ausschreibung der »Rangau-Wanderfreunde« zum
»Gustav-Weißkopf-Gedächtnismarsch« (1975)

Auch im Jahre 1981, 80 Jahre nach dem ersten Motorflug, steht der Internationale Volkswandertag wieder unter dem Gedenken an Weißkopf. Als Prämie für die Wanderer hat man diesmal einen Weißkopf-Teller herstellen lassen.

Abb. 111
Prämie des Gustav-Weißkopf-Gedächtnismarsches 1981

Anerkennungen 277

Abb. 112
Werbeplakat und Einladung zum »Gustav-Weißkopf-Tag«

Am 20. Mai 1982 feiert die Stadt Leutershausen einen »Gustav-Weißkopf-Tag«. Das ganze Städtchen ist festlich geschmückt und viele Besucher aus dem weiten Umkreis stellen sich ein. Dieser Tag wird zu einem richtigen Volksfest. Höhepunkt ist die Enthüllung des »Gustav-Weißkopf-Gedenksteins«. An den drei Masten vor der Turnhalle werden neben der Fahne der Stadt die Flaggen der USA und der Bundesrepublik Deutschland hochgezogen, während die Stadtkapelle Leutershausen die amerikanische und die US-Militärkapelle die bundesdeutsche Nationalhymne spielt.

Im Anschluss daran wird in der Grünanlage vor der Stadthalle der »Gustav-Weißkopf-Gedenkstein« enthüllt. Der Leutershauser Steimetz Harald Hanel hat ihn im Rahmen seiner Meisterprüfung gefertigt und der Stadt gestiftet.

Abb. 113
»Gustav-Weißkopf- Gedenkstein« in der Grünanlage vor der Stadthalle

Auf der Rückseite ist folgender Text eingemeißelt:

AM 1.1.1874 IN LEUTERSHAUSEN GEBOREN. ZUR SEE GEFAHREN UND NACH AMERIKA AUSGEWANDERT. ALS AERONAUT KONSTRUIERTE UND BAUTE ER EIN FLUGZEUG MIT VERBRENN.-MOTOR. SEIN ERSTER FLUG DAMIT AM 14. AUG. 1901 IN FAIRFIELD WAR SEINE GRÖSSTE PIONIERTAT. ER STARB IN BRIDGEPORT AM 10.10.1927.

ERFORSCHT VON DEN
EHRENBÜRGERN
S. RANDOLPH, W. O'DWYER.

GESTIFTET 1982 STEINMETZMEISTER HARALD HANEL

Die Stadt Leutershausen hat, seit sie zum ersten Mal von ihrem großen Sohn erfahren hat, Material über ihn gesammelt.

Als nun im Jahre 1973 die »Flughistorische Forschungsgemeinschaft Gustav Weißkopf« (FFGW) gegründet wird, nimmt sich diese der Sammlung an. In einem Haus in der Badgasse, nahe der Stelle, wo Weißkopfs Geburtshaus gestanden hat, bringt man die Sammlung unter. Doch die FFGW ist mit diesen Räumlichkeiten recht unzufrieden, weil Gefahr besteht, dass wegen ungeregelter Temperatur und Luftfeuchtigkeit die Exponate Schaden nehmen können. So wird die Sammlung im Jahre 1978 in einem kleinen Raum neben dem Sitzungssaal im Rathaus untergebracht. Doch dieser Raum reicht für die Ausstellung der Gegenstände, Bilder und Berichte keinesfalls aus.

Die Stadtväter hegen schon lange den Wunsch alle Museen Leutershausens (Weißkopf-Museum, Heimatmuseum, Schulmuseum, Handwerkerstuben) in einem Gebäude unterzubringen. Hierfür erscheint das ehemalige Landgericht geeignet.

Abb. 114
Das Gebäude des ehemaligen Landgerichts

In unzähligen freiwilligen Stunden nehmen die Mitglieder der FFGW und viele Helferinnen und Helfer die Aufgabe an, in mühevoller Kleinarbeit Dokumente, Gegenstände und Bildmaterial von und über Weißkopf zu prüfen, zu ordnen, zu katalogisieren und in ansprechender Weise an Wänden und in Vitrinen zu dekorieren. Es ist so viel Material vorhanden, dass alles gar nicht ausgestellt werden kann. Aus diesem Grunde muss vieles in Ordnern und in Schränken untergebracht werden. Neben der Ausstellung entsteht also noch ein umfangreiches Archiv.

Am Abend des 24. April 1987 findet im Saal des Rathauses ein Festakt zur Eröffnung des Gustav-Weißkopf-Museums statt. Führende Persönlichkeiten des öffentlichen Lebens nehmen an dieser Feierstunde teil. Unter den zahlreichen Gästen kann Erster Bürgermeister Dieter Gundel auch Ehrenbürger Bill O'Dwyer, Oberstleutnant Robert Floyd und Major John Adams als Vertreter der 4. US-Brigade, Flugzeugkonstrukteur Arling Schmid aus den USA, Gert von Hassel vom Institut für Wirtschaftskommunikation und Hans Maurer, den Staatssekretär des Ministeriums für Unterricht und Kultus sowie die Mitglieder der FFGW und des Museums-Teams begrüßen. Als außergewöhnliches Ereignis hebt Bürgermeister Gundel das persönliche Erscheinen von Prof. Dr. Hermann Oberth, dem »Vater der Raumfahrt« hervor.

Am Tag darauf wird das Gustav-Weißkopf-Museum zum Besuch für die Öffentlichkeit freigegeben. Zahlreiche Besucher nutzen die Gelegenheit zum kostenlosen Besuch.

Das Gustav-Weißkopf-Museum in Leutershausen ist eine Einrichtung der Stadt. Es untersteht nicht dem Bezirk Mittelfranken, dem Freistaat Bayern oder dem Bund. Doch bald erweist sich der Raum, der in diesem Gebäude für die Gustav-Weißkopf-Sammlung zur Verfügung steht, wieder als zu klein. Deshalb wird geplant, nach gründlicher Innensanierung des Gebäudes für das Gustav-Weißkopf-Museum eine ganze Etage einzurichten. Im Frühjahr 1996 ist die Renovierung abgeschlossen und bereits

Abb. 115
Am 25. April 1987 gibt Erster Bürgermeister Gundel
das Gustav-Weißkopf-Museum zum Besuch für die Öffentlichkeit frei.

Abb. 116
Diese Klebemarken wurden anlässlich der Eröffnung des
Gustav-Weißkopf-Museums am 24. April 1987 ausgegeben.

Abb. 117
Mit diesem Plakat lädt die Stadt Leutershausen
zum Besuch des Gustav-Weißkopf-Museums ein.

Anerkennungen 283

Abb. 118
Blick in das neu eingerichtete Weißkopf-Museum

am 7. April, dem Ostersonntag, kann das neu gestaltete Museum, das nun um viele Objekte erweitert ist, geöffnet werden. Der interessierte Besucher findet hier neben den historischen Ausstellungsstücken auch den von Frank Thalmann nachgebauten Originalmotor und das Flugzeug 21B, wie es in Manching von Horst Philipp geflogen worden ist.

Am 30. Oktober 1986 richtet der Leiter der Volksschule Leutershausen, Rektor Albert Wüst[1], ein Schreiben an den Vorsitzenden des Schulverbands, Bürgermeister Dieter Gundel, in dem er anregt, für die Volksschule die Genehmigung der Bezeichnung »Gustav-Weißkopf-Schule« zu beantragen. FFGW, Stadtrat, Elternbeirat und Schulverbandsversammlung stehen voll hinter diesem Vorschlag. Bürgermeister Gundel stellt daraufhin

1 *Autor dieses Buches.*

bei der Regierung von Mittelfranken den entsprechenden Antrag. Bereits am 22. Mai 1987, rund vier Wochen nach der Eröffnung des Gustav-Weißkopf-Museums, veröffentlicht die Regierung ihre Rechtsverordnung vom 7. Mai 1987, in der es in § 1 heißt:

»*Die Volksschule Leutershausen (Grund- und Hauptschule) wird umbenannt, sie führt künftig die Bezeichnung* **Gustav-Weißkopf-Volksschule Leutershausen (Grund- und Hauptschule)**.«

Der offizielle Festakt zur Namensverleihung findet im Juli in der Aula der Schule statt. Neben zahlreichen Ehrengästen ist als Vertreter des Bayerischen Staatsministeriums für Unterricht und Kultur wiederum Staatssekretär Hans Maurer zur Feierstunde erschienen. In seiner Festansprache berichtet Bürgermeister Gundel über Leben und Werk Gustav Weißkopfs. Im Anschluss daran gratuliert Hermann Betscher, der Vorsitzende der FFGW. Er stellt die Bedeutung der Namensverleihung für die Anerkennung des Flugpioniers heraus: Eine übergeordnete staatliche Behörde, nämlich die Regierung von Mittelfranken, habe mit der Genehmigung, diesen Namen zu verleihen, Gustav Weißkopf nicht nur besondere Ehre erwiesen, sondern ihn auch als ernsthaften Flugpionier anerkannt. Hermann Betscher überreicht dem Schulleiter ein Portrait von Gustav Weißkopf, das in der Schule einen ausgewählten Platz erhält, und das Natursteinwerk Hanel, Leutershausen hat einen Granitstein mit dem neuen Namen der Schule, flankiert vom Stadtwappen und von Weißkopfs Nr. 21, aufgestellt und, zur Überraschung aller, gestiftet. (siehe Abb. 120)

Mehr und mehr wird Gustav Weißkopf öffentlich bekannt. Hat man ihn bisher als wichtigen Pionier in der Geschichte der Luftfahrt gefeiert, so erwähnt ihn die Presse jetzt schon als nachweislich ersten Motorflieger der Welt.

Nach umfangreichen Umbauarbeiten am Nürnberger Flughafen wird am 6. Februar 1990 der dritte Konferenzraum eröffnet. Er wird nach Gustav Weißkopf benannt.

Anerkennungen

Tags darauf berichtet die Presse über die Taufe des neuen Konferenzraums:

Die NÜRNBERGER NACHRICHTEN schreiben:

»Der erste Motorflieger der Welt, Gustav Weißkopf aus Leutershausen bei Ansbach, erfährt 63 Jahre nach seinem Tod eine neue Ehrung: Am Nürnberger Flughafen wurde der dritte Konferenzraum nach ihm benannt...«

Und die NÜRNBERGER ZEITUNG berichtet:

»… der aus Leutershausen bei Ansbach stammende Weißkopf schaffte am 14. August 1901 im amerikanischen Bridgeport den ersten zweifelsfrei bewiesenen Motorflug der Geschichte – zwei Jahre vor den Gebrüdern Wright, die lange Zeit zu unrecht als die ersten Motorflug-Pioniere gegolten hatten. …«

Anlässlich des 90. Jahrestags von Weißkopfs erstem Motorflug am 14. August 1901 veranstaltet die FFGW in Zusammenarbeit mit dem Flughafen Nürnberg am 14. August 1991 ein »Flughistorisches Forum«. Leutershausens Bürgermeister Dieter Gundel hält die Festansprache. Fluglehrer, Weißkopf-Forscher und Pilot Andy Kosch (siehe S. 237) berichtet vom Nachbau des Flugzeugs Nr. 21 in den USA und Dipl.-Ing. Hans Kühl stellt den von Frank Thalmann gefertigten Nachbau des Fahrwerksmotors (siehe S. 249) vor. Als besondere Attraktion wird die »Experimental«, der Nachbau des Flugzeugs, der den amerikanischen Weißkopf-Forschern gelungen ist (21A), erstmals in Deutschland gezeigt. Das Flugzeug hängt in der Empfangshalle des Flughafens von der Decke herab. Auch der nachgebaute Fahrwerksmotor ist ausgestellt. Von diesem Symposium berichtet die Presse an den darauffolgenden Tagen bundesweit.

Seit dem Jahre 1967 führt die Flurbereinigung acht Verfahren zur ländlichen Neuordnung in der Flur der politischen Gemeinde Leutershausen durch. Anlässlich des Abschlusses dieser Maßnahme im Jahre 1991 errichtet die Flurbereinigung ein Weißkopf-Denkmal.

Grundgedanke ist dabei, in Erinnerung an Gustav Weißkopf 90 Jahre nach seinem ersten Motorflug an einer markanten Stelle seine Nr. 21 im Maßstab 1 : 1 auf einer sieben Meter hohen Säule aufzustellen. Der beauftragte Künstler, der schweizer Bildhauer Hanspeter Widrig, hat die Konstruktion möglichst originalgetreu in Stahl- und Kunststoffmaterial nachgebildet. Weißkopfs Nr. 21 kann so in Originalgröße in transparenter Gestaltung vom Betrachter empfunden werden.

Da im Rahmen der Städtebauförderung abseits des mittelalterlichen Stadtkerns der Festplatz Leutershausens eine Neugestaltung erfährt, bietet sich die Lösung an, das Denkmal in diese Neugestaltung einzuplanen. Es wird im Eingangsbereich des Festplatzes vom »Amt für ländliche Neuordnung« aufgestellt und am 8. September 1991 der Stadt übergeben.

Außerhalb der Festsaison bietet dieser Platz Parkmöglichkeiten für Besucher der Gustav-Weißkopf-Stadt. Gruppen, die mit Bussen nach Leutershausen kommen, um die Stadt und das Gustav-Weißkopf-Museum zu besuchen, werden auf diese Weise bereits beim Aussteigen auf dem Parkplatz mit der genialen Erfindung Weißkopfs begrüßt.

Das Denkmal soll aber auch an Menschen erinnern, die voller Hoffnung und im Glauben an grenzenlose Möglichkeiten ihrer alten Heimat den Rücken gekehrt haben und in die Vereinigten Staaten ausgewandert sind.

Seite 286
Abb. 119
Das Gustav-Weißkopf-Denkmal
am Eingang zum Fest- und Parkplatz

Im Oktober des Jahres 1994 besucht ein ganz besonderer Gast die Stadt Leutershausen. Es ist Mr Curtis Mitchell aus den USA, ein Urenkel Gustav Weißkopfs und Enkel von Mrs Lillian Whitehead Baker (siehe S. 268). Mr Curtis Mitchell hat aus den Vereinigten Staaten eine ganze Reihe von Informationen mitgebracht. Aus Erzählungen seiner Großmutter Lillian und weiterer Verwandter weiß er über seinen Urgroßvater sehr viel zu erzählen. So wird erstmals bekannt, dass Gustav Weißkopf im Jahre 1914 öffentlich seine Enttäuschung darüber zum Ausdruck brachte, dass Flugmaschinen, deren Weg er mitbereitet hatte, zum Töten seiner Mitmenschen eingesetzt wurden. Ebenfalls im Jahre 1914 schloss sich Weißkopf der »International Bible Student« (später als »Zeugen Jehovas« bekannt) an. Das Studium der Bibel nahm ihn völlig in Anspruch. Wissend, dass das Flugzeug so oft als Kriegsmaschine eingesetzt wurde, wollte er nichts mehr damit zu tun haben. Mr Curtis Mitchell hält sich in der Geburtsstadt seines Urgroßvaters eine Woche lang auf und er besucht die historischen Stätten, natürlich auch das Museum und ebenso die nach seinem Urgroßvater benannte Schule.

Abb. 120
Mr Curtis Mitchell und Rektor Albert Wüst vor der Gustav-Weißkopf-Schule

Das Jahr des großen Durchbruchs ist für die Weißkopf-Forschung in Deutschland das Jahr 1998.

Der wohl absolute Höhepunkt und die Krönung der Forschungsarbeit der FFGW war der erfolgreiche Flug mit der 21B am 18. Februar 1998 (siehe S. 256).

Am 21. Februar beginnt in Nürnberg die Messe »Freizeit und Garten«. Auf dem Stand des Nürnberger Flughafens kann die FFGW den Pionier Weißkopf fachgerecht präsentieren.

Am 1. März erhält die FFGW hohen Besuch aus Italien. Dr. Pierluigi Duranti ist Vorstand der »Internationalen Kommission für amateurgebaute Flugzeuge« (FAI). Er hat von der Forschungsgruppe und dem Nachbau-Projekt gehört und wollte sich kundig machen. Die Arbeit der FFGW hat ihn wohl überzeugt, denn es ist Dr. Duranti, der das Nachbau-Projekt für das Phoenix Diplom vorschlägt (siehe S. 290/291).

Von März bis Mai wird die 21B in verschiedenen Einkaufszentren präsentiert. Damit verbunden waren jeweils entsprechende Ausstellungen zu Weißkopfs Leben und Werk. Etwa 60.000 Besucher dürften hierbei den Pionierleistungen Weißkopfs begegnet sein.

Im Mai findet in Berlin die »Internationale Luft- und Raumfahrtausstellung« statt. Der geflogene Nachbau 21B und die Geschichte Weißkopfs sind im Oldtimer-Zelt aufgebaut und werden zuerst dem Fachpublikum, dann den Luftfahrtinteressierten aus aller Welt vorgestellt. Etwa 100.000 Besucher dürften diese Präsentation gesehen und erlebt haben.

Im Juni wird nun die 21B an den für sie vorgesehenen Ausstellungsplatz im Gustav-Weißkopf-Museum Leutershausen gebracht. Dieser Nachbau von Weißkopfs Flugmaschine ist mittlerweile die Hauptattraktion.

Im Juli besucht Mr Robert Gilliland aus den USA das Weißkopf-Museum in Leutershausen. Er ist einer der erfahrensten und renommiertesten Testpiloten der Welt. Als ehemaliger Chef-Testpilot der Firma Lockheed hat er als erster die »SR-71 Blackbird«, das schnellste Flugzeug der Welt geflogen¹. Beim Empfang im Museum betont er, dass es wichtig sei, die Wahrheit über den ersten Motorflug herauszufinden.

Im September tagt die FAI in Toulouse, Frankreich. Sie verleiht einmal jährlich das Phoenix Diplom, eine Auszeichnung für Konstrukteure, die historische Flugzeuge nachbauen. In diesem Jahr wird das FAI Phoenix Diplom für die Rekonstruktion der Flugmaschine von Gustav Weißkopf an Fritz Bruder in Verbindung mit der FFGW verliehen. Nachdem die FFGW zur Entgegennahme des Diploms in Toulouse nicht zugegen sein kann, wird dies dem Präsidenten des Deutschen Aero Clubs (DAC), Herrn W. Weinreich, übergeben. Er überreicht dann diese hochrangige Auszeichnung im Namen der FIA an Fritz Bruder und das FFGW-Team anlässlich der Generalversammlung des DAC am 5. Dezember in Dresden.

Abb. 121
Überreichung des Diplôme Phénix in Dresden
v. l.: Wolfgang Weinreich, Präsident des Dt. Aero Clubs, Fritz Bruder, Hermann Betscher
Seite 291: Abb. 122 Diplôme Phénix und Übersetzung

1 *Dieses kann bis zu 24.400 Meter hoch fliegen und eine Geschwindigkeit von mehr als drei Mach erreichen.*

Anerkennungen

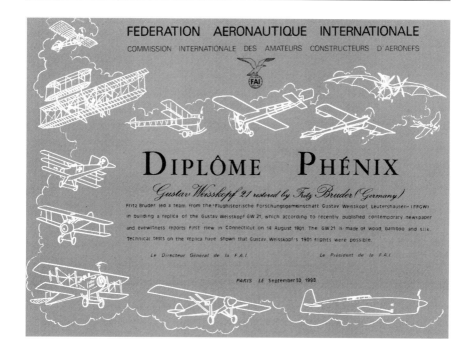

INTERNATIONALE LUFTFAHRTFÖDERATION (FAI)
INTERNATIONALE KOMMISSION FÜR AMATEURGEBAUTE FLUGZEUGE

PHOENIX DIPLOM

Gustav Weißkopfs 21 wiedererstellt von Fritz Bruder (Deutschland)

Fritz Bruder leitete ein Team der Forschungsgemeinschaft Gustav Weißkopf, Leutershausen (FFGW), bei dem Bau einer Nachbildung von Gustav Weißkopfs 21, welche, laut unlängst erschienenen Veröffentlichungen zeitgenössischer Zeitungs- und Augenzeugenberichten, erstmals in Connecticut am 14. August 1901 flog. Die GW 21 wurde aus Holz, Bambus und Seide gefertigt. Technische Tests des Nachbaus haben gezeigt, dass Gustav Weißkopfs Flüge von 1901 möglich waren.

Paris, den 30. September 1998

Der Generaldirektor der FAI
gez. Max Bishop

Der Präsident der FAI
gez. Eilif Ives

Durch die Aktivitäten der FFGW und besonders durch den unbeschreiblichen Fleiß und uneigennützigen Einsatz der beiden Vorstände Hermann Betscher und Matthias Lechner ist es gelungen, Weißkopf weit über die Grenzen Deutschlands hinaus bekannt zu machen.

Mittlerweile haben schon einige Museen Dauerausstellungen über Weißkopf eingerichtet.

Als im September 1987 der Generaldirektor des Deutschen Museums München, Dr. Otto Mayr das Gustav-Weißkopf-Museum in Leutershausen besucht, ist er erstaunt, welch reichhaltige Sammlung hier vorliegt und er sichert zu, dass das Deutsche Museum der Arbeit Weißkopfs einen Platz in den »Flughistorischen Sammlungen« einräumen werde. Seitdem wird Weißkopf in einer Dauerausstellung im Deutschen Museum präsentiert. Auch Werner Heinzerling, der Leiter der Abteilung »Luft- und Raumfahrt« des Deutschen Museums hat im Gustav-Weißkopf-Museum Leutershausen die Ausstellungsstücke begutachtet.

Im Jahre 1998 werden in drei weiteren Museen Dauerausstellungen über Gustav Weißkopf eingerichtet:

Mit Fotos und einem Modell der Nr. 21 wird im Technik-Museum Speyer eine kleine Ausstellung aufgebaut und auch in der Display-Tafel mit der Chronologie der Luftfahrtgeschichte findet Weißkopf Eingang.

Das Schlossmuseum der Firma Hoechst AG in Höchst/Main[1] verfügt über zwei Abteilungen: Die eine zeigt die Geschichte der Firma Hoechst, die andere die Geschichte der Stadt Höchst/Main. Gustav Weißkopf hat in Höchst/Main Jahre seiner Kindheit verbracht, und deswegen wird nun in der Abteilung der Geschichte der Stadt eine Weißkopf-Ecke eingerichtet.

---

1 *Höchst am Main war bis 1923 eigenständige Stadt;*
seitdem nun Stadtteil von Frankfurt am Main.

Auf der Insel Rügen besitzt die Stadt Prora ein Technikmuseum, das »Museum zum Anfassen«. Auch hier ist Gustav Weißkopf in einer Dauerausstellung vertreten.

Sehr erstaunt sind die Weißkopf-Forscher aus Leutershausen, als sie im Dezember 1998 in Dresden im dortigen Museum eine Präsentation Weißkopfs vorfinden. Anfragen bei der Museumsleitung, wie lange diese Ausstellungsstücke schon im Museum seien, führten zu dem Ergebnis: »Weißkopf ist schon immer da.«

Mittlerweile zeigen auch ausländische Museen Dauerausstellungen über Gustav Weißkopf. Bekannt sind in diesem Zusammenhang das L'AEROPLANO-MUSEUM in Comignano und das Modell-Museum in Arona.

Mit großer Wahrscheinlichkeit ist Weißkopf noch in etlichen anderen Museen vertreten. Allerdings ist dies im Augenblick nicht bekannt.

Internationales Publikum kann im Flughafen Nürnberg Gustav Weißkopf begegnen. Die Flughafen GmbH hat der FFGW in der Abflughalle eine Hochvitrine zu Ausstellungszwecken kostenlos zur Verfügung gestellt. Ein Modell der Nr. 21 sowie verschiedene Fotos und Texte in mehreren Sprachen werden hier präsentiert.

Moderne Kommunikationsmöglichkeiten erlauben heute, Verbindungen durch Gustav Weißkopf im Internet[1] zu schaffen und Informationen über E-Mail und Fax auszutauschen. Kontakte mit Fachleuten aus vielen Ländern werden ermöglicht. Nahezu täglich erreichen die FFGW-Vorstände Anfragen aus dem In- und Ausland, aus Japan und Südafrika ebenso wie aus Brasilien und Australien. Aber auch mit Mitgliedern der Weißkopf-Familie bzw. mit Nachfahren Gustav Weißkopfs in den USA bestehen Verbindungen.

---

1   *http://www.weisskopf.de.*

Wer der Geburtsstadt Gustav Weißkopfs einen Besuch abgestattet hat, und sich dann auf den Heimweg begibt, wird am Ortsausgang zum Wiederkommen und zum Wiedersehen in der Gustav-Weißkopf-Stadt eingeladen.

Abb. 123
»Auf Wiedersehen in der Gustav-Weißkopf-Stadt Leutershausen«

Anerkennungen und Ehrungen Gustav Weißkopfs für seine große Pionierleistung haben lange auf sich warten lassen. Doch jetzt ist der Zeitpunkt gekommen, da die Weltöffentlichkeit Weißkopf zur Kenntnis nimmt.

Mit Gustav Weißkopf ist ein Flugpionier auf der Bühne der Geschichte aufgetreten, der die Anfänge der motorisierten Luftfahrt in ein neues Licht rückt.

ANHANG

NACHWORT

An dieser Stelle möchten Autor und Verlag ein Wort des Dankes aussprechen.

Bei der Erstellung dieses Buches haben wir von vielen Seiten freundliche Unterstützung und große Mithilfe erfahren.

Der Dank des Autors gilt in erster Linie der Stadt Leutershausen, namentlich dem Ersten Bürgermeister, Herrn Dieter Gundel. Als Eigentümer hat die Stadt Ausstellung und Archiv des Museums sowie das Archiv des Rathauses in großzügiger Weise dem Autor für erforderliche Arbeiten zur Verfügung gestellt.

Des Weiteren bedankt sich der Autor bei der FFGW, insbesondere bei den Herren Vorständen Hermann Betscher und Matthias Lechner, und bei vielen hilfsbereiten Mitgliedern. In zahlreichen Gesprächen und in umfangreicher Korrespondenz wurden hier viele Einzelheiten geklärt und in den größeren Zusammenhang eingeordnet.

Großer Dank gilt den Übersetzern der vielen Seiten von Schriftstücken und Quellen, die nur in englischer Sprache zur Verfügung gestanden haben. Große Teile ihrer Übersetzungen sind in dieses Buch mit aufgenommen worden.

Besonderer Dank gilt Herrn Dr. Ludwig Bölkow für seine Bereitschaft, dem Buch ein Geleitwort gegeben zu haben.

Nicht zuletzt sei allen Akteuren am Rande gedankt: Herzlicher Dank gebührt Herrn Alfred Stockert für das Erstellen von Satz und Layout, den Graphikern, Fotografen, Lektoren, Druckern und Buchbindern. Sie alle gaben sich große Mühe, das Buch in dieser Form vorlegen zu können.

Der Verlag   *Der Autor*

Dank dem Autor

Die »Flughistorische Forschungsgemeinschaft Gustav Weißkopf« ist eine Gruppe von interessierten und engagierten Mitgliedern, die sich zur Aufgabe gemacht hat, die Pioniertaten und -leistungen Weißkopfs zu erforschen, zu verbreiten und zu deren Anerkennung weltweit beizutragen und dafür einzutreten.

Auch der Autor dieses Buches, Herr Albert Wüst, ist Mitglied dieser Gruppe. Als er im Jahre 1986 die Leitung der Volksschule in Leutershausen übernommen hatte, war eine seiner ersten Amtshandlungen, bei der Regierung zu beantragen, für die Schule die Bezeichnung »Gustav-Weißkopf-Schule« amtlich genehmigen zu lassen.

Auf Grund der Aktivitäten der Forschungsgemeinschaft und des Forschungsteams in den USA ist es in den letzten Jahren gelungen, die Anerkennung Gustav Weißkopfs als Pionier der motorgetriebenen Luftfahrt und als erfolgreicher Motorflieger vor den Gebrüdern Wright zu vertreten und durchzusetzen. Rektor Albert Wüst war an Weißkopfs Taten und Leistungen interessiert und erklärte sich gerne bereit, die Ergebnisse der bisherigen Forschungsarbeit zusammenzufassen. Auf diese Weise ist dieses Buch entstanden. Dass dafür ein längerer Zeitraum erforderlich war, ist teils auf die umfangreiche Arbeit und teils auf die laufend neu hinzugekommenen Forschungsergebnisse zurückzuführen.

Die Stadt Leutershausen und die Flughistorische Forschungsgemeinschaft Gustav Weißkopf wissen die Arbeit des Autors zu schätzen und sprechen ihm zu diesem Buch Anerkennung und Dank aus.

Für die Stadt Leutershausen	Für die Forschungsgemeinschaft

Dieter Gundel	*Hermann Betscher*
Erster Bürgermeister	*Erster Vorsitzender*

DANK DEN HELFERN UND FÖRDERERN

Das Jahrhundertunternehmen der »Flughistorische Forschungsgemeinschaft Gustav Weißkopf«, das Projekt 21B, hätte die FFGW mit eigenen Mitteln nicht finanzieren können.

Die FFGW möchte deshalb an dieser Stelle allen Personen, Firmen und Institutionen, die geholfen und ihre Förderung gewährt haben, danken. Ohne deren Unterstützung hätte das Forschungsprojekt nicht verwirklicht werden können.

Das Nachbauteam

Fritz Bruder, Erbauer der »Nr. 21B«

Erich Auerochs	Martin Jendretzke	Karl Müller
Hermann Betscher	Herbert Jungkunz	Adalbert Reidl
Rainer Borndörfer	Matthias Lechner	Heinz Wellhöffer
	Helmut Majer	

Das Flugerprobungsteam

Horst Philipp, Flugerprobungsleiter und Testpilot

H. Becker	Dipl.-Ing. F. Hils	Dipl.-Ing. D. Reich
D. Gebauer	Dipl.-Ing. H. Langhammer	Dipl.-Ing. H. Renner
	G. Ossiander	

Die Förderer und Unterstützer

Bundesministerium für Verteidigung, Bonn · Wehrbereichsverwaltung VI, München · Wehrtechnische Dienststelle 61 der Bundeswehr, Manching, deren Herren Direktoren, Ingenieure sowie Techniker und Ausbilder der mechanischen und elektronischen Lehrwerkstatt · Fa. DASA, Manching, deren Ausbilder und Nachwuchs-Flugzeugbauer, besonders Herr Gerd Ossiander · Herr Ludwig Baumann, Ansbach · Fa. Martin Bischoff, Leutershausen-Ansbach · Fa. BMW, München · Fa. Werner Bogendörfer, Ansbach · Herr Hans-Karl Bruder, Ansbach · Fa. Daimler-Benz, Stuttgart · Fa. Georg Diezinger, Leutershausen · Fa. H.-J. Diezinger, Leutershausen · Fa. Elektro-Wellhöffer, Leutershausen · Flughafen Nürnberg GmbH, Nürnberg · Herr Gottfried Gabler, Leutershausen · Fa. Kanebo, Japan · Fa. Kfz-Leidenberger, Zailach-Lehrberg · Fa. Hans Kühl, Schlierbach (Württ.) · Lufthansa Frankfurt/M. · Herr Michael Maag, Rös · Fa. Fritz Majer & Sohn, Leutershausen · Maschinenbauschule Ansbach · MBB-Aerospace, Ottobrunn/Hamburg · Zimmerei Mohr, Leutershausen · Fa. MT-Propeller, Straubing · Mr William O'Dwyer mit Replika-Team, USA · Fa. Oppel, Ansbach · Fa. Pfaff, Ansbach · Herr Walther Richler, Baar-Ebenhausen · Herr Direktor Schenk, ehem. WTD 61, Manching · Stadt Leutershausen · Fa. Heinz Vogt, Ansbach · Familie Weißkopf, Florida, USA · Fa. Zwengauer, Leutershausen

Quellenverzeichnis

Zeitschriften und Zeitungen:

NEW YORK TRIBUNE
  vom 6. Oktober 1897 (S. 25)

SCIENTIFIC AMERICAN
  vom 8. Juni 1901 (S. 41 ff., 145)

NEW YORK HERALD
  vom 16. Juni 1901 (S. 46 ff.)

BRIDGEPORT SUNDAY HERALD
  vom 18. August 1901 (S. 55, 59 ff., 80, 90, 196, 222, 225)

BOSTON TRANSCRIPT
  vom 19. August 1901 (S. 55, 80 ff.)

NEW YORK HERALD
  vom 19. August 1901 (S. 55, 80, 82 ff.)

ILLUSTRIRTE AERONAUTISCHE MITTHEILUNGEN
  Fünfter Jahrgang 1901 (S. 92, 242 f.)

BRIDGEPORT HERALD
  vom 17. November 1901 (S. 95 ff.)

BRIDGEPORT HERALD
  vom 26. Januar 1902 (S.98 ff.)

THE AMERICAN INVENTOR
  vom 1. April 1902 (S. 99, 122 ff.)

THE AERONAUTICAL WORLD
  vom Dezember 1902 (S. 126 ff.)

THE AERONAUTICAL WORLD
  vom Juli 1903 (S. 131 ff.)

BRIDGEPORT DAILY STANDARD
  vom 1. September 1903 (S. 135 ff.)

THE AERONAUTICAL WORLD
  vom September 1903 (S. 137 ff.)

SCIENTIFIC AMERICAN
  vom September 1903 (S. 140)

SCIENTIFIC AMERICAN
  1906 (S. 173)

WIENER LUFTSCHIFFER ZEITUNG
  Nr. 11/1904 (S. 186)

AERONAUTICS
  vom Juni 1910 (S. 188)

POPULAR AVIATION
  vom Januar 1935 (S. 197)

SCHWÄB. MERKUR
  vom 6. Mai 1941 (S. 198)

FRÄNKISCHE LANDESZEITUNG
  vom 4. Juli 1941 (S. 198)

ANHALTER ANZEIGER
  vom 4. Februar 1942 (S. 198)

SCHWÄBISCHE SONNTAGSPOST
  vom 29. November 1942 (S. 198)

STUTTGARTER NACHRICHTEN
  vom 5. Juli 1943 (S. 198)

RUNDSCHAU DEUTSCHER TECHNIK
  vom 13. August 1942 (S. 90, 201 ff.)

LUDWIGSBURGER KREISZEITUNG
  vom 14. August 1951 (S. 216)

FRÄNKISCHE LANDESZEITUNG
  vom 14. August 1952 (S. 216)

Bücher:

Bergius, C. C.:
»Die Straße der Piloten«
(Verlag Bertelsmann, Gütersloh, 1959)

Böttcher, Helmuth M.:
»Gustav Weißkopf – Die Geschichte des ersten Motorfliegers«
(Bischoff Verlag, Berlin, Wien, Leipzig, 1942)

Böttcher, Helmuth M.:
»Der Flieger von Bridgeport«
(Greifenverlag, Rudolstein, 1955)

Brockhaus Enzyklopädie (in zwanzig Bänden) 1974

Combs, Harry:
»Brüder des Winds«
(Verlag Athenäum, Königstein, 1981)

Der große Brockhaus (in zwölf Bänden)
(18. Auflage, 1977–1981)

Kurowski, Franz:
»Vom Gleitflug zum Überschall«
(Fischer-Verlag, Göttingen 1976)

Leuschner, Peter:
»anno domini – Leben und Taten vergessener Bayern«
(Pinsker-Verlag, Mainburg, 1976)

Müllenbach, Herbert
»Eroberung der Luft«
(Zentralverlag der NSDAP, München, o. Zeitangabe)

Nehrer:
»Fliegen«
(Verlag Bruckmann, München, 1939) Quellenverzeichnis

O'Dwyer, William und Randolph, Stella:
»History by Contract«
(Verlag Majer & Sohn, Leutershausen, 1978)

Paturi, Felix R.:
>>Von der Erde zu den Sternen<<
(AT Verlag, Aarau, Stuttgart, 1983)

Randolph, Stella:
>>Lost Flights of Gustave Whitehead<<
(Verlag Places, Washington, 1937)

Randolph, Stella:
>>Before the Wrights Flew<<
(Verlag Putnams' Sons, New York, 1966)

Schreiber, Hermann:
>>Leutershausen<<
(Verlag Stadt Leutershausen, 1973)
daraus:
Broser, Claus: Gustav Weißkopf – Vater des Motorflugs
O'Dwyer, William: Lebenslauf
Randolph, Stella: Lebenslauf

Streit/Taylor:
>>Geschichte der Luftfahrt<<
(Stürtz Verlag, Würzburg, 1975)

Supf, Peter:
>>Die Eroberung des Luftreichs<<
(Büchergilde, Frankfurt, 1958)

Wachtel, Joachim:
>>Die Aviatiker oder Die tollkühnen Pioniere des Motorflugs<<
(Mosaik Verlag, München, 1978)

Wissmann, Gerhard:
>>Geschichte der Luftfahrt von Ikarus bis zur Gegenwart<<
(VEB Verlag Technik, Berlin, ohne Zeitangabe)

Arbeiten, Aufsätze, Broschüren und Reden:

Betscher, Hermann:
 »Es ist bewiesen!«
 (Bericht über den erfolgreichen Flug des Nachbaus von Weißkopfs Nr. 21; erschienen im Mitteilungsblatt der Stadt Leutershausen 5/1987 vom 6. März 1987)

Gundel, Dieter:
 »Festansprache zur Einweihung des Gustav-Weißkopf-Museums«
 (Festakt im Saal des Rathauses am 24. April 1987)

Hassel, Gert v.:
 »Gustav A. Weißkopf, 1874 – 1927, Der erste Motorflug der Welt am 14. August 1901«
 (Pläne und Daten zur Technik von Weißkopfs Nr. 21 mit kurzer Beschreibung von Leben und Werk Weißkopfs und Berichten über die Weißkopf-Forschung)

Prüfert, Walter:
 »Gustav Weißkopf«
 (ein Informationsblatt des Museums der Stadt Leutershausen)

Thalmann, Frank:
 »Konstruktionsanalyse eines Flugmotors ohne innere Verbrennung aus dem Jahre 1901«
 (Diplomarbeit, Fachhochschule für Technik, Esslingen, Wintersemester 1989/90)

Prof. Dr. Weißenborn, G. K.:
 »Ist Weißkopf geflogen?«
 (in englischer Sprache im »AIR ENTHUSIAST« erschienen, Toronto, 1989, von Prof. Weißenborn selbst übersetzt und von der Stadt Leutershausen herausgegeben, 1991)

Wüst, Albert:
 »Dokumentation über den Vorgang der Namensgebung *Gustav-Weißkopf-Volksschule Leutershausen*«
 (Archiv der Stadt Leutershausen, 1987)

Filme:

»LEUTERSHAUSEN«
   Film von Helmuth Majer,
   Leutershausen, 1987
   (Film der FFGW für Besucher des Gustav-Weißkopf-Museums)

»DER BELÄCHELTE PIONIER«
   Film von Helmar Spannenberger
   Eine Produktion des Südfunks Stuttgart, 1982

»60 MINUTES«
   Sendung des US-Fernsehens, 1987

»ICH FLOG VOR DEN WRIGHTS«
   DER FLUGPIONIER GUSTAV WEISSKOPF
   Film von Ettengruber & Prasch
   im Auftrag des Bayerischen Rundfunks 1995

Abbildungen:

Mit freundlicher Genehmigung der Stadt Leutershausen

aus dem Gustav-Weißkopf-Museum

Abb. 12, 15, (16), (17), 18, 23, 29, (30), 31, 32, 33, 34, 35, 36, 37, 38, 39, 40, 42, 48, 49, 52, 56, (57), 59, 60, 61, 62, 63, 67, 68, 69, 70, 71, 73, 86, 87, 89, 92, 94, 95, 96, 97, 122

aus dem Archiv der Stadt Leutershausen

Abb. 3, 4, 5, 6, 7, 8, 9, 10, 11, 13, 14, 24, 25, 27, 41, 53, 54, 55, 64, 65, 66, 72, 74, 78, 81, 84, 85, 88, 99, 100, 101, 102, 103, 104, 105, 109, 110, 111, 112, 115, 116, 117, 120

aus dem Heimatbuch der Stadt Leutershausen

Abb. 1, 2, 19, 20, (21), (22), 50, 51, 98, 114

Foto: FFGW, Leutershausen

Abb. 75, 76, 79 a, 79 b, 80, 82, 83, 92, 93, 94, 95, 96, 97, 106, 107, 113, 118, 119, 121, 123

Mit freundlicher Genehmigung der genannten Institutionen und Personen

Archiv der Luftschiffbau Zeppelin GmbH, 1 – 18
    Abb. 26

Mercedes-Benz Archiv, Stuttgart
    Abb. 28 a und b

Jatho-Archiv, Wolfgang Leonhardt, Hannover
    Abb. 45

Deutsches Museum, München
    Abb. 46, 47, 58

Dr. Sigrune-Dagmar Dietlein, Osterburken
    Abb. 77

Zeichnungen: Frank Thalmann, Schlierbach
    Abb. 90, 91

Foto: Stadt Königsbrunn
    Abb. 108

Personenregister

Adams   147

Adams, John   280

Ader, Clément   40

Auerochs, Erich   252

Bacqueville, Marquis de   12

Baldwin   186 f.

Barridge, Lee S.   189

Beach, Alfred Ely   145

Beach, Frederick C   145

Beach, Stanley Yale   145 ff., 151, 154, 158, 167, 171, 176 f.

Betscher, Hermann   249, 257, 284, 290, 292, 298 f.

Berblinger, Albrecht Ludwig   12

Benz, Karl   13, 94

Bishop, Max   291

Bölkow, Ludwig, Dr.   298

Böttcher, Helmuth M.   90, 201-207,

Borelli, Giovanni   12

Bruder, Fritz   251 f., 290 f.

Burian, Rudi   36

Celli, Andrew (s. a. Suelli)   52, 60 ff., 147, 222

Chamberlain, Clarence   217, 268

Chanute, Oktave   118 f., 134, 141

Ciglar, John A.   88, 196

Combs, Harry   214

Custead, W. D.   60 f., 74 ff., 81 ff., 90, 97, 202, 204 f.

Dädalus   12

Daimler, Gottlieb   13, 94

Daniels   214

Personenregister

Darvarich, Louis   35, 37 f., 196, 202 f.

Dempsey, John N.   264 ff.

Devine, Martin   38, 196

D'Esterno, Graf   13, 34 f.

Dickie, James   52, 60 ff., 196

Drouve   118 f.

Duranti, Pierluigi, Dr.   289

Dvorak, John J.   145

Eckener   272

Ettengruber   227

Floyd, Robert   280

Ford, Henry   94

Gibb-Smith   171

Gilliland, Robert   289

Gluck, Alexander   88, 196

Gordeuk, Wesley   239 f., 242

Gundel, Dieter   249, 280 f., 283 ff., 298 f.

Hanel, Harald   277 f., 284

Harworth, Junius   88, 147

Hassel, Gert von   280

Hawks, Frank   217

Heinzerling, Werner   292

Henson, William Samuel   52

Herring   118 f.

Horn, Albert B. C.   28 ff., 196

Horsman [Fabrikant]   30

Howell, Richard (Dick) [Reporter]   55, 202, 204

Hoyler, Andreas   247

Ikarus   12

Ives, Eilif   291

Jacobsen, Fritz John   230

Jatho, Karl   140, 272

Kelley, Herb   242

Keyserlingk, Benigna von   227

Kissinger, Henry   274

Köhl, Hermann   272

Kohler, Gustav Albin   20

Kosch, Andy   236 f., 251, 285

Koteles, Elizabeth 221

Koteles, Stephen   221

Kühl, Hans, Dipl.-Ing.   240 f., 247, 249, 285

Langley, Samuel P.   116 f. 141, 173

Lanye, Frank   220 f.

Lechner, Matthias   249, 292, 298

Leinert, Waldemar   230

Lesco, John S.   88, 196

Lilienthal, Otto   13, 24 f., 28, 30, 118 f., 141, 145, 173, 202 ff. 272

Lindbergh, Charles   190, 217, 272

Linde, Hermann   97, 100, 102 f., 202, 205

Lucas, Doris K.   218

Maurer, Hans, Staatssekretär   280, 284

Maxim, Hiriam Stevens, Sir   40, 89, 116 f.

Mayr, Otto, Dr.   292

Metzner, Adam   272

Mitchell, Curtis   288

Montgolfier, Gebrüder   12

Mozhaiski, Alexander Fedorowitsch   40

Müllenbach, Herbert   198 ff.

Neher, Franz Ludwig   197

Oberth, Hermann, Prof. Dr.   280

Personenregister   313

O'Dwyer, William (Bill)   11, 41, 141, 213, 216-226, 232, 260, 264 f., 268 ff.,
                          274, 278, 280

O'Dwyer, William M.   216

O'Dwyer, Sylvia   216

Philipp, Horst   253 – 256, 283

Pirozelli, Louis   147

Prasch   227

Pruckner, Anton (Anthony)   89, 141, 196, 268

Randolph, Albert F.   194

Randolph, Kate A.   194

Randolph, Stella   11, 29, 37, 141, 194 ff. 219 f., 224, 268 ff., 274, 278

Ratzenberger, Joe   88, 196

Reasoner, Harry   226

Reidl, Adalbert   251

Santos-Dumont, Alberto   60 f., 79, 114 ff., 126, 135 f., 144, 173, 202, 205

Schmid, Arling   280

Schweikert, Thomas   88, 196

Spannenberger, Helmar   213, 225

Steeves, Cecil A.   41, 141 f., 196

Stockert, Alfred   298

Streit/Taylor   213

Suelli, Anthony (s. a. Cellie)   222

Sullivan, John J.   262 f.

Supf, Peter   216

Tedesco, Samuel J.   264 f.

Thalmann, Frank, Dipl.-Ing.   241 f., 243-250, 283, 285

Thompson, J. W.   167

Temple, Felix du   40

Tuba, Lujza   30 f., 196, 208

Watson Armitage, Alice   216

Watson, Arthur K. Lyon   216
Weinreich, Wolfgang   290
Weißenborn, G. K., Prof. Dr.   213
Weißkopf (Whitehead), Charles [Sohn]   191
Weißkopf Hans (John) [Bruder]   146 f.
Weißkopf, Karl Ernst [Vater]   18, 20
Weißkopf (Whitehead Baker), Lillian [Tochter]   191, 268
Weißkopf (Whitehead), Louise (s. a. Tuba, Lujza) [Gattin]   191, 196, 208
Weißkopf, Maria Sybilla (Babette) [Mutter] (s. a. Wittmann)   18, 20
Weißkopf (Whitehead Kusterer), Nellie [Tochter]   191, 268
Weißkopf (Whitehead Rennison), Rose [Tochter]   35, 45, 46, 191, 268
Wellhöffer, Heinz   269 f.
Werer, Michael   88, 196
Widrig, Hanspeter   287
Williams, Kaye   232
Wilmot & Hobbs [Fabrik]   39, 60 f., 104 f.
Wittemann, Charles   185f., 188, 262 f., 268
Wittmann, Maria Sybilla (Babette)   18, 20
Wright-Erben   210 ff., 215
Wright, Orville und Wilbur   141 ff., 175 f., 199 f., 202 ff., 206, 209 ff., 214 f., 236
Wüst, Albert   283, 288, 299
Zeppelin, Ferdinand, Graf von   91 f., 272

ZEITTAFEL

GUSTAV WEISSKOPF	Jahreszahl (Seitenangabe in Klammer)	ANDERE PIONIERE
Geburt in Leutershausen	1874 (18-20)	
Geburt des Bruders Karl in Leutershausen	1875	
Geburt der Schwester Marie Katharine in Höchst	1884	
	1886 (94)	Carl Benz erfindet den Motorwagen
	1886 (94)	Gottlieb Daimler baut das erste Automobil
Geburt der jüngsten Schwester in Höchst (Totgeburt)	1886 (22)	
Tod der Mutter	1886 (22)	
Tod des Vaters in Fürth/By.	1887 (22)	
Konfirmation in Ansbach	1887 (22)	
Erster »Flugversuch«	1887 (22)	
Bruder Karl in Ansbach konfirmiert	1888	
gewaltsame Anheuerung in Hamburg	1888 (23)	
Studium der Seevögel auf hoher See	1888/89 (23)	
zurück in Deutschland	1889 (24)	
Seereise Brasilien	1889 (24)	
	1891 (25)	Erster Flug Otto Lilienthals
	1892 (94)	Henry Ford baut sein erstes Automobil
in Deutschland bei Lilienthal	1893/94 (24)	
Emigration in die USA Einwanderer in Boston	1895 (28)	

The Boston Glider	1897	
	(29)	
New York	1897	
	(30)	
Eheschließung in Buffalo	1897	
	(30)	
Geburt der Tochter Rose	1898	
in Baltimore	(35)	
Drachengleiter Pittsburgh	1899	
	(35 f.)	
Erste Druckversuche mit	1899	
Dampfkesseln	(37)	
Dampfmotor (Pittsburgh)	1899	
	(88)	
Flugversuch mit	1899	
Louis Darvarich	(37 f.)	
Umzug nach Bridgeport	1900	
	(39)	
	1900	Graf von Zeppelin
	(91 f.)	Jungfernflug des LZ 1
Bau der Nr. 21	1901	
	(40 ff.)	
Erster Motorflug der Welt	1901	
14. August 1901	(51 ff.)	
Ausstellung der Nr. 21	1901	
in Atlantic City	(91)	
	1901	Santos-Dumont umfährt
	(61)	mit seinem Luftschiff
		den Eiffelturm
Gründung der ersten	1901	
Flugzeugfabrik der Welt	(94 ff.)	
Flug mit Nr. 22	1902	
	(97 ff.)	
Bau luftgekühlter Zwei-	1902	
und Dreizylindermotoren	(178 ff.)	
Versuche mit Dreideckern	1903	Erfolgreicher Motorflug
	(136-140)	von Karl Jatho
	1903	Erster Motorflug
	(142 ff.)	der Gebrüder Wright
Versuche mit großen	1903–1906	
Eindeckern	(146 ff.)	
Patentantrag	1905	
	(149 ff.)	

Zeittafel

Hausbau in Fairfield	1905 (145 ff.)	
Patenterteilung	1908 (149)	
Eindecker mit Benzinmotor	1908 (171 f.)	
Motorenbau für Charles Wittemann	1909 (185)	
Bau von Doppeldeckern mit Stanley Y. Beach	1909 (176 f.)	
	1909 (175)	Flugvorführungen der Wrights in Frankreich
Bau von Vierzylindermotoren	1908/10 (185 f.)	
Flugunfähiger Hubschrauber	1911 (189)	
Weißkopf wird gepfändet	1911 (190)	
Großeltern verkaufen Haus in Ansbach	1913	
	Einsatz von Motorflugzeugen im Ersten Weltkrieg 1914–1918 (190)	
Weißkopf arbeitet als Fabrikarbeiter	ca. 1915 (190)	
	1927 (190)	Charles Lindbergh überquert den Atlantik
	1927	Clarence Chamberlain überquert zwei Wochen später den Atlantik
Weißkopfs Tod	1927 (191)	
	1942 (209)	Die Smithonian Institution erkennt die Gebr. Wright als erste Motorflieger an
Die Witwe verkauft das Haus in Fairfield und zieht nach Florida um	1944 (191 u. 208)	

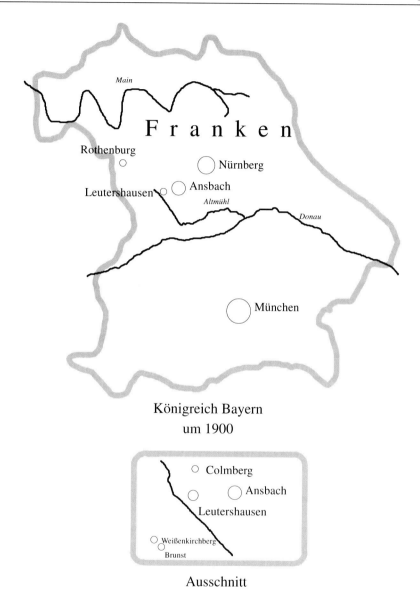

Gustav Weißkopfs Heimat in der Alten Welt

Karten 319

Kanada

○ Boston
○ Bridgeport
Buffalo ○ ○ Fairfield
Pittsburgh ○ New York
○
Baltimore

USA

Mexico

1. Boston (1895)
2. New York (1897)
3. Buffalo (1897)
4. Baltimore (1898)
5. Pittsburgh (1899)
6. Bridgeport (1900)
7. Fairfield (1905)

Stationen Weißkopfs in der Neuen Welt

ZEITTAFEL
GUSTAV-WEISSKOPF-FORSCHUNG

Jahr	Ereignis	Seite
1934	Stella Randolph wird auf Gustav Weißkopf aufmerksam	195
1934/36	Eidesstattliche Aussagen von Augenzeugen	28, 38, 88, 141, 196
1935	Leutershausen erfährt zum ersten Mal von Weißkopf	198
1937	Herausgabe des Buches »Lost Flights of Gustave Whitehead« von Stella Randolph	196
	Weißkopf wird in Müllenbachs »Eroberung der Luft« erwähnt	198 ff.
1939	»Fliegen – Das große Fliegerbuch« von Ludwig Neher erscheint	197
1941/42	Von Weißkopf wird in verschiedenen Zeitungen berichtet	198
1942	Böttcher schreibt in der »Rundschau Deutscher Technik« über Weißkopf	201 ff.
1942	Böttchers Buch »Gustav Weißkopf – Ein deutsches Schicksal« erscheint im Bischoff Verlag	207
1955	Böttchers Roman »Der Flieger von Bridgeport« erscheint im Greifen Verlag	207
1963	William O'Dwyer wird auf Weißkopf aufmerksam	216
1964	Weißkopfs Grab erhält einen Grabstein	260 f.
1964	Eidesstattliche Aussagen von Augenzeugen	220 ff.
1966	Leinert stellt seine Modelle vor	230 f.
1966	Herausgabe des Buches »Before the Wrights Flew« von Stella Randolph	220
1973	Gründung der FFGW in Leutershausen	223
1978	»History by Contract« von Stella Randolph und William O'Dwyer erscheint im Verlag Fritz Majer & Sohn	224
1981/82	Helmar Spannenberger dreht den Film »Der belächelte Pionier«	225
1982	»Gustav-Weißkopf-Tag« in Leutershausen	277 f.
1986	Nachbau von Weißkopfs Nr. 21 in den USA (21A)	232 ff.
1987	Eröffnung des »Weißkopf-Museums« in Leutershausen	280
1987	Die Schule erhält die Bezeichnung »Gustav-Weißkopf-Schule«	283 f.
1987	In den USA berichtet die Sendung »60 Minutes« über Weißkopf	226
1990	Nachbau des Weißkopf-Motors in Schlierbach	239 ff.
1991	Einweihung des Weißkopf-Denkmals in Leutershausen	285 ff.
1991/98	Nachbau von Weißkopfs Nr. 21 in Deutschland (21B)	251 ff.
1995	Ettengruber & Prasch drehen den Film »Ich flog vor den Wrights«	227
1996	Eröffnung des neu eingerichteten »Weißkopf-Museums« in Leutershausen	280, 283
1998	Die FFGW erhält das Phoenix-Diplom	290 f.
1999	Herausgabe des Buches »Ich flog vor den Wrights«	